長時調集

著 邊承九

저자 소개

邊 承 九
목원대학교 대학원　국어국문학과 박사
목원대학교 인문대학 국어국문학과 교수

論著
『시조』(장서각본)의 수록작품과 변이 양상(2011)
조선시대 왕족시조의 정서 표출양상(2013)
무인시조의 실체와 정서 표출 양상(2016)외 다수

著書
『시조의 수용 미학』(2016)
『고전시가의 미학 연구』(2016)
『원리로 배우는 생활 속의 漢字』(2016)
『고전문학과 바다』(공저, 2015)
『東國歌辭』(2011)

長時調集

인　쇄 : 2017년 8월 18일 초판 1쇄
발　행 : 2017년 8월 23일 초판 1쇄

저　자 : 변승구
발행인 : 우명찬, 송준
발행처 : 홍릉과학출판사

서울시 강북구 인수봉로 50길 10
• 전화 : 02-999-2274~5　　• 팩스 : 02-905-6729
• http://www.hongpub.co.kr
• e-mail: hongpub@hongpub.co.kr

ISBN : 979-11-5600-536-0
정가 17,000원

파본이나 잘못된 책은 교환하여 드립니다.

長時調集

著 邊承九

머리말

시조는 고전문학 중에서도 매우 흥미롭고 무한한 가치가 잠재된 장르다. 잘 알고 있는 바와 같이 고려 말 신흥사대부들의 새로운 통치이념으로 급부상된 성리학을 기반으로 자신들의 정치이념을 표출하기 위한 수단으로 만들어진 장르가 시조다. 향가를 비롯하여 고전시가가 왕조의 교체와 함께 당대의 소임을 다하고 소멸한 것과 달리 시조는 광범위한 작자층과 향유층을 확보하면서 아직까지도 창작 및 향유되고 있는 국민문학이라고 할 수 있다. 어쩌면 기존의 많은 고전시가들은 시조를 만들기 위한 부단한 노력이었다고 모 학자는 말할 정도였다. 그러므로 시조는 중국의 한시나 일본의 하이쿠처럼 지속적인 창작과 향유를 통해 발전시키고 대중화를 이끌어야 할 것이다.

시조는 가람 이병기부터 본격적인 연구가 시작된 이래 지금까지 수많은 양의 작품과 작가, 그리고 형식에 이르기까지 상당한 연구 성과를 축적하였다. 이로써 시조의 연원과 발생, 그리고 형식과 주제에 이르기까지 폭넓은 연구가 이루어졌으며 상당부분 의문점들이 해갈되는 성과를 보였다. 하지만 이러한 연구 성과에도 불구하고 아직까지 많은 부분에서 혼선을 빚고 있는 것 또한 사실이다. 그것은 장시조가 여러 가지 측면에서 단시조와 변별되는 특질을 보이기 때문이다. 즉 장시조가 단시조와 닮아 있는 것은 맞지만 다방면에서 이질적인 장르라는 것이다. 따라서 장시조만의 독자적인 성격을 구명하는 일이 절실하게 필요하다.

이러한 장시조의 특질을 밝히기 위해서는 명확한 개념 규정과 작품 수의 확정이라 할 수 있다. 그러나 장시조의 개념이 불명확하다보니 연구자에 따라 작품 수가 상이하게 나타난다. 따라서 필자는 장시조의 작품수를 확정하기 위하여 시조를 단시조와 장시조로 2대 분류하고 명칭을 문학적 측면을 고려하여 장시조라 명명하고자 한다. 그리고 형식적 분류의 기준으로는 음수율보다는 음보율에 입각하여 단시조의 형식에서 벗어난 것을 크게 파형시조인 장시조로 분류하였다.

이와 같은 근거를 토대로 장시조의 선정기준을 정리하면 다음과 같다. 첫째로 시조를 단형과 장형으로 2대별 하여 중간 형태를 인정하지 않았다. 둘째로 음보는 단시조가 각 장 4음보이며 총 음보수는 12음보로 정의하고 이러한 기준형에서 1음보라도 파형을 보이는 것을 파형시조 즉 장시조로 포함하고자 한다. 셋째로 총 자수는 고문헌과 음악상의 자수를 참고하여 장시조의 분류에 반영하였다.

이러한 기준으로 고시조 중에서 장시조를 선별하였다. 지금까지 발표된 고시조의 자료집을 일괄해 보면, 정병욱의 『時調文學事典』, 심재완의 『歷代時調全書』, 박을수의 『韓國時調大事典』 등이다. 이 중 가장 많은 작품을 수록한 박을수의 『韓國時調大事典』을 주 텍스트로 선정하였고 그 외 『時調文學事典』과 『歷代時調全書』를 참조하였다. 이러한 자료집에서 앞의 선정기준에 따라 파형을 보인 작품만을 선별하였는데 작품수는 총 850수이다.

이렇게 선별된 작품들은 자료의 신빙성을 높이기 위해 다음과 같은 순서에 따라 교정하였다. 우선 원전을 확보할 수 있는 작품들은 원전을 찾아 일일이 대조하였고, 원전의 경우도 이본이 있는 경우는 가장 오래된 것을 선본으로 하여 교정하였다. 그러나 원전을 구할 수 없는 경우는 심재완의 『定本 時調大全』을 대본으로 하여 교정하였다.

본 장시조 전집이 자료적 측면에서 한계가 있을지도 모른다. 그러나 앞의 많은 선학들이 그랬던 것처럼 지속적인 장시조의 자료집 구축을 통해 더 발전된 기준과 작품이 선정되었던 것처럼 이 자료집 역시 후학들의 연구에 참조가 되길 바라는 마음에서 그간 정리된 작품들을 발간하였음을 밝혀 둔다.

2017. 7

도안동 연구실 씀

● 일러두기

1. 이 자료집은 지금까지 발표된 82종의 시조집과 117종의 문집·판본·필사본의 책자 및 기행문·일기·서한문 등에 수록된 시조 작품 중 장시조로 분류될 수 있는 것만을 수집·정리 한 것이다.
2. 주 텍스트는 박을수의 『韓國時調大事典』을 대상으로 하였다. 그 이유는 지금까지 발표된 시조 작품을 총 망라하고 있기 때문이다. 또한 정병욱의 『時調文學事典』과 심재완의 『歷代時調全書』의 작품 중 다른 것으로 분류될 수 있는 것을 추가하였다.
3. 최근 발표된 박을수의 『韓國時調大事典』「別刷補遺」(2007]의 12종의 시조집과 19종의 문집 등의 자료 중 장시조로 분류되는 것을 추가하였다.
4. 작품의 주석은 『韓國時調大事典』의 주석과 황충기·박용직이 편찬한 『古時調註釋事典』을 참고 하였으며 그 외는 다른 자료집에 있는 것을 찾아 보완하였다.
5. 작품의 해석은 심재완의 『定本 時調大全』의 것을 참조하여 인용하거나 일부 수정을 가 하였다. 또한 해석이 없는 것은 주석을 참조하여 필자가 추가하였다.
6. 약호명은 학계의 관례를 따랐으며 관례에 없는 것은 필자가 임의로 정하였다. 해당 작품의 출전의 경우는 그 작품이 수록되어 있는 문헌을 모두 밝혀야겠지만 우선적으로 의 대상이 된 것을 밝혔다.
7. 작품의 원본을 확보된 것은 원전을 찾아 일일이 대조하였으며 원전의 경우도 이본이 있는 경우는 가장 오랜 된 것을 우선으로 하여 하였다. 또한 이본의 순서를 정하기 어려운 경우는 가장 많은 작품이 수록된 시조집을 대본으로 하였다. 한편 원전을 확보하지 못한 것은 『定本 時調大全』을 대본으로 하였다.
8. 자료집의 작품 수는 850수이며 고시조 작품 5098수(고시조 작품은 5763수이지만 개화기 이 후에 1910년 8월 31일에 폐간된 [대한민보]에 수록된 작품 665수는 제외)의 17%에 해당되며 지금까지 논의된 장시조 작품 수 중 가장 많은 작품을 수록하였다.

歌集 略名

時調集名	略名	時調集名	略名
珍本 青丘永言	青珍	舊皇室本 歌曲源流	源皇
六堂本 青丘永言	青六	海東樂章	海樂
瓶窩歌曲集	瓶歌	가람본 歌曲源流	源가
一石本 海東歌謠	海一	一石本 歌曲源流	源一
朴氏本 海東歌謠	海朴	東洋文庫本 歌曲源流	源東
周氏本 海東歌謠	海周	協律大成	協律
青邱歌謠	青謠	花源樂譜	花樂
서울대본 樂府	樂서	東洋文庫本 女唱歌謠錄	女謠
古今歌曲	古今	李氏本 詩餘	詩餘
가람본 青丘永言	青가	東洋文庫本 歌謠	歌謠
가람본 青丘詠言	青詠	詩歌謠曲	詩謠
東國歌辭	東國	大東風雅	大東
槿花樂府	槿樂	시철가	시철가
淵民本 青丘永言	青淵	時調演義	時演
洪氏本 青丘永言	青洪	朴氏本 詩歌	詩歌
陶南本 東歌選	東歌	서울대 樂府	樂서
南薰太平歌	南太	詩調	詩調
調 및 詞	調詞	서울사대본 歌曲寶鑑	歌鑑
永言類抄	永類	關西本 時調	時調
興比賦	興比	孤山遺稿	孤遺
池氏本 時調	時調	松江歌辭 星州本	松星
國樂院本 歌曲源流	源國	松江歌辭 李選本	松李
奎章閣本 歌曲源流	源奎	松江歌辭 關西本	松關
河合本 歌曲源流	源河	松江歌辭 別集	松別
六堂本 歌曲源流	源六	校本 歷代時調全書	時全
佛蘭西本 歌曲源流	源佛	韓國時調大事典	時大
朴氏本 歌曲源流	源朴		

1

ᄀᆞᄅᆞ 지나 셰 지나 즁의 나 주근 後의 내 아더냐

나 주근 무덤 우희 논을 갈고 밧츨 갈고 나 주근 後의 내 아더냐

아희야 잔 ᄀᆞ득 브어라 살아신 제 놀리라.

[權樂 377, 時全 9, 時大 15]

2

ᄀᆞ을 비 긔똥 언마 오리 雨裝 直領 내지마라

十里ㅅ길 긔똥 언마치 가리 등 알코 ᄇᆡ 알코 다리 저는 나귀를 크나큰 唐채로 콰광 쳐 다 모지마라

가다가 酒家에 들너든 쉬여 가려 ᄒᆞ노라

[靑珍 505, 時全 37, 時大 49]

3

가노라 가노라 님아 언양 단쳔에 풍월강산으로 가노라 님아

가다가 심양강에 피파셩를 어이ᄒᆞ리

밤즁만 지국총 닷 감는 소릐에 잠못 니러.

[南太 42, 時全 1, 時大 3]

4

가ᄆᆞ귀 가ᄆᆞ귀를 좃ᄎᆞ 들거고나 뒷東山에

느러진 고향남게 휘느느니 가ᄆᆞ귀로다

싀는 날 뭇가ᄆᆞ귀 ᄒᆞᆫ듸 ᄂᆞ려 뒤덤벙 덤벙 두루 덥져겨 ᄡᅡ호니 아모 그 가ᄆᆞ귄 줄 몰ᄂᆡ라.

[靑六 625, 時全 11, 時大 26]

5

가마귀 ᄶᅡᆨᄶᅡᆨ 아모리 운들 任이 가며 넌들 가랴
밧 가난 아들 가며 뵈틀에 안즌 阿只ᄯᆞᆯ이 가랴
ᄌᆡ 너머 믈 길나간며 늘阿只 네나 갈가 ᄒᆞ노라.

[靑六 779, 時全 13, 時大 27]

6

가마귀 쇽 흰 쥴 모르고 것치 검다 뮈무여 하며
갈멱이 것 희다 ᄉᆞ랑허고 쇽 겸운 쥴 몰낫더니
이졔야 表裏 黑白을 ᄊᆡ쳐슨져 허노라.

[金玉 157, 時全 24, 時大 37]

7

가마기가 가마기를 됴차 셕양사로에 나라든다 쩌든다 임의 집 홍졍 뒤로
오르면 골각 나리면 길곡 갈곡 길곡 ᄒᆞᄂᆞᆫ 즁에 어늬 가마기 슈가마기냐
그 즁에 멈졈 나라 안졋ᄶᅡ가 야즁 나라가는 그 가마기 긘가.

[南太 198, 時全 10, 時大 42]

8

가마기를 뉘라 물드려 검다 ᄒᆞ며 ᄇᆡᆨ노를 뉘라 마젼ᄒᆞ야 희다드냐
황ᄉᆡ 다리를 뉘라 니워 기다 ᄒᆞ며 오리 다리를 뉘라 분질러 ᄶᆞᆯ으다 ᄒᆞ랴
아마도 검고 희고 길고 잘을 흑ᄇᆡᆨ 장단이야 일너 무슴.

[南太 192, 時全 22, 時大 35]

9

가슴에 궁글 둥시러케 뚤고 왼 ᄉᆞᆺ기를 눈 길게 너슷 너슷 ᄭᅩ와

그 궁게 그 ᄉᆞᆺ 너코 두 놈이 두 긋 마조 자바 이리로 훌근 져리로 훌적 훌근 훌적 훌저 ᄀᆡᄂᆞᆫ 나남즉 ᄂᆞᆷ대되고는 아모ᄣᅩ나 견듸려니와

아마도 님 외오 살라면 그ᄂᆞᆫ 그리 못ᄒᆞ리라.

[靑珍 549, 時全 33, 時大 48]

10

가을 ᄒᆡ ᄀᆡᄯᅩᆼ 몃츳 가리 나귀 등에 鞍裝 ᄎᆞ루지 마라

雲山은 거머 어득 沈沈 石逕은 崎嶇潺潺ᄒᆞᆫ ᄃᆡ 져 뫼흘 너머 ᄂᆡ 어이 가리

山堂에 갑 업ᄉᆞᆫ 明月과 ᄒᆞᆷᄭᅴ 놀고 가리라.

[靑六 789, 時全 41, 時大 57]

11

各道 各船이 다 올라올 제 商賈 沙工이 다 올나 왓ᄂᆡ

祖江 석골 幕娼드리 ᄇᆡ마다 ᄎᆞ즐 제 ᄉᆡᄂᆡ 놈의 먼정이와 龍山 三浦 당도라며 平安道獨大船에 康津 海南 竹船들과 靈山 三嘉ㅣ 地土船과 메육 실은 濟州 ᄇᆡ와 소곰 실른 瓮津 ᄇᆡ드리 스르를 올나 갈제

어듸셔 各津 놈의 나로ᄇᆡ야 ᄶᅬ야나 볼 쥴 이스랴

[靑六 727, 時全 43, 時大 63]

12

却說이라 玄德이 檀溪 것너 갈 제 的盧馬ㅣ야 날 ᄉᆞᆯ려라

압페ᄂᆞᆫ 긴江이오 뒤헤 ᄯᆞ로ᄂᆞ니 蔡冒ㅣ로다

어듸셔 常山 趙子龍은 날 못 ᄎᆞ져 ᄒᆞᄂᆞ니.

[靑六 968, 時全 44, 時大 64]

13

각셜 현덕이 관공 장비 거나리시고

졔갈냥 보랴고 와룡강 건너 와룡산 너머 남양 ᄯᅡ를 다다라셔 시문을 두다리이니 동지 나와 엿ᄍᆞᆸᄂᆞᆫ 말이 션싱임이 뒤 쵸당의 잠드러 게오

동자야 네 선싱 ᄭᆡ시거든 뉴관장 삼인이 왓ᄯᆞ라고 엿쥬어라.

[南太 121, 時全 45, 時大 65]

14

각시ᄂᆡ 내 妻이 되나 내 각시의 後ㅅ 남편이 되나

곳 본 나뷔 물 본 기러기 줄에 조츤 거믜 고기 본 가마오지 가지에 젓이오 슈박에 족술이로다

각시ᄂᆡ ᄒᆞ나 水鐵匠의 ᄯᆞᆯ이오 나 ᄒᆞ나 짐匠이로 ᄉᆞᆺ지고 나믄 쇠로 가마 질가 ᄒᆞ노라.

[靑珍 533, 時全 48, 時大 67]

15

각시ᄂᆡ 玉ᄀᆞᆺ튼 가ᄉᆞᆷ을 어이 구러 다혀 볼고

綿紬 紫芝 쟉져구리 속에 깁 젹삼 안 셥히 되여 ᄌᆞᆫ득 ᄌᆞᆫ득 대히고지고

잇다감 ᄯᆞᆷ나 븟닐 제 ᄯᅧ힐 뉘를 모르리라.

[靑珍 480, 時全 50, 時大 70]

16

閣氏ᄂᆡ 玉貌 花容 어ᄉᆞᆫ 체 마쇼

東園 桃李 片時春이라도 秋風이 것듯 블면 霜落頭邊 恨奈何 ᄲᅮᆫ이로다

아무리 ᄆᆞ음이 驕昴ᄒᆞ고 나히 어려신들 니르ᄂᆞᆫ 말을 아니 듯나니.

[靑六 773, 時全 60, 時大 71]

17

閣氏닋 외밤이 오려 논이 두던 놉고 물 만코 듸지고 거지다 ᄒᆞ듸

並作을 부듸 쥬려 ᄒᆞ거든 연장 됴흔 날이나 주소

眞實노 날을 닉여 줄 작시면 가릐 들고 씨 지어 볼가 ᄒᆞ노라.

[樂學 1058]

18

閣氏네 더위들 ᄉᆞ시오 일른 더위 느즌 더위 여러 ᄒᆡ포 묵은 더위

五六月 伏더위에 情의 님 만나이셔 달 밝은 平床 우희 츤츤 감계 누엇다가 무음 일 ᄒᆞ엿던지 五腸이 煩熱ᄒᆞ여 구슬ᄯᆞᆷ 흘니면셔 헐떡이넌 그 더위와 冬至ᄯᆞᆯ 긴긴밤의 고은님 다리고 다스ᄒᆞᆫ 아름묵과 돗가온 니불 속의 두 몸이 ᄒᆞᆫ 몸되야 그리져리 ᄒᆞ니 手足이 답답ᄒᆞ며 목궁이 타올 젹의 웃묵의 찬 숙융을 벌떡 벌떡 켜난 더위을 閣氏네 사려거든 소견듸로 ᄉᆞ오시쇼

당ᄉᆞ야 네 더위 여럿 中의 님 만나는 두 더위야 뉘 아니 조아ᄒᆞ리 남의 게 파지 말고 닉 게 부듸 파로시쇼.

[靑六 702 申獻朝, 蓬萊惡府 20, 時全 49, 時大 74]

19

閣氏內드리 여러 層이올네 松骨매도 갓고 줄에 안즌 졔비도 갓터

白花 叢裡에 두루미도 갓고 綠水 波瀾에 비오리도 갓고 ᄯᅡ희 퍽 안즌 쇼로기도 갓고 석은 등걸에 부헝이도 갓데

그려도 다 各各 任의 思郞이니 皆一色인가 ᄒᆞ노라.

[靑六 716, 時全 60, 時大 76]

20

기여 들고 긔여 나는 집에 픰도 필샤
四色桃花 어론쟈 범나뷔야 너는 어니 넙나ᄂᆞᆫ다
우리도 남의 님 거러두고 넘노라볼가 ᄒᆞ노라.

[樂學 992]

21

각시님 믈너 눕소 내품의 안기리
이 아ᄒᆡ놈 괘심ᄒᆞ니 네 날을 안을소냐 각시님 그 말 마소 됴고만 닷져고리 크나큰 고양감긔 ᄡᅵᆼᄡᅵᆼ 도라가며 제 혼자 다 안거든 내 자ᄂᆡ 못 안을가 이 아ᄒᆡ놈 괘심ᄒᆞ니 네 날을 휘울소냐 각시님 그말 마소 됴고만 도샤공이 크나큰 대듕션을 제 혼자 다 휘우거든 내 자ᄂᆡ 못 휘울가 이 아ᄒᆡ놈 괘심ᄒᆞ니 네 날을 붓흘소냐 각시님 그말 마소 됴고만 벼록 블이 니러곳 나게 되면 청계라 관악산을 졔 혼자 다 붓거든 내 자ᄂᆡ 못 붓흘가 이 아ᄒᆡ놈 괘심ᄒᆞ니 네 날을 그늘올 소냐 각시님 그말 마소 됴고만 ᄇᆡᆨ지당이 관동 팔면을 제 혼자 다 그늘오거든 내 자ᄂᆡ 못 그늘을가
진실노 네말 ᄀᆞᆺ틀쟉면 ᄇᆡᆨ년 동쥬 하리라.

[古今 391, 時全 54, 時大 78]

22

각시님 엣쁘든 얼골 져 건너 ᄂᆡ싸에 홀노 웃뚝 션ᄂᆞᆫ 슈양버드 나무 고목 다 도야 셕어 스러진 광ᄃᆡ등거리 되단말가
절머ᄯᅩ자 절머ᄯᅩ자 셰다섯만 절멋고쟈
열ᄒᆞ고 다셧만 절무량이면 ᄂᆡ 원ᄃᆡ로.

[南太 69, 時全 55, 時大 79]

23
閣氏님 將碁 ᄒᆞᆫ 板 두세 板을 펴쇼 手를 보새
자ᄂᆡ 將 보아ᄒᆞ니 面像이 더옥 됴희
車치고 面像 쳐 혯치고 고든 卒 지로면 궁게 여허 질을 지라.

[詩歌 朴氏本 618, 時全 56, 時大 80]

24
간 밤에 지게 여던 ᄇᆞ롬 살ᄯᅳ리도 날 속여다
風紙 소릐에 님이신가 나가본 나도 외다마ᄂᆞᆫ
眞實노 들나곳 ᄒᆞ더면 밤이 조ᄎᆞ 우을낫다.

[靑六 808, 時全 73, 時大 100]

25
간밤의 大醉ᄒᆞ고 醉ᄒᆞᆫ 즘에 ᄭᅮᆷ을 ᄭᅮ니
七尺劒 千里馬로 遼海를 ᄂᆞ라 건너 天驕를 降服 밧고 北闕에 도라와 告闕成功 ᄒᆞ여 븨니
男兒의 慷慨ᄒᆞᆫ ᄆᆞ음이 胸中에 鬱鬱ᄒᆞ여 ᄭᅮᆷ에 試驗 ᄒᆞ노매.

[靑珍 522, 時全 65, 時大 90]

26

간밤의 불든 바람 金聲이 宛然하다

孤枕單衾에 相思夢 훌처 씌여 竹窓을 半開하고 默然히 안자 보니 萬里 長空에 夏雲은 흐터지고 千仞 巖上에 찬 기운 어려 잇다 庭前에 蟋蟀聲은 離恨을 아뢰난 듯 秋菊에 맷치인 이슬 別淚를 먹음은 듯 殘流 南橋에 春鶯은 已歸하고 素月 東嶺의 秋猿이 슬피 운다

任 여흰 이 내 마음 이 밤 새우기 어려워라.

[時調演義 92 林重桓, 時大 105]

27

간밤의 즈고 간 ᄉᆞ람 아마도 못 니즐노다

瓦 얏놈의 아들인지 즌흙의 뽐니드시 두더쥐 靈식인지 국국히 뒤지드시 沙工의 成營인지 ᄉᆞ어 씌로 지르드시 平生에 쳐음이오 凶增코도 야로졔라

前後의 나도 무던이 격거시나 참 盟誓ㅣ치 간밤 그놈을 참아 못 이즐가 ᄒᆞ노라.

[靑六 738, 時全 71, 時大 106]

28

간밤의 자고간 行次 어늬 고기 넘어 어듸메나 머무는고

主人님 暫間 더시와 지냥식뫁 콩 닉옵세 그려 東海 뚱銅爐口 되박 斫刀뢸 닉옵소 ᄒᆞ고 뉘집 나그네 되어 자노

情이 무어시 重ᄒᆞ리마는 닉 못잇져 ᄒᆞ노라.

[靑六 829, 時全 72, 時大 99]

29

간의 단여 왓소 당상의 鶴髮兩親 긔톄후일향만강 하옵시며 규중에 절문 처자며 어린 동생들과 가네 제절이 무량트냐

무량키는 무량터라마는 먼 먼 곳에

그대를 작별한 수 글노하야 병이 되니 수이수이 환고향 허소.

[雜誌 154, 時大 109]

30

갈가보다 말가보다 님을 따라서 안이 갈 수 업네

오날 가고 ᄅᆡ일 가고 모레 가고 글픠 가고 하루 잇흘 ᄉᆞ흘 나흘 곱잡아 여들에 八十里를 다 못갈지라도 님을 따라서 안이 갈 수 없네 쳔창만검자中에 부월이 당젼할지라도 님을 따라서 안이 갈 수 업네 남기라도 향ᄌᆞ 목은 음양을 分하야 마주ᄂᆞ 섯고 돌이라도 망두석은 자웅을 따라서 마주ᄂᆞ 섯는데

요 ᄂᆡ 팔ᄌᆞ는 웨 그리 망골이 되야 간 곳마다 잇슬 님 업서셔 나 못살겟네.

[樂高 916, 時全 81, 時大 115]

31

갈 제는 옴아ᄐᆞ니 가고 안이 온오ᄆᆡ라

十二欄干 바잔이며 님 계신ᄃᆡ 볼아보니 南天에 雁盡ᄒᆞ고 西廂에 月落토록 消息이 긋쳐졋다

이 뒤란 님이 오셔든 잡고 안자 새오리라.

[靑謠 75 朴文郁, 時全 83, 時大 118]

32

甲戌 二月 初八日은 世子邸下 誕日이요

白龍 四月 初八日은 世子邸下 寶齡 八歲 三八이 相合허여 長安 二十四橋月이 두려시 발갓는데 萬戶에 燈을 달고 億兆ㅣ 攔衢허며 歌舞行休하여 山呼萬歲 허올적에 月明燈明 天地明이라

우리는 聖世 土氓인져 擊壤鼓腹허며 感激君恩 허노라.

[金玉 173 言編 安玟英, 時全 86, 時大 121]

33

갓스물 선머슴 쩍에 ᄒᆞ던 일이 다 우읍다

아렛녁 酒湯들과 알간나희며 開城府 桶直이와 덩덕쿵 치는 巫당년드리 날 몰닉라 ᄒᆞ리 뉘 이스리

우리도 소년 쩍 마음이 어제론 듯 ᄒᆞ야라.

[靑六 854, 時大 128]

34

갓스믈 션머슴 젹의 ᄒᆞ던 일이 우읍고야

大牧官 女妓 小各官 酒湯이 開城府 桶直이 노니는 갓나희 덩더러 쿵 계대년들이 날 몰래 ᄒᆞ리 뉘 이시리

그러나 少年行樂은 減ᄒᆞᆫ 일이 업세라.

[靑가 572, 時全 91, 時大 129]

35

康衢에 맑은 노릭며 南薰殿 和ᄒᆞᆫ 바ᄅᆞᆷ 太平氣像을 알니로다

大堯의 克明ᄒᆞ신 峻德과 帝舜의 賢德이 아니시면 뉘라셔 玉燭春臺를 일우리요

어긔야 우리 太母聖德은 堯舜을 兼ᄒᆞ오시니 東方堯舜이신가 ᄒᆞ노라.

[源河 711[54] 界樂 英祖, 時全 94, 時大 132]

36

江山 無限景을 風月로 求景할 제

洞庭湖 七百里 어제밤 船遊하고 巫山十二峰 이제와 登眺로다 牧丹峰 노던 風流 綾羅島後聯하고 新興에 취한 술로 岳陽樓 선 듯 올나 赤壁秋月 玩賞하고 枯蘇臺 가는 길에 洛陽城 도라드니

아마도 梧桐樹月 楊柳狂風은 내 벗인가.

[雜誌 425, 時大 138]

37

江原道 開骨山 감도라 드러 楡岾졀 뒤헤 우둑 션 전나모 긋헤

숭구루혀 안즌 白松骨이도 아므려나 자바 질드려 쭹山行 보내는듸

우리는 새님 거러두고 질 못드려 ᄒᆞ노라.

[青珍 465, 時全 107, 時大 150]

38

江原道 雪花紙ᄅᆞᆯ 졔 長廣에 鳶을 지어

大絲黃絲白絲 줄을 通어레에 술이 업시 바ᄅᆞᆷ이 ᄒᆞᆫ창인졔 三間 토김 四間 근두 半空에 소ᄉᆞ 올나 구름에 걸쳐시니 風力도 잇거니와 줄 脈이 업시 그러ᄒᆞ랴

먼듸님 줄 脈을 길게 ᄃᆡ혀 낙고 아올가 ᄒᆞ노라.

[青六 634, 時全 107, 時大 150]

39

江村에 비 ᄲᅳ릴 날 벋 보랴 가랴 ᄒᆞ고

술 걸너 병의 녀코 芒鞋로 내 거르니 이슬계워 옷 젓ᄂᆞ다

舟子야 ᄇᆡ 가져 오ᄂᆞ라 ᄲᆞᆯ리ᄲᆞᆯ리 가쟈.

[金宇宏, 訪友, 追慕錄, 開巖十二曲, 時大 5505]

40

江湖에 도라 오는 기러기야 江南 景槪를 어듸 어듸 구경하얏나냐

巫山 十二峰과 洞庭 七百里도 구경하고 瀟湘 黃陵廟와 金陵 鳳凰臺를 낫낫치 閱覽해것 마는

그 중에 晴川歷歷漢陽樹와 芳草萋萋鸚鵡洲는 黃鶴樓가 第一인가.

[樂高 967, 時全 121, 時大 169]

41

개를 기르든 中에 요 개 갓치 얄뮈오랴

즈즈라 홀 재ᄂᆞᆫ 안니 즛다가 그리던 님이 오실 제면 뒷 발을 바등 바등 무로 나오며 쾅쾅 즛져 드르 가게 ᄒᆞᄂᆞᆫ다

門 밧긔 개 長事 가거든 찬찬 동혀 주리라.

[靑가 617, 時大 178]

42

개를 여라믄이나 기르되 요 개ᄀᆞᆺ치 얄믜오랴

뮈온 님 오며ᄂᆞᆫ ᄭᅩ리를 홰홰치며 쒸락 ᄂᆞ리쒸락 반겨서 내ᄃᆞᆺ고 고온 님 오며ᄂᆞᆫ 뒷발을 버동버동 므르락 나으락 캉캉 즈져셔 도라가게 ᄒᆞᆫ다

쉰밥이 그릇그릇 난들 너 머길 줄이 이시랴.

[靑珍 547, 時全 129, 時大 179]

43

開城府 장ᄉᆞ 北京 갈제 걸고 간퉁 爐口 자리 올 제 보니 盟誓ㅣ치 痛憤이도 반가웨라

져 퉁爐口 자리가 져리 반갑거든 돌쇠 어뮈 말이야 닐러 무슴ᄒᆞ리

드러가 돌쇠 어미 보옵거든 퉁爐口 자리 보고 반기온 말씀 하시소.

[靑六 757, 時全 132, 時大 181]

44

개야미 불개야미 존등 부러진 불개야미

입발에 疔腫 나고 뒷발에 죵귀 난 불개야미 廣陵 십재 너머드러 가람의 허리를 ᄀᆞ르 무러 취혀 돌고 北海를 건너닷 말이 이셔이다

님아님아 온 놈이 온 말을 ᄒᆞ여도 님이 짐쟉 ᄒᆞ쇼셔.

[靑珍 551, 時全 134, 時大 182]

45

거먹 암소 우는 소리 낮잠자다 놀라깨니

며나리는 베를 짜고 둘째 아들 글을 읽고 어린 손자 꽃노리할 제 마누라는 술을 걸너 휘휘 지면서 맛보라고 눈짓을 한다

아마도 農家之樂은 이 뿐인가.

[寫本]

46

건곤이 유의하여 남ᄌᆞ를 내이시고 셰월이 무졍ᄒᆞ여 쟝부 간쟝 다 녹인다

우리도 이리져리ᄒᆞ여 어ᄃᆡ로 가ᄌᆞ더냐 듁쟝을 집고 망혜를 신어 천리강산 드러가니 폭포도 장이 조타마는 려산이 여긔로다 비류직하 삼천쳑은 녯말노 드럿더니 의시은하락구쳔은 듯든 말보다 셩ᄒᆞᆫ 비라 그 골이 깁고 메는 놉하 별유건곤이오 인간은 아니로다 긔암긔석이 졀승ᄒᆞᆫᄃᆡ 쳐다 보니 만학이오 굽어보니 빅시더라 허리 굽은 늙은 장송 광풍을 못이 긔어 우줄우줄아 가다오다 오다가다 일간호옥 앙졍ᄒᆞᆫ 곳에 아량ᄒᆞᆫ 부인이 침ᄌᆞ를 ᄒᆞ누나 슈견안 이화견졉이오 견슈홍안 이제 죽엇구나 물 본 기럭기 산 넘어 가며 ᄭᅩᆺ 본 나뷔가 담 넘어 갈가 님 본 쟝부는 ᄭᅩᆨ 죽어구나 쟝부의 심ᄉᆞ가 별우러워 와락 달녀 드러 셤셤옥수를 뷔여 잡고 ᄒᆞ는 말이 여보 마루릐 이내 말숨 드러보소 옛날로 인ᄒᆞ는 말숨이 사ᄅᆞᆷ의 싱ᄉᆞ지 권이 열시왕님 명부뎐 좌하에 ᄭᅩᆨ ᄆᆡ왓다더니 금시로 당ᄒᆞ여 마루릐님 좌하에 ᄭᅩᆨ ᄆᆡ왓구나

춤아 진정 네 화용 ᄀᆞᆫ졀ᄒᆞ여 못살갓구나.

[樂高 900 A, 時全 145, 時大 206]

47

건곤이 유의ᄒᆞ여 남ᄌᆞ를 내이시고 셰월이 장ᄎᆞ 여류하여 우리 쟝부를 늙케나낸다

녯날노 말ᄒᆞᆯ지경이면 두목지 소동파 리태빅 강태공 동방삭 ᄀᆞᆺ흔 량반은 ᄉᆞ휴유젹이 지금 ᄭᆞ지라도 잇것만은 우리 쵸로ᄀᆞᆺ흔 인싱이야 ᄒᆞᆫ 번 도라 가면 만수천산에 분운ᄲᅮᆫ이로구나

쳥춘지년을 허송치 말고 ᄆᆞ옴ᄃᆡ로 노ᄌᆞ.

[樂高 900 B, 時全 146, 時大 107]

48

褰衣更上 最古樓ᄒᆞ니 遠近平沙에 暮靄收ㅣ라

數點眠鳥 紅蓼岸이요 一竿漁夫 碧波歌ㅣ라 烟横大野 雲横嶺이요 風滿長江에 月滿舟ㅣ로다
回首落霞 孤鶩外에 片帆往來 白蘋洲를 ᄒᆞ드라.
[永類 327, 時全 149, 時大 210]

49
乾天宮 버들 빗츤 春三月에 고아거늘 慶武臺 芳草岸은 夏四月에 풀우엿다
香遠亭 萬朶芙蓉 秋七月 香氣여늘 碧花室 古査梅는 冬十月 雪裡春光
아마도 四時節侯을 못닉 미더 ᄒᆞ노라.
[金玉 144, 安玟英, 時全 150, 時大 211]

50
게만 그리울가 나도 더욱 그라옵닉
애 그리는 심회을 게셔 어이 아ᄂᆞ실고
언저긔 春日이 연난커든 一壺酒 가지고 그리는 情恨놀 細細詳書 호리이다.
[龍潭錄 34-21 金啓, 時大 217]

51
게야미 져 게야미 죠그마한 불게야미
압 ᄃᆞ리 정중 뒷 ᄃᆞ리 종긔 등에 등창 밋 굼게 痔疾 ᄇᆞ룸증 濕병 가즌 불게야미 廣陵 경릉 쇼ᄾᆞ 고게 밋틔 크다 큰 갈범의 허리를 흠벅 무러 취들고 北海를 건너 뛰단 말이 잇셔이다
님아 님아 열 놈이 빅 말을 훌 띠라도 님이 짐쟉 ᄒᆞ시쇼.
[歌譜 233, 時大 218]

52

닷는 믈도 誤往ᄒᆞ면 셔고 셧는 소도 이라打 ᄒᆞ면 가ᄂᆡ
深意山 모진 범도 警說곳 ᄒᆞ면 도셔ᄂᆞ니
閣氏님 뉘 어미 쏠이완ᄃᆡ 警說을 부덕ᄒᆞᄂᆞ니.

[樂學 1019, 時大 1129]

53

擊汰梨湖山四低ᄒᆞ니 黃驪遠勢 草萋萋ㅣ로다
婆娑城影은 靑樓北이오 神勒鐘聲白塔西ㅣ라 磧石에 波沈神馬跡이오 二陵에 春入子規啼로다
醉翁牧老ㅣ空文藻ᄒᆞ니 如此風光에 不共 攜롤 ᄒᆞ더라.

[靑六 608, 時全 159, 時大 226]

54

見月色花色이 色色이 雖好나 不如一家 和顔色이요
彈琴聲 落棋聲이 聲聲이 雖好나 不如子孫 讀書聲이라
家傳에 忠孝道德이요 園中에 松竹梅菊이러라.

[時調 76-76, 時大 227]

55

景星出 卿雲興ᄒᆞᆯ제 陶唐氏적 百姓이 되어
康衢烟月에 含飽鼓腹ᄒᆞ고 葛天氏적 노ᄅᆡ에 軒轅氏적 춤을 추니
아마도 三代 以後에 이런 太古淳風을 못 어더 볼ᄭᅡ ᄒᆞ노라.

[靑六 659 李鼎輔, 時全 162, 時大 233]

56

古今人物 혜여보니 明哲保身 긔 뉘런고

張良은 謝病辟穀ᄒᆞ야 赤松子를 죠ᄎᆞ 놀고 范蠡ᄂᆞᆫ 五湖烟月에 楚王의 亡國愁를 扁舟에 싯고 오니

아마도 이둘의 高下를 나ᄂᆞᆫ 몰나 ᄒᆞ노라.

[青六 718 李鼎輔, 時全 173, 時大 248]

57

高臺皇室 나ᄂᆞᆫ 마다 錦衣玉食 더옥 마다

銀金寶貨 奴婢田宅 緋緞 치마 大緞 장옷 密羅珠 겻칼 紫芝鄕織 져고리 ᄯᅳᆫ머리 石雄黃으로 다 ᄭᅮᆷ자리 ᄀᆞᆺ고

眞實로 나의 平生 願ᄒᆞ기ᄂᆞᆫ 말 잘ᄒᆞ고 글 잘ᄒᆞ고 얼골 ᄀᆞ자ᄒᆞ고 품자리 잘ᄒᆞᄂᆞᆫ 져믄 書房 이로다.

[青珍 559, 時全 174, 時大 249]

58

고래 물혀 채민 바다 宋太祖ㅣ 金陵 치라 도라들제

曹彬의 드ᄂᆞᆫ 칼로 무지게 휘온드시 에후루혀 ᄃᆞ리 노코

그 건너 님이 왓다ᄒᆞ면 상금상금 건너리라.

[青珍 499, 時全 175, 時大 251]

59

고사리 ᄒᆞᆫ 단 쐬쟝 직어 먹고 물도 업ᄂᆞᆫ 東山에 올나
아모리 목말네라 목말네라 ᄒᆞᆫ들 어늬 환양의 쏠년이 날 물 쩌다쥬리
밤中만 閣氏네 품에 드니 冷水景이 업셰라.

[靑六 769, 時全 178, 時大 255]

60

姑蘇臺와 岳陽樓 滕王閣으로 발 벗고 성금 올으기는
나 남즉 ᄂᆞᆷ대도 그ᄂᆞᆫ 아모쪼로나 ᄒᆞ여 보려니와
진실로 님 외오 살라 ᄒᆞ면 그ᄂᆞᆫ 그리 못ᄒᆞ리라.

[海朴 412, 時大 257]

61

古詩예 일ᄂᆞ스대 安分身無辱니오
知機心自開이라 ᄒᆞ니 이 한 글귀 萬世의 龜鑑이라
아무리 城市中 ᄉᆞ롬닌ᄃᆞᆯ 이 일좃차 비호지 못 ᄒᆞᆯ손가.

[城西幽稿 申甲俊, 時大 5397]

62

古人無復 洛城東이요 今人은 還對 落花風을
年年歲歲 花相似여ᄂᆞᆯ 歲歲年年에 人不同이라
人不同 花相似ᄒᆞ니 그를 슬허 ᄒᆞ노라.

[樂學 903, 時全 188, 時大 268]

63

谷口哢 谷口哢ᄒᆞ니 有鳥衣黃 谷口哢이라

性愛谷口 綠陰繁 ᄒᆞ여 每歲春晩 谷口哢을 朝朝谷口 暮谷口에 一哢二哢 哢哢復哢이라

世人이 謂爾谷口哩ᄒᆞ니 謂爾長在 谷口哢이나 靜看谷口 遷喬木ᄒᆞ니 未必長在 谷口哢을.

[靑六 627, 時全 192, 時大 276]

64

谷口哢 우는 소릐의 낫잠 ᄭᅵ여 니러보니

져근 아들 글 니루고 며느아기 뵈ᄶᆞ는듸 어린 子孫는 솟노리ᄒᆞᆫ다

뭇쵸아 지어미 술 거로며 맛 보라고 ᄒᆞ더라.

[靑六 681 吳擎華, 時全 193, 時大 1025, 時大 277]

65

공도라는 白髮이요 못 면할 손 죽엄이라

천황 지황 인황 후의 복희 신농 헌원씨며 요순 우탕 문무 주공 승덕 읍서 붕하섯나 어리석다 진시황은 만리장성 구지 쌋코 장수불사 하랴다가 여산의 고혼되고 구선허든 한무제도 승노반이 허사되여 육십사의 붕하엿스니 수요장단이 재천이라

그러헌 도덕 영웅들은 유적이나 잇거니와 우리 갓은 초로인생 공수래 공수거라 아니 놀고 무엇 하리.

[雜誌 151, 時大 322]

66

공도라니 빅발이오 못 면홀 손 죽엄이라

천황 디황 인황 후에 요슌 우탕 문무 쥬공 셩덕 업서 붕ᄒᆞ시며 어지도다 진시황은 만리장셩 굿이 쌋고 아방궁 놉히 누어씰 제 이목지 소호ᄒᆞ고 궁심지지 소락ᄒᆞ여 장싱불ᄉᆞ ᄒᆞ짓더니 려산에 고혼 되고 독힝쳔리 관공님도 녀몽간계 ᄌᆞᄉᆞᄒᆞ고 화타 편작이 약명 몰나 죽어스며 왕개 석슝 이돈이가 지산 업셔 죽엇갓네

ᄒᆞ물며 쵸로인싱이야 말 다ᄒᆞ여 무엇ᄒᆞ랴.

[樂高 904, 時全 223, 時大 323]

67

功名과 富貴과란 世上 사람 다 맛기고

가다가 아모듸나 依山帶河處에 明堂을 어더셔 五間入作으로 黃鶴樓맛치 집을 딧고 벗님네 다리고 晝夜로 노니다가 압닉에 물 지거든 白酒黃鷄로 닉노리 가쟈셰라

닉 나히 八十이 넘거드란 乘彼白雲ᄒᆞ고 玉京에 올나 가셔 帝傍投壺多玉女룰 닉 홀노 벗지되여 늙글 뉘룰 모로리라.

[靑六 865, 時全 226, 時大 326]

68

功名과 富貴른란 世上 ᄉᆞ람 다 맛기고

가다가 아모듸나 依山帶海處의 明堂을 어더셔 五間 八作으로 黃鶴樓맛치 집을 짓고

벗님닉 다리고 晝夜로 노니다가 압닉 물지거든 白酒 黃鷄로 닉노리 가ᄌᆞ세라.

[樂羅 710, 時大 329]

69

功名을 혜여ᄒᆞ니 榮辱이 半이로다

東門에 掛冠ᄒᆞ고 田盧에 도라와셔 聖經賢傳 헤쳐노코 닑기를 罷ᄒᆞᆫ 後에 압ᄂᆡ에 살진 고기도 낙고 뒷뫼헤 엄긴 藥도 ᄏᆡ다가 臨高遠望ᄒᆞ여 任意 逍遙ᄒᆞᆯ졔 淸風은 時至ᄒᆞ고 明月이 自來ᄒᆞ니 아지 못게라 天壤之間에 이것치 즐거옴을 무어스로 對ᄒᆞᆯ소냐

아마도 이리져리 노니다가 乘化歸盡ᄒᆞᆷ이 긔 죠흔가 ᄒᆞ노라.

[靑六 667, 時全 244, 時大 351]

70

공명이 갈건야복으로 남병산 상봉에 올나

칠셩단 모고 동남풍 빈 년후에 단하로 ᄂᆡ려가니

히즁에 일엽소션 타고 안져 기다리ᄂᆞᆫ 장사는 조자룡인가.

[南太 100, 時全 246, 時大 352]

71

공명이 갈건야복 남병산 상상봉에 올라

칠셩단 도두 뭇고 하ᄂᆞ님 젼의 비ᄂᆞ이다 동남풍 빌어낸지 삼일만에 청긔황긔는 서북으로 펄펄 날아셔 셩셩 뎡봉의 니마 눈썹을 근질너 내니 뎡봉이 필마단긔로 남병산 샹샹봉에 올나셰셔 보니 다만 잇ᄂᆞᆫ 거슨 동ᄌᆞ뿐이라 야야 동ᄌᆞ야 너희 선싱이 계신가 보아라 그 동ᄌᆞ ᄃᆡ답ᄒᆞ되 우리 션싱님은 앗가 단하로 ᄂᆡ려갓ᄉᆞ오니 쇼동은 아지 못ᄒᆞᄂᆞ이다 뎡봉이 분긔를 참지 못ᄒᆞ여 필마 단창으로 남병산 ᄂᆡ려강변을 당도ᄒᆞ니 다만 잇ᄂᆞᆫ 군ᄉᆞᄂᆞᆫ 슈군장졸 쁜이로다 이야 슈군 장졸아 이직 공명이 일노 ᄂᆡ려 왓스니 네가 간 곳을 ᄌᆞ셰히 ᄃᆡ지 아니ᄒᆞ면 내 ᄒᆞᆫ 창에 잔명을 보젼치 못ᄒᆞᆯ 터이니 네 쌜리 ᄃᆡ여라 그 군ᄉᆞ ᄒᆞᄂᆞᆫ 말이 이직 공명 선싱이 발 싯고 산발ᄒᆞ여 일엽 쇼션 타고 강샹으로 둥둥 써나 갓ᄂᆞ이다 셔셩은 륙디로 ᄯᆞ르며 뎡봉은 ᄇᆡ를 타고 ᄯᆞ를 즈음에 압헤 가ᄂᆞᆫ 져긔 져 ᄇᆡ야 그 ᄇᆡ에 공명이 ᄐᆞᆺ거든 거긔 잠간 닷 노와라 ᄌᆞ룡이 내다보니 좃ᄎᆞ오ᄂᆞᆫ 장슈ᄂᆞᆫ 뎡봉이라 ᄌᆞ룡이 텰궁에 왜젼을 먹여 좌궁을 쏘ᄌᆞᄒᆞ니 우궁으로 졋고 우궁을 쏘ᄌᆞᄒᆞ니 좌궁으로 져즐가 쥼 압흘 놀가 쥼 뒤를 놀가 망셜이다가 싹지 손을 진 듯 발마 노으니 비거공즁에 번긔ᄀᆞᆺ치 ᄀᆞᄂᆞᆫ 살이 뎡봉탄 ᄇᆡ 돗ᄃᆡ 중동을 와ᄌᆞ직근 맛쳐 부러치니

ᄇᆡᆺ머리 빙빙돌아 갈 제 비ᄂᆞ이다 비ᄂᆞ이다 공명과 ᄌᆞ룡은 텬위란 장슈요 서셩과 뎡봉은 다만 제 분긔 쁜이로다.

[樂高 890, 時全 245, 時大 353]

72

孔門弟子 七十人이 春風杏壇에 左右로 버러시니

三月 不違仁退而如愚ᄂᆞᆫ 顔淵의 어딜미오 吾道一以貫 忠恕而已ᄂᆞᆫ 曾參의 篤學이오 雍也ᄂᆞᆫ 可使南面이오 求也ᄂᆞᆫ 可使爲相이라 子路ᄂᆞᆫ 好勇ᄒᆞ니 千乘의 治賦ᄒᆞ고 子貢은 明敏ᄒᆞ니 瑚璉의 그릇시오 舞雩에 ᄇᆞ람ᄒᆞ고 沂水에 沐浴ᄒᆞ야 千仞絶壁에 鳳凰이 ᄂᆞ라옴은 曾點의 氣象이라

아마도 誨人不倦ᄒᆞ고 作育英才ᄒᆞᄂᆞᆫ 萬古至樂은 夫子ㅣ신가 ᄒᆞ노라.

[蓬萊惡府 14 申獻朝, 時全 251, 時大 358]

73

孔夫子ㅣ 사람이시로되 依然ᄒᆞᆫ 하늘이시라

義理를 프러ᄂᆡ여 五倫을 ᄇᆞᆰ키시니 至愚ᄒᆞᆫ 民珉이 절로셔 어질거다 國太平 民安樂이 오로다 聖德이로다

千載後 이 ᄀᆞᄐᆞᆫ 大人君子ㅣ ᄯᅩ 업슬ᄭᅡ ᄒᆞ노라.

[靑謠 79 金壽長, 時全 258, 時大 365]

74

關雲長의 靑龍刀와 趙子龍의 날닌 鎗이

宇宙를 흔들면셔 四海의 橫行ᄒᆞᆯ제 所向無敵이언만은 더러운 피를 무쳐시되 엇지 ᄒᆞᆫ 文士의 筆端이며 辯士의 舌端으란 刀鎗劍戟 아니 쓰고 피 업시 죽이오니

무셥고 무셔울슨 筆舌인가 ᄒᆞ노라.

[靑六 746 弄 金鍈, 時全 274, 時大 386]

75

蛟龍山 上上峰에 깃드려 인ᄂᆞᆫ 져 白雲아

老臣의 不忍訣ᄒᆞᄂᆞᆫ 눈믈을 비 삼아 ᄀᆞ득 실어다가

洛陽宮闕 雲漢 볼 ᄯᅢ예 沛然히 ᄂᆞ려 들일가 ᄒᆞᄂᆡ.

[無極集 梁柱翊, 又感恩曲 5-3, 時全 281, 時大 398]

76

蛟山도 聖恩이요 蓼水도 聖恩이라

山峨峨 水洋洋이 다 聖恩만 못ᄒᆞ여라

南山의 날과 東海에 ᄃᆞᆯ도 萬壽无疆을 비로니 우리님 긔.

[無極集 梁柱翊, 感聖恩歌 5-4, 時全 282, 時大 399]

77

九九八十 一光老는 呂東濱을 차저 가고

八九七十 二君不事 濟王 蜀의 忠節이요 七九六十 三老董公 漢太祖를 遮說한다 六九五十 四皓先生 商山의 바둘 두고 五九四十 五子胥는 東門의 눈을 걸고 四九三十 六秀夫는 輔國忠誠이 지극하다

三九二十 七六國은 戰國이 되고 二九十 八陣圖는 諸葛亮의 兵法이요 九宮數 河圖洛書가 이 아닌가.

[時調集 133, 時大 405]

78

九仙王 道糕라도 안이 먹는 날을

冷水에 붓흔 粃旨煎餠을 먹으라 지근 絶代佳人도 안이 결연ᄒᆞ는 날을 코 업씀년 결연ᄒᆞ라고 지근거리는다

하널히 定ᄒᆞ신 配匹 밧긔야 것읆쪄 볼 쑬 이시랴.

[靑謠 78 金壽長, 時全 297, 時大 423]

79

구절 쥭장을 쑤리치 담속 썬바 모진 청셕의 탈탈터러 걱구로 집고

산이야 물니야 한츌쳠비 임 ᄎᆞ져 간니

그 곳듸 운무 자욱ᄒᆞ기로 아모란쥴.

[가사 라손문고본 77, 時大 5516 신자료]

80

國家 太平ᄒᆞ고 萱堂에 날이 긴 제 머리 흰 判書 아기 萬壽盃 드리ᄂᆞᆫ고
每日 오놀 ᄀᆞᄐᆞ면 셩이 무숨 가싀리
아마도 一髮 秋毫도 聖恩인가 ᄒᆞ노라.
[玉溪先生續集 3 玉溪母 權氏, 母夫人答歌, 時大 432]

81

國太公之 亘萬古英傑 이졔 뵈와 議論컨ᄃᆡ
精神은 秋水여늘 氣像은 山岳이라 萬機를 躬攝허니 四方에 風動이라 禮樂法度와 衣冠文物이며 旌旄節旗와 劍戟刀鎗을 燦然更張 허시단 말가
그 밧게 金石鼎彝와 書畵音律에란 엇지 그리 발근신고.
[金玉 174 安玟英 言編, 해악 636 편삭대엽, 時全 311, 時大 444]

82

君莫惜典衣沽酒ᄒᆞ소 囊乾ᄒᆞ면 我典衣로다
塵世難逢開口咲ㅣ니 知己를 相對盡情談ᄒᆞ고 劉伶墳上에 酒不到ㅣ니 且樂生前一盃酒로다
人生이 草露 ᄀᆞᄐᆞᆫ이 醉코 놀려 ᄒᆞ노라.
[青謠 66 朴文郁, 時全 314, 時大 447]

83

君不見 黃河之水 天上來ᄒᆞᆫ다 奔流到海不復廻라
又不見 高堂明鏡悲白髮ᄒᆞᆫ다 朝如青絲暮成雪이로다
人生 得意須盡歡이니 莫使金樽으로 空對月을 ᄒᆞᆯᄂᆞᆺ다.
[青六 791 時全 316, 時大 449]

84
君臣은 大義 잇고 父子ㄴ 至親이라
長幼有序의 兄弟들고 朋友有信의 師生드네
아마도 夫婦一倫은 五倫之本이라 엇디 無別ᄒᆞ올소냐.
[頤齋亂稿 黃胤錫, 時全 321, 時大 454]

85
君이 故鄕으로부터 오니 故鄕事을 應當 알니로다
오ᄂᆞᆫ 날 綺窓 알픠 寒梅 픠엿ᄯᅥ냐 아니 픠엿ᄯᅥ냐
픠기ᄂᆞᆫ 픠엿더라마ᄂᆞᆫ 님ᄌᆞ 그려 ᄒᆞ더라.
[樂學 994, 時全 324, 時大 496,]

86
君自故鄕來하니 알리로다 고향사를
오든 날 綺窓 前에 한매화가 피엿드냐 안 피엿드냐
南枝發 北枝未며 北枝發 南枝未와 南枝 北枝 發未發은 去年 今日 일반인데 그대 아니와 글로 근심.
[時調 79[78], 時大 458]

87
ᄭᅮᆷ아 ᄭᅮᆷ아 어리 척척ᄒᆞᆫ ᄭᅮᆷ아 왓ᄂᆞᆫ 님을 보닉 넌것가
왓ᄂᆞᆫ 님 보닉ᄂᆞ니 잠든날이나 ᄭᅴ오ᄂᆞᆺ다
이 後에 님이 오셔드란 잡고 날 ᄭᅴ와라.
[靑六 603, 時全 329, 時大 464,]

88

꿈에 謫仙을 만나 岳陽樓에 올나간이

高朋이 滿座ᄒᆞᆫᄃᆡ 杜牧 蘇子瞻과 魯眞君 呂洞賓과 劉伯伶 白樂天과 崔孤雲 賈壽富에 一隊 群仙 모닷는ᄃᆡ 美酒는 盈樽하고 肴核는 滿盤이라 女班을 도라보니 月宮姮娥 洛浦仙과 李夫人 趙飛燕과 絶代佳人 다 왓는ᄃᆡ 香臭는 擁鼻ᄒᆞ고 佩玉이 鳴浪이라 徐氏의 韻和瑟과 王子晋의 鳳簫聲과 宋玉의 玉洞簫요 石蓮士의 거문고에 郭處士의 竹杖鼓와 楊太眞의 羽衣舞요 蔡文姬의 胡歌聲과 張定元의 採蓮曲과 秦青의 긴노릐로다 酒半에 醉興을 못 이긔여 不知何處弔湘君을 太白이 읇허 니니 吳楚東南日夜浮는 杜甫의 和答이요 朗吟飛過洞庭湖는 呂洞賓의 仙語로다 洞庭月落孤雲歸는 崔孤雲의 絶作이로다

우리의 仙分이 엇덧튼지 꿈에 求景 ᄒᆞ괘라.

[海周 562 二數大葉 金壽長, 時全 337, 時大 472]

89

꿈은 古鄕 가건마는 나는 어이 못 가는고

꿈아 너는 어느 싀이 故鄕 갓다 왓누 堂上鶴髮雙親一向萬康 ᄒᆞ옵시며 閨裡에 紅顔妻子와 어린 同生과 各宅諸節리 다 泰平턴야

泰平키는 泰平터라만 너 아니 온다고 愁心일네.

[源一 735 없음, 時謠 107 편, 시철가 66 없음, 時全 341, 時大 476]

90

귓도리 져 귓도리 에엿부다 져 귓도리

어인 귓도리 지는 ᄃᆞᆯ 새는 밤의 긴 소릐 쟈른 소릐 節節이 슬픈 소릐 제 혼자 우러녜여 紗窓 여윈 좀을 ᄉᆞᆯ드리도 ᄭᆡ오는고야

두어라 제 비록 微物이나 無人洞房에 내 뜻 알리는 저ᄲᅮᆫ인가 ᄒᆞ노라.

[青珍 548 時全 352, 時大 490]

91
그른 일 올타 ᄒᆞ고 올흔 일 그르다 알기 쉬오니
양사 정찰ᄒᆞ야 ᄌᆞ시 알기 공부ᄒᆞ쇼
이 도리 유도자의 질정ᄒᆞ오사 시비 분명ᄒᆞ오리라.

[閒說堂遺稿 安昌後, 時大 5404]

92
極目天涯ᄒᆞ니 恨孤雁之失侶ㅣ오 回眸樑上에 羨雙燕之同巢ㅣ로다
遠山은 無情ᄒᆞ야 能遮千里之望眼이오 明月은 有意ᄒᆞ야 相照兩鄕之思心리로다
花不待二三之月 蕊發於衾中ᄒᆞ고 月不當三五之夜ᄒᆞ야 圓明於枕上ᄒᆞ니 님 비온 듯 ᄒᆞ여라.

[樂學 861 時全 367, 時大 518]

93
近庭軒花 柳依然ᄒᆞ니 日午當天 塔影圓을
봄 빗츤 눈 앏히연마는 玉人은 어이 머럿는고
至今에 花相似人不同을 못ᄂᆡ 슬허 ᄒᆞ노라.

[源河 540, 時全 368, 時大 521]

94
글 닑어라 아희들아 글 닑어 ᄂᆞᆷ 주던야
孝弟 忠信 네 것이오 當貴 榮華도 네 것실다
우리ᄂᆞᆫ 아희 적 글 덜 닑은 ᄐᆞᆺᄉᆞ로 이 貌樣 되어스라.

[金剛永言錄 金履翼, 時大 522]

95
今生 百年 다 놀고셔 來生 百年 다시 노셰
桑田碧海 다 되도록 世世生生 이여 노셰
아모리 天荒코 地老ᄒᆞᆫ들 ᄂᆡ 情 죠ᄎᆞ ᄭᅳᆫ흘 쥴이 잇스랴.
[大東 281 界樂, 時全 378, 時大 537]

96
금셰상에 못ᄒᆞᆯ 거슨 ᄂᆞᆷ의 집 님씌다 졍드려 놋코 말 못ᄒᆞ니 ᄋᆡ연 ᄒᆞ고 ᄉᆞ졍치 못ᄒᆞ니 나 죽갓고나
ᄭᅩᆺ이라고 ᄯᅳᆺ어내며 닙히라고 훌터내며 가지라고 휘여ᄂᆡ며 ᄒᆡ동쳥 보라ᄆᆡ라고 제밥을 가지고 구게낼가 눈만 썸벅 고ᄀᆡ만 ᄡᅡᆫ듯 츄파 여러 번에 님 후려내여 안닌 밤즁에 덥신에 감발ᄒᆞ고 월장 도쥬로 담 넘어가니 싀아비 귀먹장 화닝 잡년석은 ᄂᆞᆷ의 속ᄂᆡᄂᆞᆫ 아지도 못 ᄒᆞ고 아닌 밤즁에 밤사름 왓다고 휘날릴 젹에 이내 삼촌 간장이 츈셜이로구나
춤아 진졍 가산뎡쥬 가로 막혀서 나 못살갓네.
[樂高 887, 時全 379, 時大 538]

97
禽獸옷 아니 되면 夷狄도 되지 말고
下愚로 上智 틔워 堯舜 周孔 濂洛 關閩 되어 보소
두어라 層層 階梯예 머다한들 언마 머올손가.
[頤齋亂稿 黃胤錫, 時全 381, 時大 540]

98

金化ㅣ 金城 슈슛대 半 단만 어더 죠고만 말마치 움을 뭇고

조죽 니죽 白楊箸로 지거 자내 자소 나는매 서로 勸홀만졍

一生에 離別 뉘를 모로미 긔 願인가 ᄒᆞ노라.

[靑珍 466 時全 391, 時大 552]

99

기러기 쎄 쎄 마니 안진 곳에 포슈야 총을 함부로 노치마라

싀북 강남 오구 가는 길에 임의 소식를 뉘 젼ᄒᆞ리

우리도 그런즄 알기로 아니 노씁네.

[南太 27 時全 400, 時大 563]

100

기러기 외기러기 너 가는 길히로다

漢陽城臺에 가셔 져근덧 머므러 웨웨쳐 불러 부듸 ᄒᆞᆫ말만 傳ᄒᆞ야 주렴

우리도 밧비 가는 길히니 傳홀동 말동 ᄒᆞ여라.

[靑珍 496, 時大 567]

101

기럭기 져 기럭기 너 가는 길이로다

님 계신듸 잠간 들너 웨웨쳐 불너 일으기를 無月黃昏에 술쓰리 그려 못술네라 하고 부듸 ᄒᆞᆫ말만 전ᄒᆞ고 가렴

眞實로 傳킈곳 傳ᄒᆞ면 님도 반겨 ᄒᆞ리라.

[靑가 588, 時全 406, 時大 572]

102
기럭이 풀풀 다 나라 드니 消息인들 뉘 傳ᄒᆞ리
愁心은 疊ᄒᆞᆫ듸 좀이 와야샤 ᄌᆞᆷ인들 아니쉬랴
촐하로 져 달이 되야셔 빗쵀여나 볼ㅣ가 ᄒᆞ노라.
[源國 463, 時全 408, 時大 571]

103
기름에 지진 ᄭᅮᆯ藥果ㅣ라도 아니 먹는 날을
冷水에 살믄 돌欒頭를 먹으라 지근지근 平壤女妓년도 아니 ᄒᆞᄂᆞᆫ 날을 閣氏님이 ᄒᆞ라고 지근지근지근
아무리 지근지근 ᄒᆞᆫ들 품어쟈 줄 이시랴.
[靑六 750 , 時全 409, 時大 577]

104
箕子ㅣ 朝周ᄒᆞ라 갈쎄 殷墟를 지나든이
傷宮室毁 壞生禾黍여늘 欲哭에 不可ᄒᆞ고 欲泣에 近婦人ᄒᆞ야 麥秀歌를 닐은 말이 麥秀ㅣ蔪蔪兮여 木黍ㅣ油油로다 彼狡童兮 不與我好兮로다
殷民이 듯고 눈물 안이 질 이 업더라.
[海周 539, 金壽長, 時全 414, 時大 584]

105

記前朝舊事ᄒᆞᆫ이 曾此地에 會神仙이라

向月池雲階ᄒᆞ여 重携翠袖ᄒᆞ고 來拾花鈿일셰 繁華ᄂᆞᆫ 摠隨流水ᄒᆞ니 歎一場春夢 杳難圓을 廢港芙蕖에 滴露ᄒᆞ고 斷堤楊柳 繞烟이로다 兩峯南北이 只依然ᄒᆞ되 輦路에 草芊芊 恨別館離宮에 烟消鳳盖요 波沒龍舡이라

平生銀屛 金屋에 對漆燈無焰夜如年을 落日牛羊 隴上이오 西風燕雀 林邊이로다.

[靑六 875, 時全 415, 時大 585]

106

길럭이 펄펄 발셔 나라 가스러니 고기난 어이 이젹지 아니 오노

山놉고 물 기닷터니 아마 물이 山도 곤더 기러 못 오나보다

至今에 魚雁도 빠르지 못하니 그를 슬어 하노라.

[金玉 141 三數大葉 安玟英, 時全 407, 時大 590]

107

길히 머다ᄒᆞ다 나면 아니 가랴터냐

물이 파려ᄒᆞ다 ᄐᆞ면 아니 녜랴터냐

가고 녠 後ㅣ면 老母 歸寧홀 일이더 遄臻于衛언마ᄂᆞᆫ 不瑕有害라 이를 저퍼 ᄒᆞ노라.

[靜齋先生文集 3 李聃命, 思老親曲 12-3, 時大 594]

108
金約正 자네는 點心을 ᄎᆞ르고 盧風憲으란 酒肴 만이 장만ᄒᆞ소
嵇琴 琵琶 笛 필이 長鼓란 禹堂掌이 다려 오소
글 짓고 노릐 부리기 女妓和間으란 ᄂᆡ 아못조로나 擔當ᄒᆞ옵싀.
[근락 571, 靑一 530, 時大 595]

109
쏫 속에 잠든 나뷔야 네 平生을 무러 보자
네가 莊周의 前生이냐 莊周가 너의 前生이냐
우리가 莊周 되고 莊周가 우리 되니 分明이 몰나.
[樂高 966, 時全 201, 時大 306]

110
놈이라 님을 안이 두랴 思郎도 밧쳣노라
梨花에 나간 님이 走馬 鬪鷄 노니다가 霽月光風 졈근 날에 黃菊丹楓 다 盡토록 金鞍白馬 猶未還이라
두어라 님이 비록 니젓시나 紗窓 긴긴 밤의 幸혀 올가 기ᄃᆞ린다.
[靑謠 72 朴文郁, 時全 537, 時大 744]

111
ᄂᆡ가 쥭어 이져야 오르냐 네가 사라 평싱에 그리워야 올타 ᄒᆞ랴
쥭어 잇기도 어렵쩌니와 사라 싱니별 더옥 셟짜
차라로 ᄂᆡ 먼뎌 쥭어 도라 갈쎄 네 날 그리워라.
[南太 112, 時全 554, 時大 769]

112

닉 本是 上界人으로 黃庭經 一字 誤讀ᄒᆞ고

塵寰에 謫下ᄒᆞ여 五福을 누리다가 乘彼白雲ᄒᆞ고 帝鄕에 올라가셔 녜 노던 群仙을 다시 만나

八極에 周遊ᄒᆞ여 長生不死 ᄒᆞ리라.

[青六 688, 時全 574, 時大 799]

113

닉 얼골 검고 얽기 本是 아니 얽고 거뮈

江南國 大宛國 열두 바다 건너 오신 ᄌᆞ근 손님 큰 손님에 紅疫 쓰리 쏘약이 後더침에 自然히 검고 얽긔

그르ᄉᆞ 閣氏의 房구셕에 怪石 삼아 두시소.

[青六 852, 時全 590, 時大 819]

114

닉 일즉 꿈을 어더 文武 周公을 뵈온 後에

前身이 況方 吉人이런가 心獨喜而自負ㅣ러니

果然的 我笑堂上 봄 ᄇᆞ롬에 當世 英傑을 뫼셧거다.

[金玉 168, 時大 824]

115

닉 집은 桃花源裏여늘 자네 몸은 杏樹壇邊이라

鱖魚 살져거니 그물은 자네 밋네

兒孩야 덜 괴인 薄薄酒ㅣ만졍 甁을 치와 너흐라.

[金玉 156, 時全 598, 時大 83]

116

나ᄂᆞᆫ 님 혜기를 嚴冬雪寒에 孟嘗君의 狐白裘 ᄀᆞᆺ고

님은 날 너기기를 三角山 中興寺에 이 ᄡᅡ진 늘근 즁놈에 살성권 어리이시로다

ᄧᅡᆨᄉᆞ랑의 즐김ᄒᆞ는 ᄠᅳᆺ을 하늘이 아르셔 돌려 ᄒᆞ게 ᄒᆞ쇼셔.

[靑珍 540, 時全 426, 時大 600]

117

나ᄂᆞᆫ 마다 나ᄂᆞᆫ 마다 高臺廣室 나ᄂᆞᆫ 마다

奴婢田宅 大緞長옷 緋緞치마 紫芝香織 져고리 蜜花珠 겻칼 ᄯᅩᆫ 머리 石雄黃 올오다 ᄡᅳ러 ᄭᅮᆷ자리로다

나의 願ᄒᆞᄂᆞᆫ 바ᄂᆞᆫ 키 크고 얼골 곱고 글 잘ᄒᆞ고 말 잘ᄒᆞ고 노래 용코 춤 잘추고 활 잘쏘고 바돌 두고 품자리 더옥 알드리 잘ᄒᆞᄂᆞᆫ 白馬金鞭의 風流郞이가 하노라.

[槿樂 357 蔓橫淸, 時全 427, 時大 601]

118

나ᄂᆞᆫ 마다 나ᄂᆞᆫ 마다 錦衣玉食 나ᄂᆞᆫ 마다

죽어 棺에 들 지 錦衣를 입으련이 子孫의 祭바들 지 玉食을 먹으려니 죽은 後 못ᄒᆞᆯ 일은 粉壁紗窓 月三更의 고은 님 ᄃᆞ리고 晝夜同寢 ᄒᆞ기로다

죽은 後 못 ᄒᆞᆯ 일이니 사라 아니ᄒᆞ고 뉘웃츨가 ᄒᆞ노라.

[樂學 1034, 時大 602]

119
나는 님 넉이기를 無虎洞裏에 狸作虎만 넉이는듸
님은 날 헤기를 닙 업쓴 갈강 가싀 덤불 아래 알 둔 새만 넉인다
[終章 缺].
[海一 387 終章 缺, 時全 425, 時大 604]

120
나는 指南石이런가 閣氏네들은 날반을 인지
안즈도 붓고 셔도 ᄯᅳ르고 누워도 붓고 솝ᄶᅧ도 ᄯᅳ라와 안이 ᄯᅥ러진다
琴瑟이 不調ᄒᆞᆫ 分네들은 指南石 날바늘을 달혀 日再服 ᄒᆞ시소.
[海周 564 二數大葉 金壽長, 時全 428, 時大 606]

121
나는 진정 말이지 숨각산 거ᄒᆞ든 범나븨로 장안 만호를 나려다 보니
오식이 영롱키로 화긔 단졀인가 츈흥을 못익여 나려를 왓다가 돌아가든 회로에 이 몸이 앗츠 실수되야 인왕산 蝶絲에 나 걸녓고나
일라 노와라 못 놋켓구나 열 발가락이 ᄶᅵ여서도 나 못 놋카구.
[樂高 912, 時全 429, 時大 607]

122

나모도 바히 돌도 업슨 뫼헤 매게 ᄧᅩ친 가토릐 안과

大川 바다 한가온대 一千石 시른 ᄇᆡ에 노도 일코 닷도 일코 뇽총도 근코 돗대도 것고 치도 ᄡᅡ지고 ᄇᆞ람 부러 물결치고 안개 뒤섯계 ᄌᆞ자진 날에 갈길은 千里萬里 나믄듸 四面이 거머어득 져뭇 天地寂莫 가치노을 ᄯᅥᆺ는듸 水賊 만나 都沙工의 안과

엇그제 님 여흰 내 안히야 엇다가 ᄀᆞ을 ᄒᆞ리오.

[靑珍 572 蔓橫淸類, 時全 440, 時大 628]

123

나븨ᄂᆞᆫ ᄭᅩᆺ출 ᄎᆞᆺ고 白鷗ᄂᆞᆫ 믈의 노ᄂᆡ

사ᄅᆞᆷ을 酒色外예 議論홈이 比컨대 이 ᄀᆞᆺ거ᄂᆞᆯ

엇지타 만나면 過度ᄒᆞ야 ᄭᅩᆺ과 믈을 탓 ᄉᆞᆷ게 ᄒᆞᄂᆞᆫ요.

[金剛永言錄 36 金履翼, 시요 73, 時大 635]

124

나아가도 聖恩이요 물너가도 聖恩이라

廊廟나 江湖나 간곳마다 聖恩이라

이몸이 一百番 듁어도 ᄆᆞ음은 千千 萬萬春인가 ᄒᆞ로라.

[無極集 梁柱翊, 感聖恩歌 5-5, 時全 446, 時大 637]

125

나 탄 말은 쳥총마오 임 탄 말은 오츄마라

ᄂᆡ 압헤 청삽살ᄀᆡ오 임의 팔에 보라ᄆᆡ라

저 ᄀᆡ야 공산의 깁히 든 ᄭᅯᆼ를 자루 두져 투겨라 ᄆᆡ ᄯᅴ여 보게.

[南太 33, 時全 460, 時大 647]

126
洛城 西北 三溪洞天에 水澄淸而山秀麗ᄒᆞ되
翼然有亭에 伊誰在矣오 國太公之 偃息이시리
비ᄂᆞ니 南極老人 北斗星君으로 享壽萬年 ᄒᆞ오소셔.
[金玉 96 播聳 安玟英, 時全 464, 時大 653]

127
洛城이 一別四千里로다 胡騎長駈 五六年을
草木은 變衰行劍外로다 兵戈는 阻絶老江邊이라 思家步月淸宵立ᄒᆞ야 億弟看雲白日眠이라
聞道河陽이 近乘勝ᄒᆞ이 司徒ㅣ急爲破幽燕을 ᄒᆞ소라.
[海一 618 時全 465, 時大 654]

128
낙양 ᄀᆡᆨ졈엣 수자야 ᄂᆡ 구틔여 쳥하던야
초국왕 부마런가 천연불개 장부언을 그ᄃᆡ도록 무심턴고
[終章缺]
[桂相國傳 高大本 6, 時大 656]

129
洛陽 東村 梨花亭에 痲姑仙女 집의 술 닉단 말 반겨 듯고
靑驢에 鞍裝지어 金돈 싯고 드러가 가셔
兒孩也 淑娘子 계신야 門밧긔 李郎 왓다 살오라.
[靑六 783, 時全 467, 時大 657]

130

洛陽 三月時에 宮柳는 黃金枝로다

春服이 旣成커늘 小車에 술을 싯고 桃李園 차자 드러 東風으로 洒掃ᄒᆞ고 芳草로 자리 삼아 鸕鶿酌 鸚鵡盃로 一杯一杯 醉케먹고 吹笙鼓簧ᄒᆞ며 詠歌舞蹈헐제 日已西ᄒᆞ고 月復東이로다

兒禧야 春風이 몃날이리 林間에 宿不歸를 ᄒᆞ리라.

[源國 504 任義直, 時全 468, 時大 659]

131

洛陽三月 淸明節에 滿城花柳 一時新이라

芒鞋藜杖으로 弼雲臺 올나가니 千甍甲第는 九衢에 照耀ᄒᆞ고 萬重紅綠은 繡幕에 어릐엿다 公子王孫들이 翠盖朱輪으로 芳樹下에 흘너 들고 冶郎遊客들은 白馬金鞍으로 落花前 모다ᄂᆞᆫᄃᆡ 百隊靑娥들은 綠陰에 셧돌면셔 淸歌妙舞로 春興을 비야닐지 騷人墨客들이 捷羅를 倒着ᄒᆞ고 醉後狂唱이 오로다 豪氣로다

夕陽의 簫鼓喧天ᄒᆞ고 禁街로 나려오며 太平烟月에 歌誦ᄒᆞ고 노더라.

[樂學 1097 時全 470, 時大 660]

132

洛陽城裏 芳春和時에 草木群生이 皆自樂이라

冠童을 期會ᄒᆞ여 蕩春臺 花煎ᄒᆞ고 文殊菴中興寺에 軟泡盃酒ᄒᆞ고 晴日에 登臨白雲ᄒᆞ니 咫尺 天門을 手可摩라 萬里江山 遠近風景이 眼界에 森羅ᄒᆞ여 丈夫의 胸襟이 雲夢을 삼켯ᄂᆞᆫ 듯 飛虹橋 樂展閣과 九天銀瀑과 靜菴齋室 霽月光風 望月光風 望月 回龍에 問眞探勝ᄒᆞ여 水落山寺 玉流天에 塵纓을 씨슨 後에 天莊 安岩으로 杏花芳草 夕陽路에 踏歌行休ᄒᆞ야 太學으로 도라드니

曾點의 詠歸古風을 니어보려 ᄒᆞ노라.

[靑詠 584 蔓橫樂時調編數葉弄歌, 時大 662]

133

洛陽城裏 方春和時에 草木群生이 皆樂이라

冠者五六人과 童子六七 거ᄂᆞ리고 文殊中興으로 白雪峰登臨ᄒᆞ니 天文이 咫尺이라 拱北三角은 鎭國無疆이오 丈夫의 胸襟에 雲夢을 ᄉᆞᆷ겻ᄂᆞᆫ 듯 九天銀瀑에 塵纓을 씨슨 後에 踏歌行休ᄒᆞ여 太學으로 다라오니

曾點의 詠歸高風 밋쳐 본 듯 ᄒᆞ여라.

[靑珍 570 金春澤, 時全 472, 時大 663]

134

날 ᄃᆡ려 가게 날 ᄃᆡ려 ᄀᆞ계 쌍교 평교ᄌᆞ 람요도 나는 실타

비룡ᄀᆞᆺ치 가ᄂᆞᆫ 말ᄭᅴ다 원앙을 달아도 반만침 달고 방울을 달아도 졸방울 달고 부담을 지여도 반부담 짓고 부담 우에다 최계를 놋코 최계를 우에다 호랑담요를 활신 편 후에 다 수심가 명창 도령님 싯고 강을 경포ᄃᆡ로 돌마지 가ᄌᆞᆺ고나

춥아루 진정 님의 화용 그리워 못살갓네.

[樂高 899, 時全 489, 時大 682]

135

南宮에 술을 두고 三傑을 의논ᄒᆞ니

運籌帷幄之中ᄒᆞ여 決勝千里之外와 鎭國家撫百姓ᄒᆞ여 給饋餉不絶糧道와 連百萬之衆ᄒᆞ여 戰必勝功必取ᄂᆞᆫ 三傑이라 니를연이와

아마도 陣孺子의 六出奇計를 혜면 나ᄂᆞᆫ 반드시 ᄀᆞ론 四傑이라 ᄒᆞ노라.

[靑淵 241, 時全 494, 時大 688]

136
남기라도 고목이 되면 오든 사이 아니 오고
꼿이라도 십일홍 되면 오든 봉뎝도 아니 오고 깁든 물이라도 엿터지면 오든 고기도 아니 오고 우리 인싱이라도 늙어지면 오시든 정판도 에도라 가는구나
춤아 가지로 긔가 만히 막혀서 나 못살갓네.
[樂高 892, 時全 499, 時大 694]

137
南無阿彌陀佛 南無阿彌陀佛 흔들 듕놈마다 成佛ᄒᆞ며
孔子ㅣ曰 孟子ㅣ曰 흔들 ᄉᆞ룸마다 得道ᄒᆞ랴
아마도 得道 成佛은 都兩難인가 ᄒᆞ노라.
[青六 631, 時全 505, 時大 701]

138
남북간 륙십 리에 어이 그리 못 본단 말가
츈수는 만ᄉᆞ텩ᄒᆞ니 물이 만아 못 온단 말가 하운은 다긔봉에 봉이 놉하 못 오신든고 물이 깁흐면 비를 ᄐᆞ고 봉이 놉흐면 쉬여를 넘으렴우나
듀소로 오미불망에 나 엇지 살고.
[樂高 884, 時全 506, 時大 702]

139
南山佳氣 鬱鬱葱葱 漢江流水 浩浩洋洋
主上 殿下는 이 山水ᄀᆞ치 山崩水渴토록 聖壽ㅣ 無疆ᄒᆞ샤 千千萬萬歲를 太平을 누리셔든
우리는 逸民이 되야 康衢烟月에 擊壤歌를 ᄒᆞ오리.
[青珍 539, 時全 507, 時大 709]

140

南山에 눈 놀니는 양은 白松鶻이 죽지 찌고 당도난 듯
漢江에 빈 뜬 양은 江上 두루미 고기 물고 넘노는 듯
우리도 남의 님 거러 두고 넘노러 볼가 ᄒᆞ노라.

[樂學 1024, 時全 513, 時大 710]

141

南山에 봄춘자 드니 가지가지 옷화짜라
一호酒 가질지허니 세닉 가에 안질좌짜
坐中이 조을 호 질길 낙 풍년 풍 저물 모허니 도라갈 귀짜.

[調 詞 36, 時全 514, 時大 712]

142

藍色도 아니옵고 草綠色도 아니온닉요
唐多紅 眞粉紅의 軟半物도 아니온닉의
閣氏네 物色을 모로셔도 나는 진남인가 ᄒᆞ노라.

[海樂 588, 時全 517, 時大 718]

143

男兒 少年 行樂 헐 일이 허다ᄒᆞ다
臨泉 草堂上에 萬卷詩書 싸아 두고 絶代佳人 엽헤 두고 쥴업는 거믄고 언져 놋코 보라미 길들여 두고 臨水登山허여 창스기 말타가 싱각ᄒᆞ고 밧을 갈어 對月看花ᄒᆞ니 술먹기 벗ᄉᆞ국기와 水邊에 고기 낙기
아마도 樂ᄒᆞ여 四時春에 節가는 쥴를.

[時調 歌詞 朴氏本 83, 時大 722]

144

男兒의 少年行樂 ᄒᆡ올 일이 ᄒᆞ고하다

글닑기 칼쓰기 활쏘기 물돌리기 벼슬ᄒᆞ기 벗사괴기 술먹기 妾ᄒᆞ기 花朝月夕 노리ᄒᆞ기 오로다 豪氣로다

늙게야 江山에 믈려와셔 밧갈기 논ᄆᆡ기 고기낙기 나모뷔기 거믄고 ᄐᆞ기 바독두기 仁山智水遨遊ᄒᆞ기 百年安樂ᄒᆞ여 四時風景이어니 그지 이시리.

[靑珍 566 蔓橫淸類, 時全 519, 時大 723]

145

男兒의 快ᄒᆞᆫ 일은 긔 무엇시 第一인고

挾泰山以超北海와 乘長風萬里波浪과 酒一斗 詩百篇이라

世上에 草芥功名은 不足道ㅣ가 ᄒᆞ노라.

[海周 351 李鼎輔, 時全 522, 時大 726]

146

南陽에 누운 龍이 運籌도 그지 업다

博望에 燒屯ᄒᆞ고 赤壁에 行ᄒᆞᆫ 謀略 對敵ᄒᆞ리 뉘 이시리

至今에 五丈原 忠魂를 못닉 슬허 ᄒᆞ노라.

[樂學 760 二數大葉, 時全 527, 時大 731]

147

남이라 님을 아니두랴 豪蕩도 그지업다

霽月光風 져문날에 牧丹黃菊이 다 盡토록 우리의 고은 님은 白馬金鞍으로 어듸롤 단이 다가 뉘 손에 쥽히여 笑入胡姬酒肆中인고

아희야 秋風落葉掩重門에 기다린들 무엇ᄒᆞ리.

[靑六 653 弄, 時全 538, 時大 743]

148

南風이 건덧 불어 문을 녈고 방의 든니

힝여 故鄕消息 가져 왓난가 남의 퇴침ᄒᆞ고 급피 일어 안지니 긔어인 狂風인졔 지너가난 바람인졔 忽然 有聲 忽不見니라 허허 탄식하고 성그러히 안자시니

이닉 生前의 骨肉至親 消息을 알길리 업셔 글노 셜허 ᄒᆞ노라.

[慕夏堂實記 3 金忠善[南風有感], 時大 752]

149

南風이 ᄢᅵ로 불졔 故國을 ᄉᆡᆼ각ᄒᆞ니

先墳이 便安ᄒᆞᆫ가 七兄弟 無事ᄒᆞᆫ가 至親骨肉들이 살아난가 죽엇난가 개운사 춘초몽이 어난 ᄢᅵ에 업슬쏘냐 國家에 不忠하고 私門에 不孝되니 天地間 一罪人이나 밧긔 ᄯᅩ 잇난가

아마도 세ᄉᆞᆼ의 凶ᄒᆞᆫ 八字는 나 ᄒᆞ나 ᄲᅮᆫ인가 ᄒᆞ노라.

[慕夏堂實記 1 金忠善, 時大 753]

150

南薰殿 달 발근 밤에 五絃琴 끈어지고

洛浦로 가는 배는 쪼각 달 無光 속에 초회왕의 원혼이라 雲間에 나는 새는 西王母의 片紙 물고 요지로 돌아 들 제 강안의 귤농하니 黃金이 千片이요 노화의 風起하니 白雲이 萬點이라

아마도 此江山 第一景이 이 아닌가.

[雜誌 平州本 29, 時大 758]

151

南薰殿 舜帝琴을 夏殷周에 傳ᄒᆞ오셔

秦漢唐雜伯干戈와 宋齊梁 風雨乾坤에 王風이 委地ᄒᆞ여 正聲이 긋 쳐졋더니

東方에 聖人이나 계오샤 彈五絃 歌南風을 이여볼가 ᄒᆞ노라.

[靑珍 510 蔓橫淸類, 時全 549, 時大 761]

152

내 가슴 만ᄌᆞ 보오 살 ᄒᆞᆫ 졈니 바리 읍ᄂᆡ

굴머서 굼기야 굴머쓸가 님 얼 글여 어은님 그여

인ᄌᆡ야 움○면 긔 울가 그ᄃᆡ을 그여 어엽잔치.

[時調集 경대본 131, 時大 765]

153
내게는 怨讐ㅣ가 업셔 개와 돍이 큰 怨讐로다
碧紗窓 깁픈 밤의 픔에 들어 자는 임을 자른 목 느르혀 홰홰 쳐 울어 닐어 가게 ᄒᆞ고 寂寞 重門에 왓는 님을 믈으락 나오락 캉캉 즈져 도로 가게 ᄒᆞ니
암아도 六月 流頭 百種 前에 서러져 업씨 ᄒᆞ리라.
[靑謠 67 朴文郁, 時全 556, 時大 771]

154
내 나히 닐흔 다ᄉᆞ새 너를 아니 나한ᄂᆞ냐
오늘늘 生覺ᄒᆞ니 나는 여든이오 너는 마ᄋᆞᆫ이오 여스시로다
先人의 陰蔫하신 恩德을 ᄀᆞ이 업서 ᄒᆞ노라.
[龍潭錄 34-15 金啓, 時大 780]

155
내라 그리거니 네라 아니 그릴넌가
千里 蠻鄕에 얼매나 그리는고
紗窓의 슬픠 우는 뎌 뎝동새야 不如歸라 말고라 내 안 둘 ᄃᆡ 업세라.
[龍潭錄 仁祖, 時大 786]

156
내 쇼실랑 일허 ᄇᆞ린지 오늘조ᄎᆞ 춘 三年이오런이
젼젼ᄐᆡᄐᆡ 문젼ᄒᆞᆫ이 閣氏님 방안의 셔 잇드라 ᄒᆞᆫᄃᆡ
柯枝란 다 찌여 쓸지라도 ᄌᆞ르 드릴 구멍이나 보내소.
[樂學 849, 時全 583, 時大 809]

157
내 양지를 내 몬 보니 내 그더도록 볼셔 늘건ᄂᆞᄂᆙ
엇그제 少年이어든 그리 수이 늘글소ᄂᆙ
아므려 늘다 늘다 ᄒᆞ야도 나는 몰라 ᄒᆞ노라.
[葛峰先生遺墨 37 金得研, 時大 816]

158
내 집을 차질야면 안이 뭇고 못 찻나니
村名은 李花村이요 堂號는 梅月堂이라 하나이다 門前의 靑삽사리 눕고 垂楊 短墻 안의 鸚鵡 孔雀 짓쓰리고 靑松 위의 白학이 안고 李花 桃花 滿發헌듸 게와 물으면 알이로다
童子야 日後의 仙官이 오시여 물의시면 後園 別堂으로.
[金聲玉振 92, 時大 5542, 신자료]

159
내 집을 찻지라면 아니 뭇고 잘 찻자니
村名은 李花村이요 堂號는 梅月堂이라 右便은 松亭이요 左便은 竹林이라 柴門에 靑삽사리 珠簾單場 안에 鸚鵡 孔雀이 깃드려 잇다
그 곳에 靑鶴白鶴 넘노는 곳이 내 집일세.
[時調集 124, 時大 832]

160
내 집이 器具 업써 벗이 온들 무어스로 對接ᄒᆞᆯ이
압 내ᄒᆡ 후린 곡이를 ᄏᆡ야 온 삽쥬에 숫ᄭᅩ와 녹코
엇ᄯᅳ제 쥐비즌 술 닉엇씨리라 걸게 걸러 내여라.
[海一 584 蔓數大葉, 時全 599, 時大 834]

161
네 날 보고 방싯 웃는 이 속도 곱고 미워라고 ᄒᆞᆯ기죽죽 ᄒᆞᆯ기ᄂᆞᆫ 눈찌도 곱다
창가 묘무는 반졈 단순 화만발이요 탄금 수셩은 일쌍 옥수 접쌍무라
두어라 가금 절식을 남 줄소냐.
[詩謠 129, 時全 620, 時大 864]

162
녯 사ᄅᆞᆷ이 국담수를 마시고도 늘거 오래 사닷커든
오ᄂᆞᆯ날 이 내 술의 녯 고지 ᄯᅩ ᄠᅧ 인ᄂᆡ
진실로 이 잔곳 자시면 불노선이 ᄃᆞ외리라
[葛峰先生遺墨 52 金得研, 時大 877]

163
녯 사ᄅᆞᆷ ᄒᆞᆫ온 말의 술 못 먹ᄂᆞᆫ 君子 업고
글 못ᄒᆞᄂᆞᆫ 小人 업다 ᄒᆞ나 나ᄂᆞᆫ 글도 술도 다 못ᄒᆞ니
두어라 非君子 非小人을 어ᄃᆡ ᄡᅳᆯ이 今世上의.
[金剛永言錄 47 金履翼, 時大 879]

164

노릐 굿치 죠흔 거슬 風塵客이 아돗던지

春花柳 夏淸風과 秋月明 冬雪景에 弼雲 昭格 蕩春臺며 兩漢江亭 絶勝處에 酒肴ㅣ 爛漫흔듸 第一 名唱 벗님닉와 가즌 嵇笛 美色 드리 左右의 벗러 안즈 엇결어블너 닐제 中大葉後庭花는 堯舜 禹湯 文武 굿고 搔聳이 編落은 戰國이 되야이셔 刀槍劍術이 各自騰揚흐야 管絃聲에 어릐엿다

아마도 聖世逸民은 이 쁜인가 흐노라.

[靑六 860 金壽長 時全 629, 時大 885]

165

노새노새 매양 장식 노새 낫도 놀고 밤도 노새

壁上의 그린 黃鷄수둙이 뒤느래 탁탁 치며 긴목을 느리워셔 홰홰쳐 우도록 노새 그려

人生이 아춤이슬이라 아니 놀고 어이리.

[靑珍 516 蔓橫淸類, 時全 632, 時大 891]

166

露花 楓葉 香氣속에 棘艾는 어이 석위인고

웃고 對答흐되 君不見香莖臭葉이 俱長大흔다

닉 짐즛 석거 그려셔 以明君子小人 흐노라.

[源國 156, 時全 637, 時大 900]

167

綠蘿로 剪作三春柳ᄒᆞ고 紅錦을 栽成二月花ㅣ라

若使公侯로 爭此色인뎐 春光이 不到野人家ㅣ로다

아마도 至極 公道ᄂᆞᆫ 하ᄂᆞᆯ인가 ᄒᆞ노라.

[靑六 586, 時全 638, 時大 901]

168

綠楊芳草岸에 쇼머기ᄂᆞᆫ 아희들아

압냇 고기와 뒷냇 고기를 다 몰쇽 자바 내 다치에 너허 주어든 네 쇠 궁치에 언저다가 쥬렴

우리도 밧비 가ᄂᆞᆫ 길히니 못 가져갈가 ᄒᆞ노라.

[靑珍 530 蔓橫淸類, 時大 906]

169

綠陰 芳草 우거진 골에 쐬꼬리라 우ᄂᆞᆫ 져 쐬꼬리 ᄉᆡ야

네 소릐 어엿ᄡᅳ다 마치 님의 소릐도 ᄀᆞᆺ틀시고

아마도 너 잇고 님 겨시면 아모귄 줄 몰ᄂᆡ라.

[樂學 965, 時全 648, 時大 915]

170

논밧가라 기음 ᄆᆡ고 뵈잠방이 다임 쳐 신들메고

낫가라 허리에 ᄎᆞ고 도ᄭᅬ 벼려 두러메고 茂林山中 드러 가셔 삭ᄶᅡ리 마른 셥흘 뷔거니 버히거니 지게에 질너 집팡이 벗쳐 노코 ᄉᆡ옴을 ᄎᆞᄌᆞ가셔 點心도 ᄉᆞᆱ부시이고 곰방ᄃᆡ롤 톡톡 ᄯᅥ러 닙담ᄇᆡ 퓌여 물고 코노ᄅᆡ 조오다가

夕陽이 ᄌᆡ너머 갈 제 엇ᄭᅵ롤 추이즈며 긴 소ᄅᆡ 져른 소ᄅᆡ ᄒᆞ며 어이 갈고 ᄒᆞ더라.

[靑六 728 弄, 時全 654, 時大 923]

171

놉흔들 길 업스며 깁픈들 ᄇᆡ 업단가

聖學도 이러ᄒᆞ니 高遠타 自盡 말고

萬古 遺經 ᄇᆡ호고 ᄯᅩ ᄇᆡ호소 이리고 못ᄒᆞ 니ᄂᆞᆫ 自古及今 업ᄂᆞ니라.

[城西幽稿 2 申甲俊, 時大 5410]

172

놉흘ᄉᆞ 泰山이며 깁흘ᄉᆞ 滄海로다 泰山과 滄海라 ᄒᆞᆫ들 聖德과 比할 손가

발고 발근 日月이요 어질고 어진 雨露로다 日月과 雨露라 ᄒᆞᆫ들 聖德과 갓흘손가

어긔야 우리 聖母 聖德이야 形容키 어려왜라.

[三竹異本 90 泰山曲, 金大妃, 前醉宴歌, 時全 660, 時大 927]

173

놉흘샤 昊天이며 둣터울샤 坤元이라

昊天과 坤元인들 慈恩에셰 더ᄒᆞ시며 놉고 놉푼 華崇과 河海라 ᄒᆞᆫ들 慈恩과 갓탈손가

아홉다 우리 太母聖恩은 헤아리가 어려웨라.

[源河 471 蔓橫 英祖, 時全 661, 時大 926]

174

누고셔 大醉ᄒᆞᆫ 後ㅣ면 온갓 시름 다 닛ᄂᆞᆫ다턴고

望美人於天一方ᄒᆞᆯ 제면 百盞 머거도 寸功이 젼혀 업ᄂᆡ

ᄒᆞ믈며 白髮倚門望을 더욱 슬허 ᄒᆞ노라.

[青珍 489 蔓橫清類, 時全 665, 時大 936]

175

누구셔 范亞父를 智慧 잇다 닐으든고

沛上에 天子氣를 分明이 알아건을 鴻門宴 高開時예 風雲이 擁護ᄒᆞ야 白日이 震盪ᄒᆞᆯ쩌 天意를 바히 몰라 玉玦을 세 番 들고 項莊의 拔劍起舞 긔 더욱 可笑로다

암은 만 玉斗를 씻치고 疽發背ᄒᆞ도록 뉘우친들 어이리.

[海周 384 二數大葉 李鼎輔, 樂高 17, 時大 939]

176
누리쇼셔 누리쇼셔 萬千歲를 누리쇼셔
무쇠 기동에 곳 퓌여 열음 열어 ᄯᅡ 드리도록 누리쇼셔
그 남아 億萬歲 밧게 ᄯᅩ 萬歲를 누리쇼셔.
[女唱歌謠錄 65, 女昌類聚 68, 時大 992]

177
눈섭은 수나뷔 안즌 듯 닛바대ᄂᆞᆫ 박시 ᄭᅵ 셰온 듯
날 보고 당싯 웃ᄂᆞᆫ 양은 三色桃花 未開峰이 ᄒᆞ롯밤 빗 氣運에 半만 절로 픤 形狀이로다
네 父母 너 삼겨 낼 적의 날만 괴라 삼기도다.
[靑珍 518 金壽長 蔓橫淸類, 時全 676, 時大 948]

178
눈셥은 그린 듯ᄒᆞ고 닙은 丹砂로 직은 듯ᄒᆞ다
날보고 웃는 樣은 太陽이 照臨ᄒᆞᆫ듸 이슬 믯친 碧蓮花로다
네 父母 너 삼겨 ᄂᆡ올ᄶᅦ 날만 괴게 ᄒᆞ도다.
[海周 531 二數大葉 金壽長, 時大 949]

179
눈아 눈아 뒤머러질 눈아 두손 長가락으로 쏙질너 머르지를 눈아
믜온任 보나고 고온任 보나 본동만동 ᄒᆞ라고 ᄂᆡ 언졔부터 情 다 슬나ᄒᆞ고 너더러 아니 닐너 쩌냐
아마도 이 눈에 連坐로 是非 될가 ᄒᆞ노라.
[靑六 781, 時全 677, 時大 950]

180

뉘라셔 范亞夫를 지혜 잇다 니르던고

沛上에 天子氣를 判然이 아라마는 鴻門宴 칼춤에 擧玉玦은 무숨 일고

不成功 疽發背死훈들 뉘 트시라 ᄒ리오.

[靑六 642, 박영, 時全 691, 時大 967]

181

뉘라셔 祥獜과 瑞鳳을 귀타 ᄒ던고

賢良輔弼이 더 貴하고 景星慶雲이 됴타ᄒ되 時和歲豊이 더 조홰라

朝廷이 淸明ᄒ고 人民이 安樂ᄒ니 麟鳳星雲은 아니라도 聖母님 德이신가 ᄒ노라.

[三竹異本 91 獜鳳曲, 時全 692, 時大 968]

182

뉘라 壯士라던고 楚覇王 당적하 리 뉘 잇스리

江東子弟 八千人으로 江을 건네 오랴 할 제

吳馬入江 項壯士라 英雄節士 一世雄이 이 쁜인가.

[芳草錄 134, 時大 5546, 신자료]

183

늙기 셜웨란 말이 늙근의 妄佾이로다

天地江山 無限長이오 人之定命 百年間이니 셜웨라 ᄒ난 말이 아마도 妄佾이로다

두어라 妄佾엣 말을 우어 무슨 ᄒ리오.

[靑六 843, 金壽長, 時全 706, 時大 1001]

184

니르랴 보쟈 니르랴 보쟈 내 아니 니르랴 네 남진ᄃᆞ려

거즛 거스로 물깃는 쳬 ᄒᆞ 고통으란 ᄂᆞ리와 우물젼에 노코 ᄯᅩ아리버서 통조지에 걸고 건넌집 쟈근 金書房을 눈긔야 불러내여 두 손목마조 덥셕 쥐고 슈근슈근 말 ᄒᆞ다가 삼밧트로 드러 가셔 므스 일 ᄒᆞ던지 준삼은 ᄡᅳ러지고 굴근 삼대 ᄭᅳᆺ만 나마 우즑우즑 ᄒᆞ더라 ᄒᆞ고 내 아니 니르랴 네 남진 ᄃᆞ려

져 아희 입이 보도라와 거즛말 마라스라 우리는 ᄆᆞ을 지서미라 실삼 죠곰 킈더니라.

[靑珍 576, 樂學 935, 時全 2297, 時大 1013]

185

니 몸에 가진 病이 한 두 가지 아니로다

보아도 못 보는 눈 드러도 못 듯는 귀 마타도 못 맛는 코 말못하는 입이로다

잇다감 腰痛과 腹痛이며 眩氣嘔氣痰滯症은 別症인가 ᄒᆞ노라.

[靑六 743 弄 金敏淳, 時全 2308, 時大 1014]

186

님과 나와 부듸 두리 離別 업시 ᄉᆞᄌᆞ ᄒᆞ엿던이

平生 원슈 惡因緣이 이셔 離別로 구트나 여 위연지고

明天이 이ᄯᅳ들아 오ᄉᆞ 離別 업시 ᄒᆞ소셔.

[靑六 970 樂時調, 時全 720, 時大 1024]

187

님그려 겨오 든 잠에 쑴자리도 두리숭숭

그리던 님 暫間 만나 얼픗 보고 어드러로 간 것이고 잡을 거슬

잠 씨여 겻데 업스니 아조 간가 ᄒᆞ노라.

[靑六 440, 時全 722, 時大 1026]

188

님그려 기피 든 病을 어이ᄒᆞ여 곤쳐 낼고

醫員 請ᄒᆞ여 命藥하며 쇼경의게 푸닥거리ᄒᆞ고 무당 불러 당즑글기 ᄒᆞᆫ들 이 모진 病이 ᄒᆞ릴소냐

眞實로 님 ᄒᆞᆫ듸 이시면 곳에 죠흘가 ᄒᆞ노라.

[靑珍 515 蔓橫淸類, 時全 723, 時大 1027]

189

님그려 깁히든 病을 무슴 藥으로 고쳐 닐고

太上老君 草還丹과 西王母의 千年 蟠桃 落伽山 觀世音 甘露水와 晉元子의 人蔘果며 三山 十洲 不死藥을 아모만 먹은들 하릴소냐

아마도 그리던 님을 만나 량이면 긔 良藥인가 ᄒᆞ노라.

[靑六 675 時全 727, 時大 1028]

190

님 다리고 山에도 못살 거시 蜀魄聲에 익긋는 듯

물가의도 못술 거시 물 우희 沙工 물 아릭 沙工놈들이 밤中만 빅 떠날 직 至菊葱其於耶伊於 닷 치는 소릭에 훈숨 짓고 도라눕닉

이 後란 山도 물도 말고 들에 가셔 술니라.

[靑六 686 蔓横, 時全 729, 時大 1036]

191

님으란 淮陽 金城 오리남기 되고 나는 三四月 츩너출이 되어

그 남게 그 츩이 낙거믜 나뷔 감듯 이리로 츤츤 져리로 츤츤 외호 감아 올히 풀쳐 얼거져 트러져셔 밋부터 숫가지 훈곳도 뷘틈 업시 츤츤 구븨느게 휘휘감겨 晝夜長常 뒤트러져 얼키엿다가

冬셧달 바룸비 눈셔리롤 아모만 마즌들 푸러질 줄 이실랴.

[靑六 630, 李鼎輔, 時全 733, 時大 1041]

192

님이 가오실 제 노고 네을 두고 가니

오노고 가노고 보닉노고 그리노고

그 中에 가노고 보닉 노고 그리노고란다 몰속 씌쳐 바리고 오노고만 두리라.

[靑六 978, 時大 1052]

193

님이 오마 ᄒᆞ거늘 져녁밥을 일지어 먹고

中門 나서 大門 나가 地方 우희 치ᄃᆞ라 안자 以手로 加額ᄒᆞ고 오는가 가는가 건넌山 ᄇᆞ라보니 거머횟들 셔 잇거늘 져야 님이로다 보션 버서 품에 품고 신 버서 손에 쥐고 곗븨님븨 님븨곰븨 쳔방지방 지방쳔방 즌 듸 ᄆᆞ른 듸 ᄀᆞᆯ희지 말고 워렁충창 건너가셔 情엣 말ᄒᆞ려ᄒᆞ고 곗눈을 흘긧보니 上年 七月 사흔날 ᄀᆞᆯ가벅긴 주추리삼대 ᄉᆞᆯ드리도 날 소겨다

모쳐라 밤일싀만졍 힝혀낫 이런들 ᄂᆞᆷ 우일번 ᄒᆞ괘라.

[靑珍 580 蔓橫淸類, 時全 752, 時大1059]

194

ᄂᆞᆺ줄을 길기길기 드려 ᄉᆞ리고 뒤ᄉᆞ리 담아

萬頃 滄波之中에 풍덩 드리치면 알연이와 물 깁피를

아마도 깁고 깁픈숀 님이신가 ᄒᆞ노라.

[歌譜 318, 時全 797, 時大 1131]

195

ᄃᆡ순 증ᄌᆞ 츌쳔지효와 용방 비간 진명지츙을

쳔고 용진ᄒᆞ련마는 쳔ᄒᆞ직ᄉᆞ 장ᄌᆞ방과 젼무후무 졔갈무후

아마도 츙위겸젼키는 한슈졍후신가.

[시쳘가 95, 時全 822, 時大 1166]

196

덕들에 나모들 사오

져 쟝스야 네 나모 갑시 언매 웨는다 사쟈

싸리남게는 ᄒᆞᆫ 말 치고 검부 남게는 닷 되를 쳐셔 合ᄒᆞ야 혜면 마닷되 밧습니 삿 대혀 보으소 잘 붓습ᄂᆞ니

ᄒᆞᆫ적곳 사 짜혀보며는 ᄆᆡ양 사 짜히쟈 ᄒᆞ리라.

[靑珍 535 蔓橫淸類, 時全 843, 時大 1198]

197

덕들에 단져 단술 ᄉᆞ오 져 쟝ᄉᆞ야 네 황호 몃가지ᄂᆞ 웨ᄂᆞ니 ᄉᆞ쟈

아레 燈鏡 웃 燈鏡 걸 燈鏡 즈으리 東海 등爐口가 옵네 사오 大模官 女妓 小各官 酒帑이 本是 쑤러져 물 죠로로 흐르는 구머 막키옵셰

쟝ᄉᆞ야 막키믄 막켜도 훗말 업씨 막키소.

[靑六 810 언락, 時全 845, 時大 1199]

198

덕들에 동난지이 사오

져 쟝스야 네 황후 긔 무서시라 웨는다 사쟈

外骨內肉 兩目이 上天 前行後行 小아리 八足 大아리 二足 靑醬 ᄋᆞ스슥 ᄒᆞᄂᆞ 동난지이 사오

쟝스야 하 거북이 웨지 말고 게젓이라 ᄒᆞ렴은.

[靑珍 532 蔓橫淸類, 時全 844, 時大 1200]

199
덕들에 잘잇 등믜 사오
져 장ᄉᆞ야 네 등믜 갑 엇되나 사 ᄶᅡ라보쟈
두 疋 쏜 등믜 ᄒᆞᆫ 疋 밧습네 ᄒᆞᆫ 疋이 못쏜이 半疋 밧소 半疋 안이 밧씁네 하
우은 말 마소
ᄒᆞᆫ 젹곳 ᄶᅡ라 보심연 每様 삿 ᄡᅳ쟈 하오리.

[海一 549, 時全 848, 時大 1203]

200
다나 쓰나 이濁酒 됴코 ᄃᆡ테메온 질甁드리 더 보기 죠희
어론 ᄌᆞ 박국기롤 ᄡᅳ렝 둥덩지 동ᄯᅴ여 두고
아희야 져리김칄 만졍 업다 말고 ᄂᆡ여라.

[靑六 988 蔡裕後 二數大葉, 時全 755, 時大 1063]

201
다려 가거라 ᄭᅳᆯ어 가거라 나를 두고선 못 가ᄂᆞ니라 女必은 從夫랏스니 거저
두고는 못 가ᄂᆞ니라
나를 버리고 가랴 ᄒᆞ거든 靑龍刀 잘 드는 칼노 요춤이라도 ᄒᆞ고서 아러 토막
이라도 가져 가소 못 가ᄂᆞ니라 못 가ᄂᆞ니라 나를 바리고 못 가는니라 나를 바
리고 가랴 ᄒᆞ거든 紅爐火 모진 불에 살을 터이면 살우고 가소 못 가ᄂᆞ니라 못
가ᄂᆞ니라 그저 두고는 못 가ᄂᆞ니라 그저 두고서 가랴 ᄒᆞ거는 廬山瀑布 흘으는
물에 풍덩 더지기라도 ᄒᆞ고서 가쏘 나를 바리고 가는 님은 五里를 못 가서 발
病이 나고 十里를 못 가서 안즌방이 되리라
춤으로 任 싱각 그리워서 나 못 살겟네.

[樂高 920, 時全 756, 時大 1064]

202
달바즈는 찡찡 울고 잔씌속에 속닙난다
三年 묵은 몰가족은 외용지용 우짓는듸 老處女의 擧動보소 함박죡 박 드더지며 逆情 닉여 니른 말이 바다에도 셤이 잇고 [콩팟헤도 눈이 잇네 봄쑴즈리 스오니와] 同牢宴을 쳣스ㄹ · ₒ을 쑴마ᄃ ᄒ여 뵈네
글르ᄉ 月老繩의 因緣인지 일낙敗락 ᄒ여라.
[靑六 633, 時全 765, 時大1085]

203
달 밝고 썩 죠흔 밤에 南大川 너른 뜰에
닙 업손 보류슈 남게 안져 雪梨花ㅣ야 우는 져 김수리식야
아무리 雪梨花ㅣ 야 운들 닌들 어이 하리오.
[靑六 640 弄, 時全 766, 時大 1091]

204
달은 써 梧桐에 거러 잇고 銀河는 西으로 기우럿다
空庭 徘徊는 懷抱의 잇글녁고 殘燈不滅은 生覺에 계읫셰라
俄而오 喔喔 溪聲이 애 끈넌 덧.
[時調集 42, 時大 1103]

205
달은 閒松亭의 발가 잇고 물은 경포딕로 잔잔流라
一片托意 滿留心ᄒ니 어는 벗시 날 차지리
아마도 此江山 主人은 나 쑨인가.
[調詞 58, 時全 778, 時大 1107]

206

當貴와 功名으란 世上사름 다맛지고

가다가 아모듸나 依山帶河處에 明堂을 굴희여서 五間八雀으로 黃鶴樓만 치 짓고 桃李 길 衣羅裙을 다沒속 거느리고 晝夜로 노닐면서 白酒黃鷄로 내노리 든니다가

닉 나히 八十이 넘거들란 天上에 올나 가셔 帝傍投壺 多玉女를 닉 혼자 님자되여 늙을 줄을 모로리라.

[解我愁 412, 신자료]

207

唐虞時節 진안 後에 禹湯文武 니어션이

그 中에 全備홀 쏜 周公의 禮樂文物과 孔夫子의 春秋筆法이로다

암아도 이 두 聖人은 못 밋츨ㅅ가 ᄒᆞ노라.

[李鼎輔, 二數大葉, 海周 378, 時全 806, 時大 1141]

208

大雪이 滿山커늘 黑貂裘를 썰쳐 닙고 白羽長箭 허리애 씌고 千斤角弓 풀에 걸고 鐵驄馬를 빗기 모라 潤壑으로 도러 가니

크나큰 ᄒᆞᆫ 쏫기 쒸여 닉 둧 거늘 輒拔矢引滿射殪 ᄒᆞ야 칼을 쌔혀 다혀 노코 長串 듸 께여 구어니니 膏血이 點滴거늘 踞胡床 切而啖之倨ᄒᆞ고 大銀椀에 ᄀᆞ득 부어 飮之 熏然仰看ᄒᆞ니 壑雲이 翩翩如錦ᄒᆞ야 醉ᄒᆞᆫ ᄂᆞᆺ치 飄撲홀 지 此中之味롤 제 뉘 알니

아마도 男兒의 奇壯事는 이 쑨인가 ᄒᆞ노라.

[樂學 959 蔓橫, 時全 821, 時大 1163]

209
大王大妃 殿下 聖壽 七旬 丁丑 十二月 初六日에
山河ㅣ 拱揖헐제 萬祥이 咸集허고 臣民이 賀祝헐제 百炅이 仰德이로라
聖德이 天門에 ᄉᆞ 못ᄎᆞᄉᆞ든 玉皇 香案前의 後ㅅ八十을 나리시다.
[金玉 169 編數大葉 安玟英, 時全 824, 時大 1169]

210
待人難 待人難ᄒᆞ니 鷄三呼ᄒᆞ고 夜五更이라
出門望 出門望ᄒᆞ니 靑山은 萬重이오 綠水ᄂᆞᆫ 千回로다
이윽고 犬吠ㅅ소릐에 白馬遊冶郞이 넌지시 도라드니 반가온 ᄆᆞ음이 無窮 탐탐ᄒᆞ여 오늘밤 서로 즐거오미야 어늬 그지이시리.
[靑珍 543 蔓橫淸類, 時全 827, 時大 1172]

211
待人難 엇더턴고 蜀道之難이 不難코 待人難이로다
出門重重하니 月掛山頭에 杜鵑啼羅하고 夜五更이라
아마도 百難之中에 待人難인가.
[筆寫本, 時全 828, 時大 1174]

212

大丈夫ㅣ 功成身退ᄒᆞ야 林泉에 집을 짓고 萬卷書를 싸아두고
종ᄒᆞ야 밧갈니고 보라미 길드리고 千金駿駒 압헤 ᄆᆡ고 金罇에 술을 두고 絶代佳人 겻틔 두고 碧梧桐 거문고에 南風詩 노릐ᄒᆞ며 太平烟月에 醉ᄒᆞ여 누어시니
아마도 平生 ᄒᆞ올 일은 이ᄲᅮᆫ인가 ᄒᆞ노라.

[靑六 646, 李鼎輔, 時全 829, 時大 1175]

213

大丈夫 되야 무ᄉᆞᆷ 일 經論ᄒᆞ리
天下之憂樂을 ○○커든 自己 ○害를 貪치 말며 百世之公議를 누리거든 一時毁譽를 도라보지 마라
우리는 江山을 집을 ᄉᆞᆷ고 風月에 누어시니 두려올 이 업셔라.

[時調譜 330, 時大 1176]

214

大丈夫 되여 나셔 孔孟 顔曾 못ᄒᆞ 양이면
출하리 다 ᄯᅥᆯ치고 太公 兵法의 와니야 말만ᄒᆞᆫ 大將印을 허리 아릐 빗기 ᄎᆞ고 金壇에 놉히 안ᄌᆞ 萬馬千兵을 指揮間에 너허 두고 坐作進退홈이 긔 아니 쾌홀쏘냐
아마도 尋章摘句ᄒᆞᄂᆞᆫ 석은 선비ᄂᆞᆫ 나ᄂᆞᆫ 아니 불우리라.

[樂學 940 蔓橫, 時全 830, 時大 1178]

215

대장부 삼십전에 부귀 공명 못할진대
차라리 다 버리고 명산 대천의 무림수죽 골나 초당 삼간 정쇄히 짓고 성상의 자고동 삼척의 잘너 오현금 줄을 언저 절대가인 겻헤 두고 금준의 술을 부어 취

토록 마신 후에 남풍시 화답하며 강구연월 누엇스니
그 뉘가 일으기를 자포자긔라 하야 시비는 잇스려니와 인간고락 의논컨대 사무한신은 이 쑨인가.

[時調集 평주본 176, 時大 1181]

216
大丈夫ㅣ 天地間에 힉올이 바히 업다
글을 ᄒᆞ쟈 ᄒᆞ니 人生識字ㅣ憂患始오 칼 쓰쟈 ᄒᆞ니 乃知兵者ㅣ是兇器로다
출하리 靑樓酒肆로 오락가락 ᄒᆞ리라.

[靑珍 473 蔓橫淸類, 時全 831, 時大 1182]

217
大川 바다 한 가온대 中針細針 빠지거다
열나믄 沙工놈이 긋므된 사엇대를 긋긋치 두러메여 一時에 소릐치고 귀쩌여 내닷 말이 이셔이다
님아님아 온놈이 온말을 ᄒᆞ여도 님이 짐작 ᄒᆞ소셔.

[靑珍 501 蔓橫淸類]

218
大漢이 傾頹흘제 반가올손 劉皇叔이
風雪을 무릅쓰고 草廬의 三顧ᄒᆞ니 平生에 품은 經綸 ᄒᆞᆫ 쌔가 밧브거든
엇디타 긴긴 봄날에 짜 그른 좀만 자는고.

[蓬萊 樂府 23 申獻朝, 時大 1192]

219
쌔는 마참 三月이라 불근 쏫 푸른 닙과 나는 나비 우는 새는 춘흥을 자랑노라
봉내산 조흔 경치 지쳑의다 더저 두고 못 본지 몃해런고 이제 와 다시 보니
옛 홍취 새로워라 西山의 지는 해는 양류사로 잡어 매고 동영의 걸인 달은 게수의 머믈러라 한읍시 노다 가세
어와 벗님네들 상전 벽해 웃지 마소 엽진화락 뉘 모르리 홍취 잇게 노라 보세.
[雜誌 平州本 427, 時大 1196]

220
宅쓰레 臙脂粉들 사오 뎌 匠事야 네 臙脂粉 곱거든 스쟈
곱든 비록 아니ᄒᆞ되 바르면 네 업든 嬌態 절노 나고 臙脂粉이 오니
眞實노 그러 곳 ᄒᆞ량이면 닷말 아치 나사쟈.
[靑六 778, 時全 846, 時大 1201]

221
宅들에 ᄌᆞ릿 등믜 사소 저
장ᄉᆞ야 네 등믜 됴흔가 ᄉᆞ자 ᄒᆞᆫ 匹 ᄊᆞᆫ 등믜에 半匹 바드라는가 파네 ᄂᆡ 좃 자소 아니 파ᄂᆡ
眞實노 그러ᄒᆞ여 풀거시면 첫말에 아니 풀라시랴.
[樂學 1045, 時全 847, 時大 1202]

222
뎨 가는 져 기러기 漢陽城池 날 쇼겨냐
뎌근덧 워여 불너 이닉 消息 傳홀쇼아 못 젼홀쇼야
우리도 님 보라 밧비 가는 길히니 傳홀동 말동 ᄒᆞ여라.
[詩歌 15 孝宗, 時全 2593, 時大 1215]

223
都련任 날 보려 홀제 百番 남아 달닉기를
高臺廣室 奴婢田畓 世間汁物을 쥬마 판쳐 盟誓ㅣᄒᆞ며 大丈夫ㅣ 혈마 헷말ᄒᆞ랴 이리져리 조ᄎᆞ쩌니 至今에 三年이 다 盡토록 百無一實 ᄒᆞ고 밤마다 불너 닉야 단잠만 씌이오니
自今爲始ᄒᆞ야 가기난커니와 눈거러 달희고 닙울 빗죽 ᄒᆞ리라.
[靑六 846 言樂, 時全 853, 時大 1216]

224
都련任 날 보려홀제 피나모 굽격지에 잣징 박아 주마터니
도련님 날 보신 後는 굽격지는 ᄏᆞ니와 헌신짝 하나도 나 몰닉라
이 후란 도련님 날보고 눈금젹홀제 나는 입을 빗쥭하리라.
[樂高 627, 時全 854, 時大 1217]

225

道詵이 碑峰에 올라 國都을 定ᄒᆞ올쐬

子坐午向으로 城闕을 일웟는듸 左靑龍 右白虎와 南朱雀 北玄武는 貴格으로 벌어 잇고 前帶河漢江水는 與天地根源이라 太廟는 可左ᄒᆞ고 社壇은 可右로다 三峰이 秀麗ᄒᆞ니 人傑이 豪傑ᄒᆞ고 臥牛山 有德ᄒᆞ니 民食이 豊足이라 聖斷神承ᄒᆞ야 億萬年之無彊이샷다

ᄒᆞ늘이 주오신 뜻을 밧들어 萬萬歲를 누리소셔.

[海周 545 二數大葉 金壽長, 時全 858, 時大 1222]

226

徒言은 크게 하나 進就에 無實ᄒᆞ니

反己ᄒᆞ야 自愧ᄒᆞ고 向人ᄒᆞ야 嘲笑ㅣ로다

그러나 狂夫言도 聖人이 골희시니 不以人廢言일가 ᄒᆞ노라.

[閒說堂遺稿 安昌後 제목:自責徒言無實, 時大 5420]

227

陶淵明 葛巾灑酒 屈三閭 菊花 씨여 노코

張翰의 江東 鱸魚 ᄀᆞ놀게 鱠쳐시니

이 ᄣᅢ에 陸放翁 오돗던들 荊軻의게 祭 지내쟈 ᄒᆞ리로다.

[金剛永言錄 43 金履翼, 時大 1224]

228
도하유슈 궐어비라 유교변에 빅을 믹고
빅 타고 고기 낙가 고기 쥬고 술을 사셔 명정이 츄ᄒᆞᆫ 후에 관닉셩 불으면셔 달을 씌여 도라오니
아마도 강호진낙은 이 ᄲᅮᆫ인가.

[雜志 平州本 201, 시조 관서본 6, 時大 1237]

229
독수공방이 심난ᄒᆞ기로 님을 ᄯᅡ라셔 갈가 보고나
오날 가고 내일 가고 모레 가며 글픠 가며 나흘 곱집어 여들에 팔십리 석둘 열흘에 단쳔리 가고 불어진 다리를 좌으르 쓸면셔 쳔창만검지즁에 부월이 당젼 ᄒᆞᆯ지라도 님을 ᄯᅡ라셔 아니 갈 수 업네 ᄒᆡ 가고 ᄃᆞᆯ 가고 날 가고 시가고 님ᄭᆞ지 망죵 가면 요 셰샹 빅년을 뉠 밋고 사노 셕 신이라 돌에다 졉을 ᄒᆞ며 목신이라 고목에다 졉을 ᄒᆞ며 어영도 갈메기라고 창파에다 지졉을 ᄒᆞᆯ가
졉ᄒᆞᆯ 곳 업고 속닉 맛는 친고 업셔 나 못살갓네.

[樂高 908, 時全 870, 時大1246]

230
동강 칠리탄에 ᄃᆞᆼᄃᆞᆼ ᄯᅥ 잇는 져긔져 빅는 어자릉의 낙시빌시가 분명ᄒᆞ고나
그 빅 우에다 녯날 녯적 소동파 리젹션 두목지 쟝건 녀동빈 제갈량 다 모화싯 고
그 빅 졈졈 흘니 져허 오류촌 즁에 진쳐ᄉᆞ 도연명 차자셔 빅노리 가잣구나.

[樂高 894, 時大 1251]

231
동방에 별이 낫짜 ᄒᆞ니 삼쳑동쟈야 빗나가 보아라
삼틱눅셩에 북두칠셩 됴무상이도 이이요 임의게겨 긔별이 왓ᄂᆞ보니
진실노 임의게셔 긔별이 왓쓰면 네 나가 보들 말고 닉 나가 보마.
[南太 155, 時全 880, 時大 1263]

232
洞房花燭 三更인제 窈窕傾城 玉人을 만나
이리보고 져리보고 곳쳐 보고 다시 보니 時年은 二八이오 顏色은 桃花ㅣ로다
黃金 白苧衫에 明眸를 흘니쓰고 半開笑 ᄒᆞ는 양이 오로다 닉 사랑이로다
그밧긔 吟咏歌聲과 衾裡嬌態야 닐러 무슴 ᄒᆞ리오.
[青六 697, 時全 882, 時大 1265]

233
東山 昨日雨에 老謝와 바독 두고
草堂今夜月에 謫仙을 만나 酒一斗詩百篇이로다
來日은 陌上靑樓에 杜陵豪 邯鄲娼과 큰 못ᄀᆞ지 ᄒᆞ리라.
[青珍 469 蔓横淸類, 時全 885, 時大 1270]

234
東園에 花發ᄒᆞ고 南陌에 艸綠ᄒᆞ니 蜂蝶의 世界로다
一時 繁華난 너의가 먼저 江南에 雨歇ᄒᆞ고 水北에 沙明ᄒᆞ니 鷗鷺의 生涯로다
清流沐浴은 우리와 갓이 風清코 月明ᄒᆞᆫ듸 鴻雁이 高飛하니 覊窓의 鄕思로다 長夜感懷는 古今이 一般
萬山에 雪白ᄒᆞᆫ듸 松栢이 獨靑ᄒᆞ니 丈夫의 心事로다 千古 特節은 게 뉘가 第一인고.

[時調演義 101 林重桓, 時大 1277]

235
동졍에 건닌 달도 금음이면 무광이오 무릉도화도 모츈 만나면 쓸곳이 업네
ᄌᆞ네갓튼 월태화용도 늙어지면은 허ᄉᆞ로구나
청츈홍안을 ᄋᆡ연타 알고셔 마음ᄃᆡ로만 놀셰.

[樂高 906, 時全 891, 時大1285]

236
두고가는의 안과 보내고 잇는의 안과 두고가는 이는
雪擁藍關에 馬不前ᄲᅮᆫ이여니
보내고 잇는의 안흔 芳草年年에 恨不窮이로다.

[靑珍 蔓橫淸類 468, 時全 914, 時大 1317]

237

두터비 ᄑᆞ리를 물고 두험 우희 치ᄃᆞ라 안자 것넌山 ᄇᆞ라보니

白松骨 어ᄯᅧ 잇거ᄂᆞᆯ 가슴이 금즉ᄒᆞ여 풀덕 ᄯᅱ여 내ᄃᆞᆺ다가 두험 아래 쟛바지거고

모쳐라 ᄂᆞᆯ낸 낼싀만졍 에헐질 번 호괘라.

[靑珍 520, 時大 1329]

238

둑거비 뎌 둑거비 ᄒᆞᆫ 눈 멀고 다리 저ᄂᆞᆫ 저 둑거비

ᄒᆞᆫ 나릐 업슨 파리를 물고 날넌쳬 ᄒᆞ야 두험 ᄡᆞ흔 우흘 솟ᄯᅡ다가 발딱 나뒤쳐지거고나

모쳐로 몸이 날넬세 만졍 衆人僉視에 남 우릴 번 ᄒᆞ거다.

[靑六 741 弄, 時全 923, 時大 1330]

239

뒤뫼희 고사리 ᄯᅳᆺ고 압내에 고기 낙가

率諸子抱弱孫ᄒᆞ고 一甘旨味를 ᄒᆞᆫ듸 안자 ᄂᆞᆫ화 먹고 談笑自若ᄒᆞ야 滿室歎喜ᄒᆞ고 憂樂 업시 늙엇시니

아므도 宦海榮辱은 나는 아니 求 ᄒᆞ노라.

[靑六 598 蔓橫, 時全 926, 時大 1342]

240
듕과 승이 萬疊山中에 만나 어드러로가오 어드러로 오시넌게
山 죠코 물 죠흔듸 곳 갈시름ᄒᆞ여 보셰 두 곳ᄀᆞᆯᄒᆞᆫ듸 다하 너픈너픈 넘느는 양은 白牧丹 두 퍼귀가 春風에 興을 계워 흔들흔들 휘드러셔 넘느는 듯
아마도 山中 시름은 이 둘뿐인가 ᄒᆞ노라.
[青六 622, 青謠 74 朴文郁, 時全 2657, 時大 3758]

241
드립더 ᄇᆞ드득 안은이 당싯 당싯 웃는고야
엇게 너머 등을 글그니 漸漸 나사 날은 아네
져 님아 하 ᄌᆞᆫᄌᆞᆫ이 안지 말아 가슴 답답 ᄒᆞ여라.
[海一 556 時全 936, 時大 1346]

242
드립더 ᄇᆞ득 안으니 셰허리지 ᄌᆞ늑ᄌᆞ늑
紅裳을 거두치니 雪膚之豊肥ᄒᆞ고 擧脚蹲坐ᄒᆞ니 半開한 紅牧丹이 發郁於春風이로다
進進코 又 退退ᄒᆞ니 茂林山中에 水春聲인가 ᄒᆞ노라.
[青珍 519, 時全 937, 時大 1345]

243
滕王高閣臨江渚ᄒᆞ니 佩玉鳴鑾罷歌舞ㅣ라
盡棟朝飛南浦雲이오 珠簾暮捲西山雨ㅣ라 閑雲淡影日悠悠ᄒᆞ니 物換星移度幾秋ㅣ오
閣中帝子今安在ᄂᆞᆫ고 檻外長江이 空自流ㅣ런가 ᄒᆞ여라.
[青六 732 弄, 時全 939, 時大 1352]

244
ᄯᅧᆺᄯᅧᆺ 常 평ᄒᆞᆯ 平 통ᄒᆞᆯ 通 보ᄇᆡ 寶字
구멍은 네모지고 四面이 둥그러셔 ᄯᅧᆨᄃᆡ글 구으러 간 곳마ᄃᆞ 반기ᄂᆞᆫ 고나
엇더타 죠고만 金죠각을 두창이 닷토거니 나ᄂᆞᆫ 아니 죠홰라.
[靑六 862, 時全 852, 時大 1209]

245
ᄯᅩ 고텨 녀기샤ᄃᆡ 네 가난 불가난이로다
詩能窮人이라 그러ᄒᆞ여 그럿토다
아므려 不足이다 ᄒᆞ야도 시바치 거즈말로 되ᄒᆞ노라.
[葛峰先生遺墨 33 金得硏 題目 山中雜曲 49-33, 時大 1244]

246
ᄠᅴ오리라 ᄠᅴ오리라 세ᄇᆡᆨ사 뉵모 얼레 당ᄉᆞ쥴 감아 ᄠᅴ오리라
반공 운무즁에 ᄠᅵ엿고나 구머리 장군의 홍능화 긴 코
그즁에 짓거리 잇고 말 잘 듯고 토김 톡 잘 밧는 년은 ᄂᆡ 년인가.
[南太 51, 時調 28, 詩餘 37, 時全 943, 時大 1362]

247
리별이로다 리별이로다 죽어 영리별은 문압마다 ᄒᆞ것만은 살아 ᄉᆡᆼ리별은 촘아 진졍 못 ᄒᆞ갓구나
녀필은 죵부릐스니 거져 두구ᄂᆞᆫ 못가리라 쳥룡도 드ᄂᆞᆫ 칼노 요참이라도 ᄒᆞ고 가고 홍노화 모진 불에 살을 쳐이면 살오고 가고 려산 폭포 짓ᄂᆞᆫ 물에 더질터이
면 더디고 가고 텰궁에 왜젼 먹어 쏘실쳐이면 쏘시고 가오 날을 ᄇᆞ리고 가ᄂᆞᆫ 님은 오리를 못가셔 발병이 나고 십리를 못가셔 내 ᄉᆡᆼ각ᄒᆞ고 다시 드러울 듯
촘아 진졍 리별이 설거셔 나 못살갓네.

[樂高 889, 時全 2342, 時大 1366]

248
ᄆᆞᆮ아ᄃᆞᆯ ᄯᆞᆯ ᄒᆞᆫ애오 ᄆᆞᆺᄯᆞᆯ ᄒᆞᆫ기 늣게 되나
십판세 소자와 십일세 소녀ᄂᆞᆫ 아비 업시 어이려노
슬푸다 선인여경 게옵시니 너희 수복 ᄇᆞ라노라.

[頤齋亂稿28-9 黃胤錫 제목 목주잡가 28-9, 時大 1434]

249
ᄆᆡ화 사랑타가 난양으로 나려가니
무평초 부평초와 푸엿ᄭᅩ나 담도화라
ᄉᆡᆨ장아 연연 잉잉 츄월이 월즁 ᄆᆡ화션이 불너라 완월장취.

[南太 123, 詩餘 138, 時全 1010, 時大 287]

250
마루 너머 시아슬 두고 숀퍽을 척척 치울고 지너머 가니
고더광실 놉흔 집의 화문등미 보요 짤고 시앗년니 마료 안져 셤셤옥슈로 에후러쳐 안고 얼그러지고 뒤크러졋다
두어라 팔간 용더장에 젼오젼빅 노듯ᄒᆞ니 나는 이 밤 싀오기 어려외라.
[시쳘가 68, 時全 949, 時大 1373]

251
마루 너머 지너머 가니 님에 집 초당 압페 난마화초가 휘념느러졋네
청학 빅학은 펄펄 날아 믹화 가지에도 안ᄶᅩ 님은 나 안져 학에경 본다
져 님은 나 안져 학에 경보ᄂᆞᆫ ᄯᅳᆺ은 날보려고.
[歌鑑 234 시조 [녀쳥딜님], 時全 950, 時大 1374]

252
마루너머 지너가니 任의 집 花陛헤 巴草닙피 휘념느러젼네
任나와 徘徊ᄒᆞ며 鶴의 경 보시는 날 볼랴구
靑鶴白鶴은 훌훌나라 梅花가지에 안고.
[無名時調가本 78, 신자료]

253
萬頃 滄波 慾暮天ᄒᆞᆫ듸 穿魚換酒 柳橋邊을
客來問我 興亡事여늘 笑指蘆花 月一舡이라
十年을 江湖에 누어시니 世上榮辱을 줄 몰ᄂᆡ라.
[靑詠 412, 時全 962, 時大 1387]

254

萬頃蒼波之水에 둥둥 썻는 부략금이 게오리들아 비슬 금셩 증경이 동당 강셩 너시 두루미 들아

너 썻는 물 기픠를 알고 둥 썻는 모로고 둥 썻는

우리도 남의 님 거러두고 기픠를 몰라 ᄒᆞ노라.

[靑珍 537 蔓橫淸類, 時全 964, 時大 1389]

255

만경창파지수에 일엽선 타고 가는 져 어부야

게 잠간 머물너라 말 무러보자 티빅 강남의 픙월 실너 가넌냐

어부 둑핍을 두루치며 힁하는 곳은 동정호를.

[歌鑑 140, 時全 965, 時大 1390]

256

萬古 歷代 蕭蕭ᄒᆞᆫ 즁에 明哲保身 누고누고

范蠡의 五湖舟와 張良의 謝病辟穀 疏廣의 散千金과 季膺의 秋風江東 陶處士의 歸去來辭ㅣ라

이밧긔 碌碌ᄒᆞᆫ 貪官汚吏之輩를 혜여 무슴 ᄒᆞ리오.

[靑珍 523 蔓橫淸類, 時全 966, 時大 1392]

257

萬古 離別 ᄒᆞ던 中에 누고 누고 더 셟던고

項羽의 虞美人은 劍光에 놉은 곳에 香魂이 나라 ᄂᆞ고 漢公主 王昭君은 胡地에 遠嫁ᄒᆞ여 琴琵絃 鴻鵠歌에 遺恨이 綿綿ᄒᆞ고 石崇의 金谷 繁華로도 絲珠롤 못 진혀ᄂᆞ니

우리ᄂᆞᆫ 連理枝 幷蔕花롤 님과 나와 것거 쥐고 鴛鴦枕 翡翠衾에 百年同住 ᄒᆞ리라.

[靑六 670 농 김흑수, 時全 967, 時大 1393]

258

萬里長城 엔담 안에 阿房宮을 놉피 짓고

沃野千里 고릐논에 數千宮女 압폐 두고 玉璽롤 드더질제 金鼓를 울닐 적의 劉亭長項都層이 우러러 나 보왓시랴

아마도 耳目之所好와 心志之所樂은 이ᄲᅮᆫ인가 ᄒᆞ노라.

[靑六 648 농, 時全 972, 時大 1397]

259

萬里長城 役事時에 金도 나고 銀도 나는 花樹盆이 보배런가

照東前後 十二乘ᄒᆞ든 夜光珠가 보배런가 辟塞玉 辟塵犀 和氏璧 大者 六七尺 珊瑚樹가 보배런가 木難 火齋 瑪瑙 琥珀 寶石 金光石이 보매런가

아마도 世上天下 萬古 千古今에 盜賊도 못가저 가는 無價寶는 文章인가.

[樂高 968, 時全 973, 時大 1398]

260
萬事를 다 떨치고 山林으로 도라와셔 닉 손죠 호뮈 드러 荒田을 起畊ᄒᆞ니
百穀이 萬種이라 濁醪은 盈樽ᄒᆞ고 黃鷄는 滿庭이라 柴扉을 구지 닷고 淨室에
누어시니 淸風은 徐來ᄒᆞ고 明月 自照로다 功名도 즛커니와 이 아니 죠흘손야
아마도 堯世 舜民은 닉 혼잔가 ᄒᆞ노라.

[樂高 18, 時全 976, 時大 1402]

261
萬疊 山中에 閑暇ᄒᆞᆫ 저 隱士는 가는비 무릅쓰고 갓모종 닐삼는다
富貴 牧丹 風流郞 三色桃 月四季 丁香 豆蔻 凌霄 合歡 다 아니 시무고 杜鵑
躑躅 酣映山紅 西府 海棠 天盌 葵花 鳳仙花 鬪鷄花 朝顔 雁來紅 모다 그만 두고
陶淵明 조아 하야 九月九日 東籬下에 캐고 캐야 忘憂物에 둥둥 씌는 菊花만 모죵.

[樂高 977, 時全 980, 時大 1410]

262
望美人兮 何在오 目渺渺兮 天一方을
夫何使我로 懷耿結兮 如醉如狂고
孤臣兮 作此歌兮 瞻月光ᄒᆞ야 願復見兮 吾王 ᄒᆞ노이다.

[金剛永言錄 15 金履翼, 時大 1435]

263

梅之月은 寒而明ᄒᆞ고 松之風은 暑而淸이라

淸明在躬心和平ᄒᆞ니 調絲韻桐寄閒情이로다

南郭隱几聞地籟ᄒᆞ니 解取無聲勝有聲인가 ᄒᆞ노라.

[靑六 699 弄 金祖淳, 時全 1007, 時大 1448]

264

孟浩然 타던 젼나귀 등에 李太白에 먹던 千日酒 싯고

陶淵明 ᄎᆞ즈려고 五柳村 도라드니

葛巾에 술 듣는 소ᄅᆡᄂᆞᆫ 細雨聲인가 ᄒᆞ노라.

[靑六 552 界面 二數大葉, 악고 6, 時大 1459]

265

머귀 여름 桐實桐實 보릿 ᄡᆞᆯ이 麥根麥根

동인풋나무 쓰든 숫섬 어린 老松에 자근 大棗ㅣ로다

九月山中 春草綠이오 五更樓下 夕陽紅인가 ᄒᆞ노라.

[樂學 1059 악희조 金壽長, 時全 1016, 時大 1461]

266

먹 長衫 眞紅 袈裟 메고 百八 念珠 목에 걸고 六環錫杖 걸터 집고 高峰絶頂 白雲間으로 나는 듯시 나려 오는 저 和尙 게 잠간 섯소

金剛山 萬二千峰이 어듸어듸 景 조흔고 말 잠싼 무러 보새 萬瀑洞 眞珠潭 業鏡臺 摩阿衍 妙吉祥 普德窟은 엇더하며 新萬物肖 舊萬物肖 九龍淵 十二瀑 우무즈진 느릅나무 위에 안지신 五十三佛 게신 楡岾寺는 엇쪄한고

和尙 손드러 가르치되 百聞이 不如一見이니 저긔 가 구경하면 자연 아시리.

[樂高 971, 時全 1021, 時大 1467]

267

면홰는 세 드래 네 드래요 일읜 벼는 픠는 모가 곱는가

오뉴월이 언제 가고 칠월이 볻이로다

아마도 하느님 너희 삼길제 날 위ᄒᆞ야 삼기샷다.

[三足堂歌帖9-7 魏伯珪 제목 농가 9-7, 時大 1472]

268

명년 삼월 오마드니 명년이 한이 없고 삼월도 무궁하다

楊柳青青 楊柳黃은 青黃變色이 몇 번이며 玉窓 櫻桃 불껏이니 花開 花落이 얼마든고 한단침 빌려다가 장주호접 잠간되야 몽중상봉하잿더니 장장춘일 단단야에 전전반칙 잠 못 일워 몽불성을 어이하리

언제나 영안원성재부진이요 공산야월두견성에 남은 간장이 다 녹는다.

[시조 관서본 21-11, 林重桓, 時調演義 91, 時大 1474]

269

모시를 이리져리 삼아 두로 삼아 감삼다가

가다가 한가온대 똑 근처지거놀 皓齒丹脣으로 홈샐며 감쌀며 纖纖玉手로 두긋 마조 자바 뱌븨여 니으리라 져 모시를

엇더타 이 人生 긋처갈제 져 모시쳐로 니으리라.

[青珍 538 蔓橫清類, 時全 1036, 時大 1484]

270

暮春 三月 節 조흔 제 春眠 初成 때 맛거늘

冠童 六七노 惠好相携ᄒᆞ야 浴沂水 風舞雩에 査滓를 다 썰치고 至興을 자아내야 萬物을 靜觀ᄒᆞ려 月窟을 더위잡아 天齊를 遍踏ᄒᆞ고 怡愉同樂ᄒᆞ야 長子歌 少子和ᄒᆞ며 朗吟으로 돌라오니

丈夫의 狂簡ᄒᆞᆫ 志趣와 遠大한 氣像이 熙皞 同春ᄒᆞ야 點也와 一般니라 灑落ᄒᆞᆫ 胸中에 霽月光風과 無限淸味를 못내 계워 ᄒᆞ노라.

[靑가 640 편락병초, 時全 1038, 時大 1488]

271

牧丹은 花中王이오 向日花ᄂᆞᆫ 忠孝이로다

蓮花는 君子ㅣ오 冬栢花는 寒士요 杏花는 小人이이라 菊花ᄂᆞᆫ 隱逸士요 梅花寒士ㅣ로다 박쏫츤 老人이오 石竹花ᄂᆞᆫ 少年이라 葵花 무당이오 海棠花ᄂᆞᆫ 娼女ㅣ로다

이 中에 梨花 詩客이라 紅桃碧桃三色桃ᄂᆞᆫ 風流郞인가 ᄒᆞ노라.

[靑六 859, 金壽長, 二數大葉, 時全 1033, 時大 1489]

272

戊寅 二月 初三日에 祥烟瑞靄 繞雲宮을

二老堂 놉흔 樓에 金屛繡筵으로 賀千秋를 허오실제

玉盤에 炅芝蟠桃는 又石公이 드리더라.

[金玉 171 編數大葉 安玟英, 時全 1065, 時大 1523]

273

無情허고 野宿헌 任아 哀魂 離別 後에 消息이 어이 頓絶허냐

夜月空山 杜鵑之聲과 春風桃李 蝴蝶之夢에 다만 生覺는니 娘子로다 梧桐에 걸닌 달 두렷헌 네 얼골 宛然이 겻헤와 슷치는 듯 이슬에 져즌 꼿 姸姸헌 너의 틱도 눈압헤 버렷는 듯 碧紗窓前 식벽 비에 沐浴허고 안젼는 졔비 네 말소릭 곱다마는 닉 귀에 하솝는 듯

밤中만 靑天에 울고 가는 기러기 소릭에 좀든 나를 씨우는냐.

[樂高 914, 시조 가사 박씨본 63, 時全 1066, 時大 1524]

274

묵은 힉 보닉올 제 시름 흔듸 餞送 ᄒᆞ시

흰 곤무콘 인졀미 자치 술 국 按酒에 庚申을 싀오랴 제

이읏고 柴米僧 도라가니 시 힉런가 ᄒᆞ노라.

[源國 493 농가, 時全 1068, 時大 300]

275

文讀 春秋 左氏傳이요 武習 兵書 孫武子ㅣ로다

머리에 金冠이요 몸에 綠袍銀甲이요 坐下에 赤兎飛로다 三角鬚를 흣붓치며 臥蠶을 거스리고 鳳目은 부릅뜨고 靑龍이 飜뜻ᄒᆞ며 賊頭ㅣ 秋風落葉이로다

千古에 忠膽義肝은 壽亭侯關公이신가 ᄒᆞ노라.

[海周 561 金壽長 二數大葉, 時全 1070, 時大 1532]

276

文讀 春秋左氏傳ᄒᆞ고 武使 靑龍偃月刀ㅣ라

獨行千里ᄒᆞ야 五關을 지나 갈 제 ᄯᅩ로ᄂᆞᆫ 저 將帥이야 고성 북소릐를 드럿ᄂᆞ냐 못 드럿ᄂᆞ냐

千古의 關公을 未信者ᄂᆞᆫ 翼德이런가 ᄒᆞ노라.

[樂서 494 弄歌, 時全 1071, 時大 1531]

277

문 압픠 가ᄂᆞᆫ 물이 대제로 흘ᄅᆞ 든다

ᄭᅢᆯ가다 저 물ᄀᆞ에 갓근 싯고 ᄇᆞ라보이 가ᄂᆞᆫ 것도 저 물니오 잇ᄂᆞᆫ 것도 저 물이라

셩닌의 일른 말솜 물보기도 술이 닛다 ᄒᆞ신이라.

[愛景言行錄 愛景堂 十二月歌 右六月 大堤觀漲章 南極曄, 時大 5426]

278

물네ᄂᆞᆫ 줄노 돌고 수릐ᄂᆞᆫ 박회로 돈다

山陣이 水陣이 海東蒼 보라믜 두 죽지 넙희 끼고 太白山 허리를 안고 도ᄂᆞᆫ고나

우리도 그리던 任 만나 안고 돌ᄶᅡ ᄒᆞ노라.

[靑六 736 弄, 時全 1079, 時大 1542]

279
물 아ᄅᆡ 셰가락 모ᄅᆡ 아무리 밟ᄃᆞ 발ᄌᆞ최 나며
님이 날을 아무리 괸들 ᄂᆡ 아더냐
님의 情을 狂風에 지붓친 沙工 거치 깁퓌롤 몰나 ᄒᆞ노라.
[靑珍 458, 時全 1085, 時大 1546]

280
물 알의 그리마 지니 ᄃᆞᆯ의 우의 즁놈 셋 가ᄂᆞᆫ 즁의 ᄆᆡᆫ 말재 즁아 게 잇거라 말 물어 보쟈
人間離別 萬事中에 獨宿空房 삼겨 주시던 부쳐 어ᄂᆡ 졀 어ᄂᆡ 法堂卓子 우희 坎中連ᄒᆞ고 두 눈이 감ᄒᆞ게 안자ᄯᆞ냐 닐너라 보쟈
그 즁이 막대를 놉피 드러 白雲을 ᄀᆞᄅᆞ치며 닐러 쇽졀업다 ᄒᆞ더라.
[槿樂 346 蔓橫淸, 時全 1086, 時大 1548]

281
물 업슨 강산에 올ᄂᆞ ᄂᆞ무도 썩거라리도 노코 돌두 발노 툭차 데글데글 궁글녀라 슈렁도 메고
만쳡청산 ᄂᆡ리고 나린 물결 휘여 자바 타고 에르렝 쫠쫠 더지 둥 덩실 임 차자 가니
셕양에 물츤 졔비ᄂᆞᆫ 오락가락.
[南太 80, 時調 44, 시조 관서본 83-69, 시여 50, 時全 1088, 時大 1549]

282

물우희 沙工 물아레 沙工놈들이 三四月 田稅 大同실너 갈졔

一千石 싯ᄂᆞᆫ 大重船을 쟈귀 ᄃᆡ혀 쑴혀닐졔 三色 實果 머리 가즌 것 갓쵸와 피리 巫鼓를 둥둥 치며 五江城隍之神과 南海龍王之神게 손고 쵸와 告祀ᄒᆞᆯ졔 全羅道ㅣ라 慶尙道ㅣ라 蔚山바다 羅州ㅣ바다 七山바다 휘도라 安興목이라 孫乭목 江華ㅣ목 감도라 들제 平盤에 물담드시 萬里滄波에 가ᄂᆞᆫ 듯 도라오게 고스릐고스릐 所望일게 ᄒᆞ오쇼셔

어어라 져어라 이어라 비쓰여라 地菊葱 南無阿彌陀佛.

[靑六 655 농, 海周 393 二數大葉 이정보, 時全 1084, 時大 1552]

283

뮈운 님 ᄭᅮᆨ어 몰니치ᄂᆞᆫ 갈고라 ᄌᆞᆼᄌᆞ리 고은님촉씍어ᄂᆞ오

치ᄂᆞᆫ 갈고라 장ᄌᆞ리 큰갈고라 장ᄌᆞ리 져근 갈고라 장ᄌᆞ리 ᄒᆞᆫᄃᆡ 드러나가니 어ᄂᆡ 갈고라 장ᄌᆞ 리갑만흐며 ᄯᅩ어 ᄂᆡ 갈고라 장ᄌᆞ 리갑젹은 줄알니

아ᄆᆞ도 고은님 촉씍어 ᄂᆞ오 치ᄂᆞᆫ 갈고라 장ᄌᆞ 리갑업슨가 ᄒᆞ노라.

[靑六 788 우악시조, 時全 1100, 時大 1563]

284

민망ᄒᆞ다 긔 爲帥ㅣ여 好勝乙 專主ᄒᆞ니 義理상의 놈이로다

改過ᄒᆞ랴다가 놈이 알면 부러 아니ᄒᆞ니

아마도 好從善이라셔 氣從슈일가 ᄒᆞ노라.

[閒說堂遺稿 安昌後 제목:戒好勝, 時大 5427]

285

밋남진 그놈 紫驄 벙거지 쁜놈 소디 書房 그놈은 삿벙거지 쁜놈 그놈

밋남진 그놈 紫驄 벙거지 쁜놈은 다 뷘 논에 졍어이로되

밤中만 삿벙거지 쓴 놈 보면 실별 본 듯 ᄒᆞ여라.

[靑六 830 言樂, 時全 1104, 時大 1576]

286

밋난편 廣州ㅣ 싸리뷔 쟝ᄉᆞ 쇼대난편 朔寧 닛뷔 쟝ᄉᆞ 눈경에 거론 님은 뚜짝
뚜두드려 방망치 쟝ᄉᆞ 돌호로 가마 홍도깨 쟝ᄉᆞ 빙빙도라 물레 쟝ᄉᆞ

우물전에 치ᄃᆞ라 ᄌᆞᆫ댕ᄌᆞᆫ댕ᄒᆞ다가 위렁충창 풍빠져 물 둠복 써내는 드레곡지 쟝
ᄉᆞ

어듸가 이 얼골 가지고 죠릐쟝ᄉᆞ를 못 어드리.

[靑珍 565 蔓橫淸類, 時全 1105, 時大 1577]

287

ᄇᆞ른갑이라 ᄒᆞ놀로 놀며 두더쥐라 싸흐로 들랴

금죵달이 鐵網에 걸려 플덕플덕 프드덕이니 놀다 긜다 네 어드로 갈다

우리도 새님 거러두고 플더져 볼가 ᄒᆞ노라.

[靑珍 479 蔓橫淸類, 時全 1109, 時大 1584]

288
ᄇᆞᆰ가 버슨 兒孩ㅣ들리 거뮈쥴 테를 들고 ᄀᆡ川으로 往來ᄒᆞ며
ᄇᆞᆰ가ᄉᆞᆼ아 ᄇᆞᆰ가ᄉᆞᆼ아 져리 가면 죽ᄂᆞ니라 이리 오면 ᄉᆞᄂᆞ니라 부로나니 ᄇᆞᆰ가ᄉᆞᆼ이로다
아마도 世上 일이 다 이러ᄒᆞᆫ가 ᄒᆞ노라.
[靑六 747 弄 李廷鎭, 時全 1152, 時大 1639]

289
ᄇᆡ 고프거든 버구옛 밥 먹고 목 ᄆᆞᄅᆞ거든 박애 ᄆᆞᆯ 마시니
이리ᄒᆞᄂᆞᆫ 가온대 즐거오미 ᄯᅩ 잇ᄂᆞ다
ᄂᆞᆷ의의 浮雲 ᄀᆞᆺᄐᆞᆫ 富貴이 사브롤 주리 이시랴.
[葛峰先生遺墨 6 49-6 金得硏, 時大 1662]

290
ᄇᆡᆨ구야 무단이 펄펄 날지 말아
달도 희고 모ᄅᆡ도 희고 너도 희고 시비흑ᄇᆡᆨ을 ᄂᆡ 몰ᄂᆞ라
우리ᄂᆞᆫ 평ᄉᆡᆼ에 죵젹을 못 감초아 너를 불여 ᄒᆞ노라.
[古今雜歌編 96-16, 時大 1672]

291

바독 걸쇠 갓치 얽은 놈아 졔발 비즈 네게 물가의란 오지마라

눈 큰 쥰치 헐이 긴 갈치 두룻쳐 메육이 츤츤 감을치 文魚의 아들 落蹄 넙치의 쫄 가 잠이 비부른 올창이 공지 결레 만흔 권장이 孤獨흔 비암장魚 집치 갓튼 고릐와 바늘 갓흔 숑스리 눈 긴 농게 입 쟉은 瓶魚가 금을만 넉여 풀풀 쒸여다 달아나는듸 열 업시 상긴 烏賊魚 둥기는듸 그놈의 孫子 骨獨이 의쓰는듸 바소 갓튼 말검어리와 귀 纓子 갓튼 杖鼓아비는 암으란 줄도 모르고 즛들만 흔다

암아도 너곳 겻틔 셧시면 곡이 못 줍아 大事ㅣ로다.

[海周 549 二數大葉 金壽長, 時大 1578]

292

바독바독 뒤 얽근 놈아 졔발 비 즈네게 닋가의 란 셔지마라

눈큰 준치 허리긴 갈치 츤츤 가물치 두루쳐메 오기넙젹 흔가 즈미부리긴 공지 등곱은 식오겨레 만흔 권졍이 그물 만너겨 풀풀쒸여다 다라ᄂᆞᆫ 듸여럽시 싱긴 烏賊魚둥기ᄂᆞᆫ고나

아므도 너곳와 셔 잇시면 고기 못줍아 大事ㅣ로다.

[靑六 814, 時全 1106, 時大 1579]

293

바독이 검동이 靑揷沙里中에 조 노랑 암캐 곳치 얄밉고 잣믜오랴

믜온 任 오게 되면 ᄶᅩ리를 회회 치며 반겨 닉닷고 고온 任 오게 되면 두 발을 벗띄듸고 코쏠을 찡그리며 무르락 나오락 캉캉 즛는 요도랑 암캐

잇튿날 門밧긔 긔 ᄉᆞ옵시 웨는 匠事 가거드란 찬찬 동혀 닋야 쥬리라.

[靑六 740 弄, 時大 1580]

294
바독이 검동이 靑揷沙里 中에 죠 노랑 암키 갓치 얄믜오랴
뮈온 님 오면 반겨 닉닷고 고온 님 오면 캉캉 지져 못 오게 혼다
門 밧긔 ᄀ장ᄉ 가거든 찬찬 동혀 주이라.
[海周 543 二數大葉 金壽長, 時大 1581]

295
바룸도 쉬여 넘는 고기 구름이라도 쉬여 넘는 고기
산진이 슈진이라도 쉬여넘는 高峰 長城嶺 고기
그 너머 님이 왓다ᄒ면 나는 아니 ᄒᆞᆫ번도 쉬여 너무리라.
[靑六 987 樂戱調, 時全 1113, 時大 1587]

296
바룸은 地動치 듯 불고 구즌 비는 퍼 붓드시 오는 날밤에
눈졍에 거른 님이 오늘밤 셔로 맛나즈 ᄒ고 판척쳐셔 盟誓ㅣ 바닷더니 이 風雨中에 졔 어이 오리
진실노 오기곳 오량이면 緣分인가 ᄒ노라.
[靑六 976 우樂時調, 時全 1127, 時大 1608]

297
바룸은 안아 닥친 드시 불고 구진 비는 담아 붓드시 오는 날 밤에
님 차져 나선 양를 우슬 이도 잇건이와
비바룸 안여 天地 飜覆ᄒ야든 이 길리야 아니 허고 엇지 하리오.
[金玉 98 搔聳 安玟英, 時全 1125, 時大 1606]

298
바람이 불냐ᄂᆞᆫ지 나무닙이 흐늘흐늘
비가 오랴난지 萬壽山에 구름 닌다
아히야 그물 것어 ᄉᆞ려 담고 닷 감어 듯이어라 갈 길 밥버.
[時調演義 69 林重桓, 時大 1613]

299
바람 광풍아 네 부지 말라 숑풍 락엽이 다 쩌러진다
명ᄉᆞ십리 ᄒᆡ당화야 닙히 진다 설어 말며 쏫이 진다 설어 말라 동삼 석달을 쏙 죽엇다가 명년 삼월 다시 오면 뎐각에 ᄉᆡᆼ미ᄂᆡᆼᄒᆞ고 훈풍이 ᄌᆞ남ᄂᆡ홀제 류상잉비ᄂᆞᆫ 편편금이요 화간뎝무ᄂᆞᆫ 분분셜홀제 온 갓 화쵸라 ᄒᆞᄂᆞᆫ 물건은 버들 밧헤도 ᄆᆡᆷ이 도ᄂᆞᆫᄃᆡ 인ᄉᆡᆼ ᄒᆞᆫ번 죽어지면 다시 올 길 만무로구나 황쳔이라 ᄒᆞᄂᆞᆫ 곳은 ᄉᆞᄅᆞᆷ 사ᄂᆞᆫ 인품범졀이 졍 죠흔가 보더라 ᄀᆡ공 불너서 노ᄅᆡ도 식히며 미동 다려 다리도 치며 미식 불너 술 부어 먹으며 로류장화가 막막ᄒᆞᆫ 곳인지 ᄒᆞᆫ 번 가면 영졀 무소식이로구나
청츈지년을 허송히 말고 ᄆᆞ음ᄃᆡ로만 놉셰다.
[樂高 911, 時全 1110, 時大 1596]

300
바람 부러 죽엽은 털털 거문고 되고 달 발거 만슈 청산의 ᄇᆡᆨ셜이러구나
산젹막 월ᄒᆞ제요 두견니 우러 귀촉도라
아마도 이 강산 풍월쥬난 난 ᄲᅮᆫ인가.
[歌詞 羅孫文庫本 75, 時大 5571, 신자료]

301
바람 불어 竹葉이 거문고 되고 달 밝어 萬樹靑山에 白雲이 적녕되엿구나
人寂寂 夜深헌듸 杜鵑이 슬니 우러 歸蜀道 不如歸라
何事로 千里 遠客이 잠 못 일워.

[時調集 122, 時大 1591]

302
바람 불어 기운 山 읍고 눈비 마저 석은 돌이 잇스리
[중장 결]
우리도 山과 돌 갓치 기울도 석도.

[時調 하씨본 38, 時大 1593]

303
바람아 광풍아 부지 말아 송풍낙엽이 다 ᄯᅥ러진다
명ᄉᆞ십리 힝당화야 ᄭᅩᆺ시 진다고 설어 말고 닙락엽 진다고 네 우지말아 동 삼석 둘을 ᄭᅡᆨ 죽엇다가 명년 양츈이 다시 도라오면 너는 다시 ᄀᆡᆼ싱ᄒᆞ여 ᄭᅩᆺ치 피여 만발ᄒᆞ고 닙은 퓌여 왕셩ᄒᆞᆯ 졔 우리 인싱이라 ᄒᆞᄂᆞᆫ 거슨 풀 ᄭᅳᆺ헤 이슬이오 단불애 나뷔로구나 금됴일 셕이라도 앗ᄎᆞ 실슈 되여 북망산쳔에 도라를 가면 텬디로 집을 삼고 두견으로 벗을 숨아 산쳔쵸목으로 울파쥬 삼고 ᄶᅡᆷ되닙으로 니불을 덥고 쳥토 황토로 포단을 숨아 셕침을 도두 베고 잠든 드시 누어스니 살은 썩어 물이 되고 ᄲᅧ는 썩어 황토가 되고 베고 잠든 드시 누어스니 살은 썩어 물이 디고 ᄲᅧ는 썩어 황토가 디고 삼혼칠빅이 흣허질 졔 어니 다정ᄒᆞᆫ 친고가 셩분 젼에 차자와셔 졔뎐을 버려 놋코 호텬망극에 ᄋᆡ곡을 ᄒᆞᆫ들 우ᄂᆞᆫ이 우ᄂᆞᆫ 줄 알며 와스니 왓ᄂᆞᆫ 줄 알가 ᄉᆞ후대락이라도 다 쓸 ᄃᆡ 업고 불여싱젼일비쥬로구나
ᄎᆞᆷ아 진정 가지록 설어 나 엇지 살고.

[樂高 912]

304
바람아 네 불어젼들 마라 들니나니 ᄒᆞᆫ숨 소릐 ᄲᅮᆫ이로다
우리 님 가득히 셕난 간장 ᄂᆡ 아니본들 그 어이 모르리
至今에 泰山갓치 놉흔 恨과 滄海갓치 깁흔 스름 어ᄂᆡ 날의.

[時調演義 72 林重桓, 時大 1597]

305
바람아 부지을 마라 휘여진 정ᄌᆞ나무 입히 다 ᄯᅥ러진다
셰월아 가지마라 쟝안 호걸리 다 늙는다
ᄇᆡᆨ발이 네 짐작ᄒᆞ여 더듸 늙게 하여라.
[樂서 500 풍요가, 時全 1122, 時大 1603]

306
바람이 입이 업스되 어이 그리 잘 부ᄂᆞᆫ고
節槪ᄂᆞᆫ 孤竹 淸風이오 義氣ᄂᆞᆫ 黑旋風이오 德澤은 帝舜南薰風이오 仁義ᄂᆞᆫ 孔聖遺風이로다
아마도 數多 風中에 量키 어려올슨 冬至ᄯᆞᆯ 甲子日에 東南風인가 ᄒᆞ노라.
[靑六 828, 海周 553 金壽長, 二數大葉, 時全 1132, 時大 1615]

307
바회 巖上에 달암쥐 긔고 시ᄂᆡ 溪邊에 가지 게로다
함박ᄭᅩᆨ히 뒤용벌 날고 됴팝 남게 피ᄯᅩᆨ식 운다
어듸셔 징덩둥 쇼릐의 ᄣᅦ 구름이 우즑 우즑 ᄒᆞ더라.
[시가 박씨본 596, 時大 1619]

308

博浪沙中 쓰고 남은 鐵椎를 엇고

江東子弟 八千人과 曹操의 十萬大兵으로 當年에 閻羅國을 破ᄒᆞ던들 丈夫의 屬節 업슨 길흘 아니 行ᄒᆞᆯ 써슬

오날에 날 좃ᄎᆞ 가자ᄒᆞ니 그을 슬허 ᄒᆞ노라.

[靑六 721 弄, 時全 1138, 時大 1623]

309

薄薄酒 勝茶湯이오 粗粗布 勝無裳이라

醜妻惡妻이 勝空房이오 五更待漏靴滿霜이 不如三伏日高睡足北窓涼이오 珠襦玉匣 萬人祖送歸北邙이 不如懸鶉百結獨坐負朝陽이로다

生前富貴와 死後文章이 百年瞬息萬歲忙이라 夷齊盜跖俱亡羊ᄒᆞ니 不如眠前一醉코 是非憂樂을 都兩忘인가 ᄒᆞ노라.

[靑六 683, 時全 1140, 時大 1626]

310

半여든에 첫 계집을 ᄒᆞ니 어렷두렷 우벅주벅

주글번 살번 ᄒᆞ다가 와당탕 드리ᄃᆞ라 이리져리 ᄒᆞ니 老都令의 ᄆᆞ음 흥글항글

眞實로 이 滋味 아돗던들 길적보터 ᄒᆞᆯ랏다.

[靑珍 508 蔓橫淸類, 時全 1150, 時大 1636]

311
밤은 깁은 삼경에 니루엇고 구진비는 오동에 훗날 닐 졔 이리 궁굴 져리 궁굴 두루 싱각다가 잠 못 니루에라
동방에 실솔셩과 청쳔에 뜬 기러기 소릐 사롬의 무궁훈 심회를 짝지여 울고 가는 져 기럭아
가뜩에 다셕어스러진 구뷔 간장이 이 밤 ᄉ우기 어려웨라.
[南太 153 없음, 시가 601 악시조, 雜誌 435, 時全 1159, 時大 1648]

312
白鷗ᄂ 片片大同江上飛오 長松은 落落靑流壁上翠라
大野東頭點點山에 夕陽은 빗견ᄂ듸 長城北面溶溶水에 一葉漁艇 흘리저어
大醉코 載妓隨波ᄒ여 錦繡綾羅로 任去來를 ᄒ리라.
[靑珍 527 蔓橫淸類, 時全 1170, 時大 1667]

313
白鷗야 풀풀 나지 마라 나는 아니 즙우리라
聖上이 ᄇ리시니 갈듸 업셔 예 왓노라 名區勝地를 어듸어듸 보앗ᄂ냐
날ᄃ려 仔細히 닐러든 너와 함긔 놀니라.
[花源 606, 時大 1674, 靑六 1003과 일부 유사]

314
百代 英雄 豪傑들아 楚漢 勝負 들어 보소
力拔山도 쓸데 업고 順人心이 읏듬이라 漢沛公의 百萬大兵 九星山의 埋伏하고 天下兵馬 諸元帥는 乙食漂母 韓信이라 大將壇의 놉히 언저 天下諸侯를 號令할 제 彭城道 五百里에 거리거리 伏兵이라
謀計 만헌 李佐居는 項王을 謫人하고 算잘 놋는 張子方은 鷄鳴山 秋夜月에 玉洞簫만 슬니 분다.

[時調集 163, 時大 1684]

315
白頭山石은 刀磨盡이오 豆滿江水난 馬飮無라
男兒二十 未平國인듸 後世誰稱大丈부랴
아희야 馬槪의 馬 닉여 세우고 甲胄 槍劍 닉여 노와 天與授時가 分明코나.

[時調 122, 時大 1690]

316
白馬는 欲去長嘶ᄒᆞ고 靑娥는 惜別牽衣ㅣ로다
夕陽은 已傾西嶺이오 去路는 長程短程이로다
아마도 이 님의 離別은 百年 三萬 六千日에 오늘뿐인가 ᄒᆞ노라.

[樂學 826 三數大葉, 時全 1183, 時大 1696]

317
白髮魚樵 江渚上에 慣看秋月 春風이로다
一壺濁酒로 喜相逢하야 古今多小事 都付笑談中이로다 山空 夜靜ᄒᆞᆫ듸
잇다감 蜀魄이 울제면 不勝慷慨 ᄒᆞ여라.

[源國 597 䆓樂, 時全 1185, 時大 1699]

318

白髮에 환양 노는 년이 져믄 書房 ᄒᆞ랴 ᄒᆞ고

셴 머리에 墨漆ᄒᆞ고 泰山峻嶺으로 허위허위 너머가다가과 그른 쇠나기에 흰 동정 거머지고 검던 머리 다 희거다

그르사 늘근의 所望이라 일락배락 ᄒᆞ노매.

[靑珍 507 蔓橫淸類, 時全 1187, 時大 1701]

319

百獸를 다 기로ᄂᆞᆫ 중에 ᄃᆞᆰ은 ᄋᆞ니 기를 거시니

鴛鴦枕 翡翠衾에 그리던 님을 만나 졍에 말 다 몯ᄒᆞ여 曉月紗窓에 이내 離別을 직촉 ᄒᆞ니

伊後야 판쳑쳐 盟誓ᄒᆞ지 ᄃᆞᆰ은 ᄋᆞ니 기로리라.

[歌譜 227 편롱, 時全 1198, 時大 1716]

320

白雪은 千里 萬里 明月은 前溪 後溪

罷釣歸來홀제 낫근 고기 쒸여 들고 斷橋로 건너 杏花 ᄇᆞ라보며 酒家로 도라드ᄂᆞᆫ 져 늘그니

眞實로 네 興味 언매오 갑 못칠가 ᄒᆞ노라.

[靑珍 483 蔓橫淸類, 時全 1204, 時大 1723]

321

白雲이 이러나니 나무긋치 흔덕인다

밀믈에 東湖 가고 혈믈에 西湖 가자

아희야 넌 그믈 거더 셔리고 닷츨 들고 돗츨 놉히 다라스라.

[樂高 830, 時全 1206]

322

白華山 上上頭에 落落長松 휘여진 柯枝 우희

부헝 放氣 쐰 殊常ᄒᆞᆫ 옹도라지 길쥭넙쥭 어틀머틀 믜뭉슈로 ᄒᆞ거라 말고 님의 연장이 그러코라쟈

眞實로 그러곳 홀쟉시면 벗고 굴문진들 셩이 므슴 가싀리.

[靑珍 545 蔓橫淸類, 時全 1216, 時大 1738]

323

벌의줄 잡은 갓슬 쓰고 헌 옷 닙은 뎌 百姓이

그 무슨 情原으로 두 손의 所志 쥐고 公事門드리ᄃᆞ라 안ᄂᆞᆫ고나 東軒뜰의 쥐ᄀᆞᆺ튼 刑房놈과 범ᄀᆞᆺ튼 羅卒들이 알외여라 ᄒᆞᆫ 소리에 魂飛魄散ᄒᆞ여 ᄒᆞ올말 다 못ᄒᆞ니 올흔 訟理굽어디닉

아마도 平易近民ᄒᆞ여야 道達民情 ᄒᆞ리라.

[蓬萊惡府 25-21 申獻朝, 時全 1219, 時大 1744]

324

碧桃花를 손에 들고 白玉盞에 술을 부어

우리 聖母께 비는 말삼 뎌 碧桃花와 갓트쇼셔 三千年에 곳이 픠고 三千年에 열ᄆᆡ 맷져 곳도 無盡 열ᄆᆡ도 無盡 無盡 無盡長 春色이라

아마도 瑤池聖母 千千壽를 聖母께 드리고져 ᄒᆞ노라.

[源國 853 編數大葉 翼宗, 時全 1232, 時大 1764]

325

碧紗窓이 어른어른커늘 님만 너겨 나가 보니

님은 아니 오고 明月이 滿庭ᄒᆞᆫ듸 碧梧桐 져즌 닙헤 鳳凰이 ᄂᆞ려와 깃 다듬ᄂᆞᆫ 그림재로다

모쳐라 밤일싀만졍 놈 우일 번 ᄒᆞ괘라.

[靑珍 502 蔓橫淸類, 時全 1233, 時大 1765]

326

碧城山 저문 구름 자개봉 비가 되야

錦江水 흐르는 물어 一葉船 씌워놋고 月宮姮娥 벗을 삼고 淸風에 누어스니

아마도 人間淸福 나 혼자 누루는가.

[金聲玉振 108, 時大 5533, 신자료]

327

別眠에 春深ᄒᆞ졔 幽懷를 둘듸 업셔

臨風 惆悵ᄒᆞ야 四隅를 둘너보니 百花ㅣ爛漫ᄒᆞᆫ듸 柳上 黃鶯은 雙雙이 빗기 나라 下上其音홀졔 엇진지 ᄂᆡ 귀에ᄂᆞᆫ 有情ᄒᆞ야 들니ᄂᆞᆫ고

엇더타 最貴人生은 저 ᄉᆡ만도 못ᄒᆞᆫ고.

[靑六 730, 時全 1247, 時大 1781]

328

丙子丁丑 亂離時예 訓練院坐 건너 붉은 복닥이 쓴 놈 간다

압픠는 蒙古요 뒤헤 可達이 白馬탄 眞達이는 사슈리 살 ᄎᆞ고 騮月乃馬 鐵鐵驄이 탄놈 兩鼻裂이 탄 놈 아라마 쵸쵸 마리 베히라 가ᄌᆞ

어즙어 崔瑩곳 잇쏫쓰면 석은 풀치 듯 홀랏다.

[海周 544 二數大葉 金壽長, 時全 1250, 時大 1784]

329

屛風에 그린 瑤艸四時 四時長春이라

그 아ᄅᆡ 一雙彩鳳 丹山秋月 어ᄃᆡ 두고 不飛不啄 됴으는고

아마도 飛必千仞ᄒᆞ고 飢不啄粟은 너ᄲᅮᆫ인가.

[源佛 630 蒄樂 典洞, 時全 1253, 時大 1786]

330

屛風에 압니 ᄌᆞᆫ근동 부러진 괴 그리고 그 괴 압ᄑᆡ 죠고만 麝香쥐ᄅᆞᆯ 그려두니

어허 죠 괴 삿ᄲᆞ른 양ᄒᆞ여 그림에 쥐ᄅᆞᆯ ᄌᆞᆸ부러 좃니는고나

우리도 남의 님 거러두고 ᄶᅩᆺ여 볼가 ᄒᆞ노라.

[靑六 986 계악시조, 時全 1254, 時大 1787]

331

보리 ᄡᅮ리 麥根 麥根 梧桐 열ᄆᆡ 桐實 桐實

묵근 품나무 쓰든 숫섬이요 뎍은 大棗 졈운 老松이라

九月山中 春草綠이요 五更樓下에 夕陽紅인가 ᄒᆞ노라.

[원하 583, 청일 552, 時大 1797]

332

鳳凰臺上 鳳凰有ㅣ러니 鳳去臺空江自流ㅣ로다

吳宮花草 埋幽逕이오 晋代衣冠 成古邱ㅣ라 三山은 半落靑天外여놀 二水 中分白鷺洲ㅣ로다

總爲浮雲이 能蔽日ᄒᆞ니 長安을 不見 使人愁ᄅᆞᆯ ᄒᆞ더라.

[靑六 848 樂時調, 時全 1279, 時大 1825]

333
富貴도 驕로 일코 才能도 驕로 損失ᄒᆞ니
션빅의 仁義禮智 교만ᄒᆞ고 뵐글소냐
아마도 驕字의 警戒ᄂᆞᆫ 天子庶人 一様일가 ᄒᆞ노라.
[閒說堂遺稿 安昌後 제목:閒說二十五幷詩歌[24-21] 戒驕, 時大 5431]

334
부러진 활 것거진 퉁 쌘 銅爐口 메고 怨ᄒᆞᄂᆞ니 黃帝 軒轅氏를
相奪與 아닌 前에 人心이 淳厚ᄒᆞ고 天下 太平ᄒᆞ여 一萬八千歲 사랏거든
엇더타 習用干戈ᄒᆞ여 後生 困케 ᄒᆞ연고.
[靑珍 504 蔓橫淸類, 時全 1286, 時大 1834]

335
父母任이 늣거아 이 내 몸을 末子로 나하겨셔
져지 업써 비러다가 살아 내샤 五十年 將至히 뫼셔시니 父母 恩惠을 어이 ᄒᆞ여 갑소 올고
願컨대 三百盃 ᄀᆞ득 브어 이 날애 ᄒᆞᆫ 잔식 드리이다.
[金启, 龍潭錄 34-29, 時大 1850]

336

扶蘇山 점은 비는 荒城이 寂寞하다

落花巖 잠든 杜鵑 宮娥冤魂 짝을 지여 前朝事를 읇ᄯᅥ더냐 白馬江 잠긴 달 몃 번이나 盈虛하며 皐蘭寺 曉鐘소래 法界가 淸靜하다 水北亭 靑山嵐下에 돗대 치는 저 漁父야 窺巖津 歸帆이 이 안니냐

雲宵의 나는 기러기 九龍捕로 ᄯᅥ러지고 夕照에 빗긴 塔은 半空의 소삿스니 扶餘八景이 宛然하다.

[時調集 156, 時大 1857]

337

北溪上 三梧亭에 黃花節 白衣酒 溪水潺潺 梧葉瑟瑟

우흐로ᄂᆞᆫ 父母 아래로ᄂᆞᆫ 妻子의게 조츤 내로소니 歌舞 終日 ᄒᆞ여거든

어듸셔 망녕에 거시 날을 窮타 ᄒᆞᄂᆞ니.

[追慕錄 金得可 題目:三梧亭, 時大 5595, 신자료]

338

北斗七星 ᄒᆞ나 둘 셋 넷 다셔 여셔 일곱 분긔 민망ᄒᆞᆫ 발괄所志 ᄒᆞᆫ 張 알뢰너이다

그리던 님을 맛나 情엣 말습 치 못ᄒᆞ여 날 쉬 식니 글노 민망

밤중만 三台星 差使 노화 실별 업시 ᄒᆞ시소.

[靑六 962 농, 時全 1316, 時大 1879]

339
北邙山川이 긔 엇더ᄒᆞ여 古今사롬 다 가는고
秦始皇 漢武帝도 採藥求仙ᄒᆞ야 부듸 아니 가랴 ᄒᆞ엿더니
엇더타 驪山風雨와 茂陵松栢을 못내 슬허 ᄒᆞ노라.
[靑珍 488 蔓橫淸類, 時全 1317, 時大 1881]

340
북소릐 등등 나는 졀이 머다하면 얼마나 되리
楚山秦山은 白雲之榻이요 一國에 第一名山이요 諸佛大刹이라
遠近에 聞鍾聲허니 다 왓는가.
[樂高 5, 時全 1320, 時大 1884]

341
北으로셔 오는 져 구룸아 應當 洛陽을 지나실지니
九重 宮闕 깁흔 곳의 우리님 平安ᄒᆞ오시던가
구룸이 무슴 뜻으로 날을 向ᄒᆞ여 웃는 얼굴 ᄒᆞ는고나.
[金剛永言錄 31 金履翼, 時大 1887]

342
粉壁紗窓 月三更에 傾國色에 佳人을 만나
翡翠衾 나소 긋고 琥珀枕 마조 볘고 잇ᄀᆞ지 서로 즐기는 양 一雙鴛鴦之遊 綠水之波瀾이로다
楚襄王의 巫山仙女會를 부를 줄이 이시랴.
[靑珍 492 蔓橫淸類, 時全 1333, 時大 1898]

343
紛紛大雪 滿山野커늘 黑貂裘를 썰쳐 입고 白羽長箭 허리에 ㅊ고 全筋角弓 팔에 걸고 靑驄馬 빗기 타고 보릐미 밧치 이고 靑澗으로 山行갈졔
큰 돗치 닉닷거늘 捷技矢射中ᄒ여 칼쎄야 베혀닉여 洪爐에 炎어닉 이 膏血이 點滴이로다 軒然이 踞胡床啖之ᄒ며 銀碗에 슐을 부어 飮之爽快로다 쎵몰고 믹노을지 醉顔이 漂泊ᄒ니 조흔 맛 졔 뉘 알니
아마도 一豪事는 이뿐인가 ᄒ노라.
[興比 410 각조음, 時全 1334, 時大 1899]

344
불 아니 써힐지라도 절노 익는 솟과
염무죽 아니 먹여도 크고 살져 흔것는 몰과 길삼 잘ᄒ는 女妓妻과 슐십는 酒煎子와 臏부로 낫는 가문 암소
平生에 이 다셧 가지 두엇시면 부러 홀거시 이시리.
[靑六 306, 時全 1338, 時大 1905]

345
不學이 無聞이면 正墻面而立이어니 聖學을 만이 빅와 溫古知新 허오리라
그러믜 雲車를 머믈고고 芳草岸에 긔여 올나 긴프룸 흔마듸로 胸海를 널닌 後에 다시금 淸流邊에 詩를 읆고 盞 날릴졔 불근 쏫 푸른 닙흔 山形을 그림허고 닷는 麋鹿 나는 식는 春興을 藉良헌다 嘹亮헌가는 노릭 香風에 무더 가고 狼藉헌 風樂쇼릭 行雲에 셧겨난다
俄已오 石逕 隱隱 비간 길노 緇衣白衲이 次例로 느러오며 合掌拜禮에 허더라.
[金玉 172 편삭대엽 안민영, 時全 1344, 時大 1914]

346

飛禽走獸 삼긴 中에 닭과 개는 ᄢᅵ두다려 업시홀 즘싱

碧紗窓 깁흔 밤에 품에 드러 잠든 님을 져른 목 느르혀 홰홰쳐 우러 니러나게 ᄒᆞ고 寂寂重門 왓는 님을 무르락 나오락 ᄶᅩᆼᄶᅩᆼ 즈져 도라 가게 ᄒᆞ니

門前에 ᄃᆞᆰ기장ᄉᆞ 웨짓거든 찬찬 동혀 쥬리라.

[靑六 672 농, 時全 1350, 時大 1924]

347

非龍非彲 非熊非羆 非虎非貔는 渭水之陽 姜呂尙이요

非人非鬼 赤仙은 水簾洞中 孫悟空이로다

이 中에 非眞似眞 似狂非狂은 花谷 老歌齋 ᄂᆡ가 ᄒᆞ노라.

[海周 566 二數大葉, 金壽長, 時全 1357, 時大 1930]

348

비바람 눈셜이와 山짐싱 바닷물결

들더위 두메치위 다 가 초격거시며 빗난 의복 멋진 飮食 조흔 벗님 고은 식과 술 노리 거문고를 실토록 지닌 後에 이몸을 혜여ᄒᆞ니 百番 불린 쇠 아니면 萬番 시친 돌이로라

至今에 ᄂᆡ 나이 七十이라 平生을 默數ᄒᆞ니 우숩고 늣거워라 물에 셕긴 물 아니면 쑴 속에 쑴이런가 ᄒᆞ노라.

[金玉 166 編樂 安玟英, 時全 1359, 時大 1932]

349

琵琶琴瑟은 八大王이오 魑魅魍魎은 四小鬼라

東方朔 西門豹 南宮适 北宮黝는 東西南北 ᄉᆞ롬이오 司馬相如藺相如는 姓不相如ㅣ나 名相如ㅣ오 長孫無忌魏無忌는 古無忌ㅣ나 今亦無忌로다

그밧게 黃絹幼婦外孫虀臼는 絶妙好辭ㅣㄴ가 ᄒᆞ노라.

[靑六 787, 時全 1365, 時大 1938]

350

琵琶야 너는 어이 간듸 녠듸 앙쥬아리는

힝금ᄒᆞᆫ 목을 에후로혀 안고 엄파 ᄀᆞᆺ튼 손으로 비를 쟈바 뜻거든 아니 앙쥬아리랴

아마도 大珠小珠 落玉盤ᄒᆞ기는 너뿐인가 ᄒᆞ노라.

[靑珍 536 蔓橫淸類, 時全 1367, 時大 1940]

351

ᄉᆞ람마다 못할 것은 남의 님 씌다 情 드려 놋코 말 못ᄒᆞ니 익연ᄒᆞ고 통ᄉᆞ정 못ᄒᆞ니나 죽긧구나

쏫이라고 뜻어를 내며 닙히라고 훌터를 닉며 가지라고 썩거를 닉며 히동쳥 보라미라고 제밥을 가지고 곳여를 낼가 다만 秋波 여러번에 남의 님을 후려를 내여 집신 간발ᄒᆞ고 안인 밤중에 월장도쥬ᄒᆞ야 담 넘어갈 제 싀익비 귀먹쟁이 잡녀석은 남의 속닉는 조곰도 모로고 안인 밤중에 밤ᄉᆞ람 왓다고 소릭를 칠 제 요닉 간장이 다 녹는구나

춤으로 네 모양 그리워셔 나 못살겟네.

[樂高 918, 時全 1376, 時大 1956]

352
ᄉᆞ랑 ᄉᆞ랑 고고히 ᄆᆡ친 ᄉᆞ랑 왼 바다흘 두루 덥ᄂᆞᆫ 그믈ᄌᆞᆺ치 ᄆᆡ친 ᄉᆞ랑
往十里라 踏十里 춤외 너출 수박 너출얽어지고 틀어져셔 골골이 버더 가ᄂᆞᆫ ᄉᆞ랑
아마도 이 님의 ᄉᆞ랑은 ᄀᆞᆺ간 ᄃᆡ 몰ᄂᆞ ᄒᆞ노라.
[樂學 948 만횡, 時全 1398, 時大 1984]

353
ᄉᆞ랑을 사ᄌᆞᄒᆞ니 ᄉᆞ랑 팔리 뉘 잇시며
離別을 ᄑᆞᄌᆞᄒᆞ니 離別 사리 뉘잇시리
ᄉᆞ랑 離別을 팔고 ᄉᆞ리 업스니 長사랑 長離別인ᄀᆞ ᄒᆞ노라.
[靑六 980, 樂戲調]

354
ᄉᆞ랑을 챤찬 얽동혀 뒤셜머지고
泰山峻嶺을 허위허위 너머가니 모로ᄂᆞᆫ 벗님네ᄂᆞᆫ 그만ᄒᆞ여 바리고 가라 ᄒᆞ건마ᄂᆞᆫ
가ᄃᆞᄀᆞ지 즐려 죽을 만졍 나는 아니 바리고 가려 ᄒᆞ노라.
[靑六 979, 時全 1404, 時大 1990]

355
ᄉᆡ달은 뒷 東山 말네 덩지둥지 둥그러이 도다 ᄯᅳ고
잘 ᄉᆡ는 ᄂᆡ 만신 수풀에 풀덕플덕 나라들 제 외나무다리예 혼ᄌᆞ 가ᄂᆞᆫ 듕아
네 져리 얼ᄆᆡ나 멀건데 暮鐘聲니 들니ᄂᆞᆫ다.
[孫氏隨見錄 31, 時全 1509, 時大 2153]

356
싀악氏 싀집간날 밤의 질방고리 ᄃᆡ여슬ᄶᅵ여 바리거고나 시어마님이 니른 말이
무러 달나 ᄒᆞ는 ᄃᆡ
싀악氏 對答ᄒᆞ되 싀어마님 아들이 우리집 全羅道 慶尙道로 會寧鍾城 아릐 ᄃᆡ
히를 못 쓰게 ᄯᅮ러 어긔로쳐 쓰니
글노 비겨 보와도 兩呼將홀가 ᄒᆞ노라.
[靑六 745 농, 時全 1521, 時大 2165]

357
ᄉᆡᆼ미 갓튼 져 閣氏 남의 肝腸 그만 긋소
몃가지나 ᄒᆞ여 쥬료 緋緞 당옷 大緞치마 구름 ᄀᆞᆺ튼 北道다르 玉빈혀 竹節빈혀
銀粧刀 金粧刀 江南셔 나온 珊瑚柯枝 쟈긔 天桃 金가락지 石雄黃眞珠당긔 繡草
鞋를 ᄒᆞ여 줍셰
져 閣氏 一萬兩이 ᄭᅮᆷ자리라 곳갓치 웃ᄂᆞᆫ 드시 千金ᄊᆞᆫ 言約을 暫間 許諾 ᄒᆞ시소.
[靑六 818, 時全 1528, 時大 2176]

358
ᄉᆡᆼ미 ᄌᆞᆸ아 길드려 두메 ᄢᅯᆼ산녕 보ᄂᆡ고
白馬 씨겨 바느려 뒤 東山 松枝에 ᄆᆡ고 손조 구굴무지 낙가 움버들에 ᄢᅦ여 물
에 ᄎᆡ와 두고
아희야 날볼 손 오셔 드란 뒷여흘 노오너라.
[靑六 969, 時全 1529, 時大 2177]

359

싱마 잡아 길 잘 드려 두메로 쒱산양 보ᄂᆡ고

셋말 구불굽통 솔질 솰솰ᄒᆞ야 뒤송정 잔디 잔디 금잔듸 난데 말뚝 쌍쌍 박아 바늘여 ᄆᆡ고 암ᄂᆡ 여흘 고기 뒷ᄂᆡ 여흘 고기 자나 굴그나 굴그나 자나 쥬어쥬셤 낙과 ᄂᆡ야 움버들 가지 쥬루룩 훌터 아감지 꿰여 시ᄂᆡ 잔잔 흘으는 물에 청셕바 바둑돌을 얼는 ᄂᆡᆼ큼 슈슈히 집어 자장단 마츄아 지질너 노코

동자야 이 뒤에 욋ᄲᅮᆯ 가진 쳥소 타고 그 소가 우의가 부푸러 치질이 셩헛가 ᄒᆞ야 남의 소를 웃어 타고 급히 나려와 뭇거들나 너도 됴금도 지체말고 뒤 녀흘노.

[南太 196, 시여 이씨본 101, 時全 1530, 時大 2178]

360

司馬遷의 鳴萬古 文章 王逸少의 掃千人 筆法

劉伶의 嗜酒와 杜牧之 好色은 百年從事ᄒᆞ면 一身兼備ᄒᆞ려니와

아마도 雙全키 어려울슨 大舜 曾參 孝와 龍逢 比干忠이로다.

[靑珍 500 蔓橫淸類, 樂學 897, 南太 93, 時全 1412, 時大 2000]

361

사마천 이태백 도잠이는 시부 중의 문장이요

월서시 우미인과 왕소군 양귀비는 만고 절색 일넛건만 황양고총 되야 잇고 팔백 장수 팽조수와 삼천갑자 동방삭은 차일시 피일시라 안기생 적송자도 동해상의 신선이라 일럿스되 말만 드럿지 못 보왓네

우리는 風魄의 붓칠 人生이라 안니 노든.

[時調集 166, 時大 2001]

362
사벽달 셔리치고 지ᄉᆡ는 밤에 짝를 닐코 울고 가는 기러기야
너 가는 길에 정든 임 니별ᄒᆞ고 참아 그리워 못 살네라고 젼ᄒᆞ야 쥬렴
ᄡᅥ 단니다 마흠 나는 ᄃᆡ로 젼ᄒᆞ야 ᄌᆞᆸ셰.
[南太 39, 時全 1512, 時大 2156]

363
四野의 黃雲興ᄒᆞ고 中天의 白日明ᄒᆞᆫᄃᆡ
크나 큰 바다 우희 風波 ᄒᆞᆫ 졈 업더고나
어즈버 이 光景 그렷다가 우리님ᄭᅴ 드리올가 ᄒᆞ노라.
[金剛永言錄 11 金履翼, 時大 2008]

364
沙汰考講 都會處에 밤듕만 ᄃᆞᆯ려가 디ᄂᆞᆫ다 ᄀᆞᆺ기ᄂᆞᆫ다
소리ᄂᆞᆫ 連不絶 ᄒᆞ야거든 이 몸은 세 아ᄃᆞᆯ ᄒᆞᆫ孫子 試卷 보내야 考準ᄒᆞ고 놉피 베고 누어시니 내 분으로 이러ᄒᆞᆯ가
地下 陰陽ᄒᆞ시니 德分을 못내 깃거 ᄒᆞ노이다.
[龍潭錄 34-4 金啓, 時大 2015]

365

삭갓 씨고 도롱이 입고 곰방ᄃᆡ 물고 잠빙이 입고 허미 ᄎᆞ고 낫가라 ᄊᆞᆼ무늬의 ᄎᆞ고 독기 가라 두러미고 큰 가릐 ᄆᆡ고 죵가릐 들고 수슈닙 잘나 질자비 동이 고치직 들고 주머니 쌈지 졋드려 차고 윈 ᄲᅢᆯ ᄭᅩ부라진 거문 얼넉 암쇼 고ᄢᅵ 뚯뚝 치쳐 어ᄃᆡ야 탕탕 ᄶᅵᆯᄶᅵᆯ 소 몰고 가넌 죠 다방머리 아희놈아 거기 잠 섯거라 말 부침허자

저 근너 저 집 ᄃᆡ장마의 움덩이 지고 슈풀이 저서 고기 슈북 마니 들엇다기로 네 쇼궁덩ᄋᆡ의 달닌 죠리 죵다락희 쑥 씌여 그 쇽의 자나 굴구나 굴구나 자나 피릐미 불거지 등믈 마니 다마 집흘 걱구로 잡고 츄려 마ᄀᆡ를 지르고 양슷 동여 네 쇠 궁덩이의 글쳐 죽게 우리 님 집 지난 역노의 아침 띄를 맛참 잇지 말고 苦草醬의 靑파 마니 늣코 가진 냥념ᄒᆞ여 과이 싱겁지도 안케 지져 달나고 전허여 쥬렴

거 아ᄒᆡ놈 ᄃᆡ답허난 말이 우리도 사쥬팔자 기박ᄒᆞ여 남의 집 뫼사리 허난고로 한달허고 설흔날의 원음식 여순 그릇 설 언저 노코 나지면 낭글허고 저역이면 싈 참의 논밧 갈고 슐 담비 졋드려 일년 열두 달의 數百餘本 먹은 후의 ᄒᆡ다 져 저문날의 兩親父母奉氣 奉養 ᄒᆞ고 곡훌불 압헤 안저 스투룬 諺文짜나 쓰더 보난 고로 傳헐진 말지.

[調 詞 63, 時全 1494, 時大 2020]

366

削髮爲僧 져 閣氏內 이ᄂᆡ 말솜 드러보쇼

어득 ᄒᆞᆫ 佛堂 안에 念佛만 외오다가 자ᄂᆡ 人生 죽어지면 홍독ᄭᅴ로 ᄐᆡᆨ을 괴아 치롱 안희 入棺ᄒᆞ야 燒火 ᄒᆞᆫ 後 찬ᄌᆡ 되면 空山 구즌 비에 우지지는 귓것네 아니될가

眞實노 ᄂᆡ말드러 마옴을 두로혀면 子孫滿堂ᄒᆞ야 富貴榮華로 百年同樂 ᄒᆞᆯ줄 모로ᄂᆞᆫ가.

[靑六 729, 時全 1420, 時大 2021]

367

山밋ᄐᆡ 집을 지어 드고 넬 것 업셔 草ᄉᆡ로 네어시니
밤中만 ᄒᆞ야셔 비 오ᄂᆞᆫ 쇼릐는 우루룩쥬루룩 몸에 옷시 업셔 草衣를 입어시니 ᄉᆞᆯ이 다 드러나셔 울긋불긋 블긋울긋
다만 지칩든 아니 ᄒᆞ되 任이 볼가 ᄒᆞ노라.

[青六 719 弄, 홍비부 328, 時全 1430, 時大 2032]

368

山不在高ㅣ라 有仙則名ᄒᆞ고 水不在深이라 有龍則靈ᄒᆞᄂᆞ니 斯是陋室이나 惟吾德馨이라
苔痕ᄂᆞᆫ 上階綠이오 草色은 入簾青을 談笑有鴻儒ㅣ오 往來無白丁을 可以調素琴 閱金經ᄒᆞ니 無絲竹之亂耳ᄒᆞ고 無案牘之勞形이로다
南陽 諸葛廬와 西蜀 子雲亭을 孔子ㅣ云何陋之有아 ᄒᆞ시다.

[青六 623 농, 樂學 868 蔓橫, 청홍 306, 時全 1431, 時大 2034]

369

산은 젹젹 월황혼에 두견 울어도 님 ᄉᆡᆼ각이오 밤은 침침 夜三更 졉동이 울어도 님 ᄉᆡᆼ각이라
침상편시츈몽즁ᄒᆞ여 벼ᄀᆡ 우희 빌은 좀을 계명 츅시에 놀라 ᄭᆡ니 님의 흔젹은 간 곳 업고 다만 등불만이로다 그러ᄆᆡ로 식불감미ᄒᆞ여 밥 못 먹고 침불안셕ᄒᆞ여 좀 못ᄌᆞ며 쟝쟝지야를 허송이 보ᄂᆡ며 독ᄃᆡ 등촉으로 버슬 숨으니 뉘 타슬 숨으랴 셜분을 ᄒᆞᆫ잔 말가
듀야장쳔에 밋을 곳 업서셔 못살가고나. [ᄎᆞᆷ으로 님 ᄉᆡᆼ각 그리워나 못살겟네]

[樂高 907, 時全 1443, 時大 2051]

370
山靜ᄒᆞ니 似太古ㅣ오 日長ᄒᆞ니 如少年이라
蒼蘚은 盈堦ᄒᆞ고 落花ㅣ滿庭ᄒᆞᆫᄃᆡ 午睡ㅣ初足커ᄂᆞᆯ 讀周易國風左氏傳離騷太史公書陶杜詩와 韓蘇文 數篇ᄒᆞ고 興到則出步溪邊ᄒᆞ야 邂逅園翁溪友ᄒᆞ야 問桑麻說杭稻 相與劇談半晌타가 歸而倚杖柴門下ㅣ러니
이윽고 夕陽이 在山헌ᄃᆡ 紫綠萬狀이라 變幻頃刻에 恍可人目이라 牛背笛聲이 兩兩歸來 ᄒᆞᆯ제 月印前溪矣러라.
[靑六 647 농, 樂學 950 蔓橫, 청가 673, 時全 1446, 時大 2055]

371
山中에 無曆日하야 절 가는 줄 몰낫드니
꼿 피면 春節 입 피면 하절이요 黃菊 丹楓 秋節이라
저근너 층암 절벽상 蒼松 綠竹의 白雲이 분분 휘날이니 冬節인가.
[雜志 평주본 97, 時大 2057]

372
산중에 기약두고 友鹿村에 도라 드니
黃鶴峰 仙遊洞은 일일상ᄃᆡ 너 버지요 鳳巖은 술준 숨고 紫陽과 白鹿洞은 도짝난 마당되여 子孫의 絃誦쇼릐 들니난고
寒泉 말근 물의 塵心을 씨서 볼가 ᄒᆞ노라.
[慕夏堂實記 4 제목:寓興 金忠善, 時大 2065]

373
산즁에 무녁일ᄒᆞ야 졀 가는 쥴 모르더니
곳 퓌면 츈졀이오 입 퓌면 하졀이요 단풍 들면 츄졀이라
지금에 쳥송녹쥭이 빅셜의 져져쓰니 동졀인가.

[南太 108, 時調 58, 時大 2064]

374
山川은 險峻ᄒᆞ고 樹木은 叢雜ᄒᆞᆫ듸 萬壑의 눈 ᄊᆞ이고 千峰의 바람 칠 졔 ᄉᆡ가 어이 울야마는
赤壁火戰의 죽은 軍士 冤魂이 恨鳥되야 曹操만 寃望ᄒᆞ여 우니난듸 이게 모도 鬼聲이라 塗炭 中 싸인 軍士 故鄕 離別이 몃히런고
空山落月 깁흔 밤 歸蜀道 不如歸의 우난 져 杜鵑 너 홀노 우지말고 날과 함긔.

[時調演義 85 林重桓, 時大 2071]

375
山村에 客不來라도 寂寞든 아니ᄒᆞ이
花笑鳥能言이오 竹喧人相語ㅣ라 松風은 거문고요 杜鵑聲의 노릐로다
두어라 남의 富貴를 눈 흘긔리 이스리.

[靑六 774 계악시조, 海周 529 金壽長, 時全 1456, 時大 2074]

376

살구꼿 봉실봉실 핀 밧머리에 이라이라 하는 저 農夫야

그 무신 곡실을 시무랴고 봄 밧츨 가오 예주리 천자강이 홀아비콘 눈끔적이 팟 녹두기장 청경차조 새코 찌르기 참깨 들깨 동부 쥐눈이 찰수수를 갈랴 함나 그 무엇슬 스무랴 하노

그것도 저것도 다 아니오 구곡 장진 신곡미등할 때에 제일 농량에 긴한 봄보리 가오.

[樂高 970 耕春麥, 時全 1462, 時大 2082]

377

살뜬 怨讎이 離別 두 字 어이 ᄒᆞ면 永永 아죠 업시 ᄒᆞᆯ고

가슴에 무읜 불니러나 량이면 얽동혀 더져 살암 즉도 ᄒᆞ고 눈으로 소슨 물 바다히 되면 풍덩 드리쳐 띄우련마는

아무리 사르고 띄온들 한숨 어이 ᄒᆞ리요.

[靑六 822, 화악 616, 時大 2084]

378

삼강오륜으로 비를 무워라 렬녀 효ᄌᆞ 츙신으로 돗을 달며 문무쥬공으로 도ᄉᆞ공 삼아 요슌우탕을

가득이 시러스니 졔 아모리 졸지풍파 나는 바람일지라도 그 비 파션ᄒᆞ기는 만무로다

룡천검 아모리 잘 드는 비슈칼일지라도 우리 량인의 삼ᄉᆞ만 갈으ᄌᆞ르기는 만무로구나 춤아 진졍 긔가 산이가 막혀 나 못살갓네.

[樂高 891, 時全 1467, 時大 2092]

379

三更에 술을 취고 五更樓에 올나 보니

鷲鳥白鷗는 或窺魚 或眠啼ᄒᆞ고 碧天秋月은 半入山 半開天이라

저 근너 一葉船 漁夫야 瀟湘八景이 조타더니 이예서 더 헐소야.

[調詞 35, 시요 140, 時全 1468, 時大 2093]

380

三公不換 此江山은 어이 니른 말이런고

나는 말업시 슈이도 밧고 안쟈 恒産도 보쟈ᄒᆞ니 희욤업시 이노매라 어즐어온 鷗鷺와 數만흔 麋鹿을 내 혼쟈 거늘여 六畜을 삼아는ᄃᆡ 갑업슨 淸風明月은 節노 己物이 되어시니 남과 다른 富貴는 이 혼몸에 가잣세라

엇덧타 이 富貴 가지고 져 富貴를 불을손냐.

[靑가 632 編樂幷抄, 時全 1471, 時大 2098]

381

三國의 노든 名士 時運이 不齊턴가

連環計 드린 後에 英主를 계오 맛나 功業을 未建ᄒᆞ여 落鳳坡를 맛나시니

平生에 未講運籌를 못니 슬허 ᄒᆞ노라.

[樂學 757 二數大葉, 時全 1473, 時大 2100]

382
삼국적 와룡선싱이 도라가면 ᄉᆞ륜거 백우선 남양 초당을 뉘를 밋기며
한슈뎡후 관공님이 도라가시면 젹토마 쳥룡도 뉘를 밋기며 우람ᄒᆞ신 장장군이 도라가시면 당팔사모란 창 뉘를 밋기며 진시황뎨 도라가시면 만리쟝셩 아방궁을 뉘게 젼ᄒᆞ며 리빅이 긔경비상텬후에 강남 풍월을 뉘를 밋기며 장ᄌᆞ방이가 도라가시면 계명산 옥퉁소 뉘를 밋기며 도연명이 도라가시면 오류촌을 누를 밋기며 백이숙제 도라가신 후 슈양산을 뉘를 밋기며 소ᄌᆞ쳠이가 도라가시면 젹벽강슈를 뉘를 밋기며 태고션싱이 도라가신 후 위수변 됴디를 뉘를 밋기갓네
우리 인싱이 이런 모양으로 놀다가 북망산 가게 되면 알들ᄒᆞᆫ 졍판을 뉘게다 밋기잔 말가 젼ᄒᆞᆯ 곳 업고 밋길 곳 업서 나 엇지 하리.

[樂高 886, 時全 1474, 時大 2101]

383
三國風塵 搖亂時의 漢宗室 劉皇叔니
臥龍先生 뵈오려고 赤盧馬 치을 젹어 南陽隆中 風雪中에 至誠으로 나아가니
그곳에 大夢을 誰先覺고 平生을 我自知라 ᄒᆞ엿더라.

[時調 102, 時大 5437]

384
三代後 漢唐宋에 忠臣義士 혜여보니
夷齊의 孤竹淸風과 龍逢比干忠은 니르도 말녀니와 南齊雲의 不義不爲屈과 岳武穆의 担背貞忠은 千秋竹帛上에 뉘아니 敬仰ᄒᆞᆯ고 마는
아마도 我東三百年에 顯忠崇節ᄒᆞ샤 堂堂ᄒᆞᆫ 三學士의 萬古大義는 짝업슬가 ᄒᆞ노라.

[靑六 712, 時全 1477, 時大 2105]

385
三山半落靑天外요 二水中分白鷺洲라 浩浩兮 滄浪歌로 돗대치는 저 사공아 遠浦歸帆이 그 아니냐
秋上江 배를 타고 강동으로 가는 이는 張翰先生 이 아니면 檻外長 江空自流는 藤王閣序文이요 王勃이 萬古詩與樂이라 落霞는 與孤鶩齊飛하고 秋水는 共長天一色이라
天外 巫山十二峰은 구름 속에 소사 잇다.
[時調集 150, 시조 관서본 21-1, 時大 2110]

386
三月東風 好時節에 一僕三友 건을이고
六角 登臨ᄒᆞ야 四宇를 돌아본이 天郎氣淸ᄒᆞ고 惠風和暢ᄒᆞᆫ듸 花間 蝶舞는 弄春色이오 柳上鶯歌은 蕩人情이라 鶴徘徊於長松ᄒᆞ고 老龍潛於碧潭이라
암아도 暮年花似霧看中을 못내 슬ᄒᆞ ᄒᆞ노라.
[靑謠 76 朴文郁, 時全 1484, 時大 2114]

387
三春色 ᄌᆞ랑 마소 花殘 後ㅣ면 蝶不來이라
昭君 玉貌 胡城土ㅣ오 貴妃 花客은 馬嵬塵이라 蒼松 綠竹은 千古節이나 碧桃 紅杏은 一年春이로다
져 님아 光陰은 本是 無情之物이니 앗겨 무슴 ᄒᆞ리오.
[樂學 860, 시가 박씨본 602, 청가 662, 時全 1491 時大 2122]

388
上林의 놀난 기럭이 兩方으로 ᄂᆞ라완지
불셔 三年의 눌을 싱각ᄒᆞ고 미양 우지지니
어ᄂᆞ ᄣᅢ 靈囿로 도라 드러 녯가지의 다시 의지홀넌고.

[金剛永言錄 48 金履翼, 時大 2128]

389
常山 趙子龍 姓名이나 네 드럿느냐 發無不中 활 才操 너를 응당 쏘와 죽일테나 兩國和親之誼로 보아 죽이지는 아니하나 내의 수단이나 네 보고 가거라
莫莫强弓 鐵箭을 먹여 非丁非八胸虛腹實 좀통이 불끈 쥐고 깍지손을 떨떠리니 번개같이 빠른 살이 수루루룩 건너가 徐成 丁奉 탄 배 돗대 마저 와자직근 부러지니
저장수 넉을 일코 뱃머리 빙빙 물결에 뒤채이어 어리렁출넝 떠나려가니 제어이 따롤손가.
[시조 관서본 21-7, 時調集 149, 時大 2134]

390
上帝 녀기샤ᄃᆡ 古文書 相考히온ᄃᆡᆫ
三百篇과 李杜詩와 百家語를 블블 分給ᄒᆞ잇갈든
데레도 不足디 아니커니 이제 엇디 有餘케 ᄒᆞ리.
[葛峰先生遺墨 32 金得硏 제목:산중잡곡49-32, 時大 2146]

391

새악시 書房 못마자 애ᄡᅳ다가 주근 靈魂 건삼밧 ᄯᅮᆨ삼되야

龍門山 開骨寺에 니ᄲᅡ진 늘글 즁놈들 뵈나 되얏다가

잇다감 ᄯᅡᆷ나 ᄀᆞ려온 제 슬ᄶᅧ겨 볼가 ᄒᆞ노라.

[青珍 494, 樂學 1049, 時全 1520, 時大 2164]

392

色ᄀᆞᆺ치 됴흔 거슬 긔 뉘라셔 말리ᄂᆞᆫ고

穆王은 天子ㅣ로되 瑤臺에 宴樂ᄒᆞ고 項羽ᄂᆞᆫ 天下壯士ㅣ로되 滿營秋月에 悲歌慷慨ᄒᆞ고 明皇은 英主ㅣ로되 解語花 離別에 馬嵬驛에 우럿ᄂᆞ니

ᄒᆞ물며 날ᄀᆞᆺ튼 小丈夫로 몃 百年 살리라 희올 일 아니ᄒᆞ고 쇽절업시 늘그랴.

[青珍 557 蔓橫淸類, 樂學 907, 時全 1525, 時大 2171]

393

書房님 病들여 두고 쓸 것 업셔 鐘樓 져ᄌᆡ 달릐 파라

ᄇᆡ 사고 감 ᄉᆞ고 榴子 ᄉᆞ고 石榴 삿다 아ᄎᆞ아ᄎᆞ 이저고 五花糖을 니저 발여고ᄌᆞ

水朴에 술 ᄭᅩᄌᆞ 노코 한숨 계워 ᄒᆞ노라.

[海周 540 金壽長, 二數大葉, 時全 1538, 時大 2200]

394
西城에 달 빗치엿다 短墻頭에 花容이라
엇그졔 가는 任이 오날밤 오마기는 月上時로 오마드니 金爐에 香盡허고 五更 鍾이 거위로되 三五夜 지식도록 獨倚欄干허여 任보랴 엿히 안져쓰라구 傳허여 쥬렴
아마도 有信허기는 明月인가.
[樂高 21, 時全 1546, 時大 2208]

395
石崇의 累鉅萬財와 杜牧之의 橘滿車風采라도
밤일을 홀저긔 제 연장 零星ᄒᆞ면 쑴자리만 자리라 긔 무서시 貴홀소냐
貧寒코 風度ㅣ 埋沒홀지라도 제 거시 무즑ᄒᆞ여 내 것과 如合符節 곳 ᄒᆞ면 긔 내 님인가 ᄒᆞ노라.
[靑珍 546 蔓橫淸類, 樂學 923, 時全 1556, 時大 2221]

396
昔人이 已乘 白雲去ᄒᆞ니 此地에 空餘黃鶴樓ㅣ로다
黃鶴이 一去不復返ᄒᆞ니 白雲千載에 空悠悠ㅣ라 靑天에 歷歷漢陽樹ㅣ여놀 芳草萋萋鸚鵡洲ㅣ로다
日暮鄕關이 何處是오 烟波江上에 使人愁롤 ᄒᆞ더라.
[靑六 849 편롱, 海一 616 蔓數大葉, 時全 1570, 時大 2241]

397

昔子之去에 氣桓桓ᄐᆞ니 今子之來에 身踽踽ㅣ라
名騅幸姬은 去何處오 捲甲殘兵이 不成伍ㅣ로다
君不見 文王百里能御宇ᄒᆞᆫ다 不渡烏江을 못ᄂᆡ 슬허 ᄒᆞ노라.
[樂學 862 蔓橫, 樂學 862, 時全 1571, 時大 2242]

398

石坡大老 造化蘭과 秋史筆 紫霞詩는 詩書畵 三色이요
蘇山竹 石蓮梅는 梅與竹 兩絶이라
其中에 本밧기 어려올슨 石坡蘭인가 허노라.
[金玉 175 言編 安玟英, 원국 854, 時全 1574, 時大 2245]

399

宣王이 化仙後에 고은 大君 어ᄃᆡ 간고
에엿쁜 大妃 公主의 거슴 소긔 좀겨 계셔 밤이나 낫지ᄂᆞᆫ 님향희 哀情과 懷中殺子늘 一刻이나 이ᄌᆞ실가 飢寒이 到骨ᄒᆞ야 八十衰翁은 ᄋᆡ고ᄋᆡ고 ᄒᆞ며 西宮을 ᄇᆞ라 보고 눈물질 뿐이로ᄃᆞ
아ᄆᆡ나 有情ᄒᆞᆫ 벗님네 뎌 쇠 열길 ᄒᆞ쇼셔.
[淸溪歌詞 7 姜復中, 時全 1580, 時大 2251]

400

세거에 인두ᄇᆡᆨ이오 츄ᄂᆡ에 목엽황이라 쟝ᄎᆞ 가을이 오면 나뭇닙헤 단풍 들고 ᄒᆡ가 가면 사ᄅᆞᆷ의 머리에 ᄇᆡᆨ발이 되누나

쳥츈이 부지ᄂᆡᄒᆞ며 ᄇᆡᆨ일을 막히도ᄒᆞ라 ᄋᆡ달을 손 쳥츈이 가실 줄을 알드면은 쳥ᄉᆞ 홍ᄉᆞ로 결박을 ᄒᆞ고 원슈 ᄇᆡᆨ발이 오실 쥴을 알드면은 만리쟝셩으로나 갈우막을 썰

ᄋᆡ달은 쳥츈이 가고 오고 ᄒᆞ더니만 원슈 ᄇᆡᆨ발이 와서 날 침노ᄒᆞ노나라.

[樂高 902, 時全 1604, 時大 2281]

401

世上 富貴人들아 貧寒士를 웃지마라

石富萬財로 匹夫에 긋치고 顔貧一瓢로도 聖賢에 니르시니

내 몸이 貧寒ᄒᆞ야마는 내 길을 닥그면 ᄂᆞᆷ의 富貴 부르랴.

[靑珍 474 蔓橫淸類, 樂學 1038, 時全 1615, 時大 2292]

402

世上 사ᄅᆞᆷ드리 人生를 둘만 너거 두고 ᄯᅩ 두고 먹고 놀 줄 모로던고

먹고 놀 줄 모로거던 죽을 줄 알야마는 石崇이 죽어갈ᄌᆡ 累鉅萬財 가져 가며 劉伶의 무덤 우희 어ᄂᆡ 술이 이르러쩌니

허물며 靑春 一場夢에 百花爛漫ᄒᆞ니 이 ᄀᆞ치 됴흔 ᄣᆡ에 아니 놀고 어이리.

[樂學 871 蔓橫, 時全 1620, 時大 2283]

403

世上事 浮雲이라 江湖의 漁父 될지어다

小艇의 그물 실코 順流로 나려가니 청풍은 徐來하고 水波는 不興이라 銀鱗玉尺 펄펄 뛰고 白鷗 片片 나려든다 陋岸 前村 兩三家 저녁 연기 이러나고 半照入江 半石壁의 새 거울을 거러논 듯 滄浪歌 반겨 듯고 칠리탄 나려 가서 고기 주고 술을 사서 취토록 마신 후에

欸乃曲 불느면서 달을 떼우고 도라오니 세상 알가 念慮로다.

[時調集 평주본 165, 시조 관서본 87 21-4, 時大 2300]

404

世上 衣服 手品 制度 針線 高下 허도ᄒᆞ다

양縷緋 두올쓰기 샹침ᄒᆞ기 쌈금질과 싀발스침 감침질에 반당침 ᄃᆡ올쓰기 긔다 죠타 ᄒᆞ려니와

우리의 고온 님 一等 才質 삿뜨고 박금질이 第一인가 ᄒᆞ노라.

[靑六 861 編數大葉, 시가 박씨본 698, 時全 1627, 時大 2307]

405

歲月아 네월아 가지를 마라 靑春紅顔이 다 늙는구나

人生一世 生覺곳 하니 잠든 날 病든 날 다 除히 노면 다만 단 四十 못하는 人生 안이 놀고서 무엇을 하리

오늘도 날이오 릐일도 날이라 오날도 놀고 來日도 놀고 놀고 놀고 놀아를 보셰.

[樂高 905, 時全 1634, 時大 2317]

406
세월은 수이 잘도 간다 영천수 흐르는 듯 술넝술넝 人生 百年 얼마든고 덧 없이 오는 白髮 뉘라서 금하야 막을 손야
富貴功名 조타 해도 狂風에 片雲이라 時乎時乎 不再來라 좋은 시절 어려우니 이러한 絶代佳人 저러한 風流男子 이렁저렁 노라 보세
아서라 此生百年 積善功德 많이 하야 後生千年 玉京 天堂 極樂世界 만히 만히 노라 보세.
[시조 관서본 21-17, 時調 100, 시조 하씨본 102, 時大 2318]

407
世子邸下 寶齡 八歲에 九十二歲를 더를 진디
一百歲 멀고 놉픈 壽는 天定이라 ᄒᆞ려니와
그 뒤에 ᄯᅩ 二十歲를 더으시니 帝堯壽와 가트신져.
[금옥 95 안민영, 時全 1639, 時大 2323]

408
셋괏고 사오나 올은 져 軍奴놈의 擧動보쇼
牛龍丹 몸동이에 담벙거지 두앗고셔 조분 집 內近ᄒᆞᆫ디 밤중만 달녀 드러 左右로 衝突 ᄒᆞ야 식도록 나드다가 데라도 氣盡턴지 먹은 濁酒 다 거이거다
眞實노 酗酒를 잡으려면 져 軍奴놈부텀 잡으리라.

[靑六 858[김화진?], 蓬萊惡府 25 申獻朝, 時全 1642, 時大 2326]

409

소경이 ᄆᆡᆼ관이를 두루쳐 메고 굽 ᄯᅥ러진 평격지 ᄆᆡᆫ발의 신고

외나무 셕은 다리로 莫大ㅣ 업시 장금장금 건너가니

길 아ᄅᆡ 돌부쳐 셔서 仰天大笑 ᄒᆞ더라.

[靑六 772, 時全 1643, 時大 2347]

410

少年 十五二十時에 ᄒᆞ던 일이 어제론 듯

속곰질 쒸움질과 씨름 탁견 遊山ᄒᆞ기 小骨 쟝긔 投箋ᄒᆞ기 져기ᄎᆞ고 鳶날니기 酒肆靑樓 出入다가 ᄉᆞ람치기 ᄒᆞ기로다

萬一에 八字ㅣ가 죠하만정 身數가 험ᄒᆞ던들 큰일 날 번 ᄒᆞ괘라.

[靑六 742 弄 金敏淳, 時全 1648, 時大 2352]

411

瀟湘江 그럭이 落水寒天 울고 간다 獨守空房 하ᄂᆞᆫ 사람 郎君前 消息 傳次 急登樓 바ᄅᆡ 보니

蘇中郎은 男子라 그 편지ᄂᆞᆫ 전히 주고 야속타 저 女子ᄂᆞᆫ 도라 아니 보고 훨훨 나라 南天으로 울고 간다 錦字를 그저 쥐고 帳然히 落淚ᄒᆞ니 男女 區別이 무삼 일고

至今에 鴻門關 그럭이 쏘든 項壯士 잇게 되면 활 다려 쏘고 지거.

[시조 조씨본 18, 時大 2363]

412

瀟湘江 달 발근듸 울고 가난 져 기럭아

相思로 병이 되야 참아 스러 못 살네라고 전ᄒᆞ여 다고

기럭이 ᄃᆡ답ᄒᆞ되 짝일코 짝차자려 가넌 길이라 전할지 말지.

[時調 96, 時大 2366]

413

瀟湘江으로 비 타고 져 불고 가는 져 두 동ᄌᆞ야 말 무러 보ᄌᆞ 너희 션싱은 뉘시라 ᄒᆞ며 너희 향ᄒᆞ는 곳은 어ᄃᆡ메뇨

두 동ᄌᆞ ᄃᆡ답ᄒᆞ되 져희 션싱은 남ᄒᆡ룡왕 하에 赤松子라 ᄒᆞ옵시며 우리 가는 길은 瀛洲蓬萊 방장 숨신산으로 치약 ᄒᆞ려 가ᄂᆞ이다

쳥상에 지샹션 못낫더니 너희 두 동ᄌᆞ 뿐이로다.

[樂高 875, 조 및 사 77, 時全 1661, 時大 2370]

414

소상팔경 구경차로 황하수의 목욕하고 동정호로 나려 가니 제장제졸 모은 곳에 풍류소래 질탕하다

목자진녈 저 번쾌는 치주체견 장헐시고 오강의 우는 말은 항우 타든 오추마요 기산에 섯는 소는 소부의 소 분명하다 추월망야 우넌 달근 맹상군의 달기로다

이화정 짓는 개는 마귀할미 삽살개요 오류촌 당도하니 도연명의 정자로다 江山 구경을 허자면 몃 날이 될 줄 모르리라.

[時調集 175, 時大 2371]

415

昭烈之大度 喜怒를 不形於色과 諸葛亮之王佐大才

三代上 人物 五虎大將들의 雄豪之勇力으로 攻城略地ᄒᆞ여 忘身之高節과 愛君之忠義 古今에 ᄧᅡᆨ 업스되

蒼天이 不助順ᄒᆞ샤 中恢를 못 이르고 英雄의 恨을 기쳐 曠百代之尙感이라.

[靑珍 556 蔓橫淸類, 樂學 927, 時全 1667, 時大 2378]

416

소우 강변의 ᄯᅮ벅ᄯᅮ벅 굽이넌 져 ᄇᆡᆨ구야 터럭 흰 졔 몃몃 ᄒᆡ야 나 너 ᄐᆡ허로 위실ᄒᆞ고 명월노 위축ᄒᆞ고 츈ᄒᆞ츄동

사시절의 청풍명월 벗슬 삼어 무쥬강호 ᄇᆡᆨ을 타고 조종상탕 반묘향노즁숙 자고극금 몃몃 ᄒᆡ야

너와 ᄂᆞ와 벗슬 ᄉᆞᆷ어 만셰동낙.

[歌詞 羅孫文庫本 203, 時大 5627, 신자료]

417

蘇秦이 行過洛陽ᄒᆞᆯ싀 車騎輜重이 擬於 王者ㅣ러라

三寸舌을 놀려 佩六國相印ᄒᆞ니 千萬古之辯士로다

암아도 사람 달릐기는 利口ㅣ런가 ᄒᆞ노라.

[海周 567 二數大葉 金壽長, 時全 1670, 時大 2382]

418
속 깁픈 姜太公의 낫기질 法 異常ᄒᆞ다
솟솟ᄒᆞᆫ 바늘을 미늘 업시 滄波의 더져 잇닉
그러나 西山 孤竹 몱은 바룸의는 밀녀 갈가 ᄒᆞ노라.
[金剛永言錄 39 金履翼, 時大 2384]

419
속적우리 고은 쎠치마 밋머리에 粉쎡 민 閣氏
엇그제 날 소기고 어듸 가 또 눌을 소길려 ᄒᆞ고
夕陽에 곳柯枝 것고 쥐고 가는 허리를 ᄌᆞ늑ᄌᆞ늑 ᄒᆞ는다.
[海周 555 二數大葉 金壽長, 時大 2385]

420
孫約正은 點心 출히고 李風憲은 酒肴를 장만ᄒᆞ소
거믄고 伽倻ㅅ고 奚琴 琵琶 笛 觱篥 杖鼓 舞工人으란 禹堂掌이 ᄃᆞ려오시
글짓고 노래부르기와 女妓 女花看으란 내가 擔當 ᄒᆞ리라.
[청진 525 蔓橫淸類, 樂學 984, 時全 1673, 時大 2386]

421
솔아릐 구분 길로 靑노식 타고 가는 아해야 말무러 보자
瑤池宴 設宴時에 淑娘子를 틱우라 가는야
긔 아희 天台山 梨花亭 바라보고 듯고 잠잠.
[樂高 4, 時全 1676, 時大 2389]

422
솔아레에 구븐 길로 셋 가ᄂᆞᆫ듸 말잿 즁아
人間離別 獨守空房 삼긴 부쳐 어ᄂᆡ 졀에 안젓ᄂᆞ니 문노라 말잿 즁아
小僧은 아읍지 못ᄒᆞ오니 샹좌 누의 아ᄂᆞ이다.
[靑珍 481 蔓橫淸類, 樂學 1065, 南太 54, 時全 1678, 時大 2392]

423
숄 아래 童子더려 무르니 니르기ᄅᆞᆯ 先生이 藥을 ᄏᆡ라 갓너이다
다만 此山中에 잇건마ᄂᆞᆫ 구름이 깁퍼 곳을 아지 못게라
아희야 네 先生 오셔드란 날 왓더라 살와라.
[靑六 755 界樂時調, 홍비부 166, 時全 1677, 時大 2391]

424
송낙 쓰고 장삼 입고 바랑 지고 목탁 들고 소승은 문안이요 또드락 목탁치며 일심으로 증영발원이요
이 댁 기지를 둘러보니 무학의 수업이요 도선의 비결이라 용세도 조커니와 풍경이 긔이하다 태극조판 하온 후에 천고지후 되엿으니 억만년지무궁이라
업는 애기 생남 발원 잇는 애기 수명 장수 부귀다남 발원이요 또 드락 딱 남무대비관세음보살.
[시조 관서본 21-12, 時調 95, 時大 2399]

425

松下에 問童子하니 스승이 영주 봉래 방장 三神山으로 採藥하려 가셧선나이다

祗在此山中이언만 雲深하야 부지처라

童子야 선생이 오시거든 俗客이 왓드라고 엿주어라.

[시조 관서본 8-5, 雜誌 397, 時大 2407]

426

쇼년힝락이 다 진커늘 와유강산 ᄒᆞ오리라

인호상이 ᄌᆞ작으로 명뎡케 취ᄒᆞᆫ 후에 한단침 도도 베고 쟝쥬호뎝이 잠간 되여 방츄화류 ᄎᆞᄌᆞ가니 리화도화 영산홍 좌산홍 왜철쥭 진달화 가온ᄃᆡ 풍류랑이 되여 춤추며 노니다가 셰류영 넘어가니 황됴 편편 환우셩이라 도시힝락이 인싱귀불귀 아닐진뎐

ᄭᅮᆷ인지 상신지 몰나 다시 ᄀᆡᆼ소년 ᄒᆞ오리라.

[樂高 876, 時全 1650, 時大 2413]

427

數間 茅屋 그윽ᄒᆞᆫᄃᆡ 滿案 詩書 活計로다

籬下ᄂᆞᆫ 松菊이오 臺上은 梅竹이라

春風의 花發ᄒᆞ고 秋夜의 月明커던 四時佳興을 되ᄂᆞᆫ대로 조차로오리.

[城西幽稿 申甲俊 제목:四時曲, 時大 5446]

428

首陽山下 어이 굽은 길노 중 셔넛 가난 중 그 중의 맛 말직중아 게 暫 셧거라 말 무러 보ᄌᆞ

人間 離別 萬事中의 獨宿空房 만련ᄒᆞ시던 부텨 님이 어ᄂᆡ 졀 어ᄂᆡ 法堂 榻上 卓子 우의 次中連 안진 貌樣 네 分明 보앗나냐

져 상직중 對答ᄒᆞ되 小僧도 手種 青松이 今十圓로ᄃᆡ 아모란줄.

[時調演義 90 林重桓, 時大 2435]

429

술먹고 뷧둑 뷔쳑 뷔거러 가며 먹지마자 크게 盟誓ㅣ ᄒᆞ엿더니

春夏秋冬 好時節의 南隣北村 다 請ᄒᆞ여 熙皥同樂 ᄒᆞ올머데 어허 盟誓ㅣ가笑ㅣ로다

人生이 一場春夢인니 먹고 놀여 ᄒᆞ노라.

[青六 835 言樂, 時全 1721, 時大 2457]

430

술먹기 비록 죠흘지라도 ᄒᆞᆫ두 盞박긔 더 먹지 말며

色ᄒᆞ기 죠흘지라도 敗亡에란 말을 지니

平生에 이 두일 삼가ᄒᆞ면 百年千金軀롤 病들일 줄 이시랴.

[青六 790 蔓横, 詩歌 608, 時全 1724, 時大 2460]

431
술먹어 病업는 藥과 色ᄒᆞ여 長生ᄒᆞᆯ 藥을
갑주고 살작이면 盟誓ㅣ개지 아모만들 관계ᄒᆞ랴
갑주고 못살 藥이니 눈치 아라가며 소로소로ᄒᆞ여 百年ᄭᆞ지 ᄒᆞ리라.
[青珍 491 蔓橫清類, 樂學 890, 南太 215, 時全 1725, 時大 2461]

432
술 붓다가 盞 골케 붓는 妾과 色ᄒᆞᆫ다고 ᄒᆞ고 식옴 甚히 ᄒᆞ는 안히
헌 비에 모도 시러다가 띄우리라 ᄒᆞᆫ 바다희
狂風에 놀나 ᄭᅵ닷거든 卽時 다려 오리라.
[青六 807 言樂, 樂學 1109, 時全 1728, 時大 2464]

433
술을 大醉키 먹고 北平樓 올나 大夢을 ᄭᅮ니
長劍을 ᄲᅵ여 들고 青驄馬 빗겨 타고 遼海를 건너 ᄯᅱ어 天朝를 降伏밧고 北闕노 도라와셔 告闕成功ᄒᆞ여 뵌다
平生에 丈夫늬 마옴이 鬱鬱ᄒᆞ여 ᄭᅮᆷ에 施驗ᄒᆞ여라.
[歌譜 207 編弄, 時全 1737, 時大 2474]

434
술을 멉ᄌᆞᄒᆞ니 百姓이 셜워ᄒᆞ고
고기를 먹ᄌᆞᄒᆞ니 산치도 셜워ᄒᆞ니
愛婢 料산 ○의 臺안쥬 ○○及將 ○ ᄒᆞ오리 더ᄃᆞ고 니여 붓고 드쟛ᄂᆞ다.
[清溪歌詞 38 姜復中, 時全 1738, 時大 2475]

435
술이라 ᄒᆞᄂᆞᆫ 거시 어이 삼긴 거시완ᄃᆡ
一盃一盃復一盃ᄒᆞ면 恨者ㅣ洩 憂者ㅣ樂에 搤腕者ㅣ 蹈舞ᄒᆞ고 呻吟者ㅣ 謳歌ᄒᆞ며 伯倫은 頌德ᄒᆞ고 詞宗은 澆胸ᄒᆞ며 淵明은 葛巾素琴으로 面庭柯而怡顔ᄒᆞ고 太白은 接罹錦袍로 飛羽觴而醉月ᄒᆞ니
아마도 실음 풀기ᄂᆞᆫ 술만ᄒᆞᆫ 거시 업세라.
[靑六 656 蔓橫, 樂學 908, 악서 456, 時全 1742, 時大 2479]

436
술이라 ᄒᆞ면 쇼물혀 듯ᄒᆞ고 飮食이라 ᄒᆞ면 헌말등에 纛다 오듯
兩수종 다리잡조지 팔과 흘긔 눈에 안팟쉽장이고쟈 男便을 망셕즁이라 안쳐두고 보랴
門밧긔 桶메웁쇼ᄒᆞ고 웨ᄂᆞᆫ 匠事네나 자고 이거라.
[靑六 739, 樂戱調, 樂學 1062, 時全 1743, 時大 2481]

437
슐 갓치 조흔 것을 뉘라 禁ᄒᆞ야 너 안이 마시리
天下 名勝之地 金剛 洛陽 瀟湘江 洞庭湖며 岳陽樓 姑蘇臺라 練光亭 놉히 올나 붉은 달 고흔 쏫 아릿다온 美色덜과 조흔 벗 다리고 논일 적의 슐아 네곳 안이면 너의 무삼 興이 잇스랴
至今에 不醉不醒ᄒᆞ고 半醉半醒ᄒᆞ야 半不醉 半不醒을 나 홀노 깃거.
[時調演義 93 林重桓, 시조집 평주본 153, 時大 2492]

438

술을 딗취ᄒᆞ고 완월누의 올너보니

연자빅노던 흑규어흑면져ᄒᆞ고 벽쳔츄월은 반입산반 괘쳔니라

져 건너 어구에 일엽소션 어옹더라 소상팔경이 이갓던야.

[歌詞 羅孫文庫本 156, 時大 5624, 신자료]

439

술 ᄒᆞᆫ 쟌 가득 부어 倭船에 밧쳐 면포젼 보에 밧쳐 초당 문갑 우희 언졋더니 어늬 겨을에 의젹이 알고 반이나 남즈시 싸루워 먹어ᄶᅮ나

져긔 져 碧空에 결엿ᄂᆞᆫ 둘은 왼달이 두렷ᄒᆞ던 달일너니 어늬 결을에 이태백이가 집펏던 쥬령 막딗로 쌍쌍 두ᄃᆞ려 반이나 남즈시 야즐어졋다

童子야 인제ᄂᆞᆫ 할 일 업다 놈은 술 남은 달 건져 들어라 玩月長醉ᄒᆞᄌᆞ.

[慶大本 時調集 58, 時大 2497]

440

丞相祠堂을 何處尋인고 錦官城外栢森森을

暎階碧草ᄂᆞᆫ 自春色이오 陋葉黃鸝空好音을 三顧頻繁天下計오 兩朝開濟老臣心이로다

出師未捷身先死ᄒᆞ니 長使英雄으로 淚滿襟을 ᄒᆞ여라.

[靑六 626 蔓數大葉, 海一 620, 時全 1755, 時大 2507]

441
싀어마님 며느라기 낫바 벽바흘 구루지 마오
빗에 바든 며ᄂᆞ린가 갑세 쳐온 며ᄂᆞ린가 밤나모 서근 들걸에 휘초리 나ᄀᆞᆺ치 알살픠선 싀아바님 볏뵌 쇠ᄯᅩᆼ ᄀᆞᆺ치 되죵고신 싀어마님 三年 겨론 망태에 새송곳 부리 ᄀᆞᆺ치 ᄲᅭ족ᄒᆞ신 싀누으님 당피 가론 밧틔 돌피 나니 ᄀᆞᆺ치싀 노란 욋곳 ᄀᆞᆺ튼 피ᄯᅩᆼ 누ᄂᆞᆫ 아ᄃᆞᆯ ᄒᆞ나 두고
건 밧틔 멋곳 ᄀᆞᆺ튼 며ᄂᆞ리를 어ᄃᆡ를 낫바 ᄒᆞ시ᄂᆞᆫ고.
[青珍 573 蔓横淸類, 樂學 934, 時全 1771, 時大 2509]

442
柴扉에 개 즛거ᄂᆞᆯ 님만 너겨 나가 보니
님은 아니 오고 明月이 滿庭ᄒᆞᆫᄃᆡ 一陣秋風에 닙지ᄂᆞᆫ 소릐로다
져 개야 秋風落葉을 헛도이 저서 날 소길 줄 엇제오.
[青珍 493 蔓横淸類, 樂學 893, 南太 217, 時全 1765, 時大 2523]

443
柴扉에 개 즛거ᄂᆞᆯ 님이신가 반기넉여
倒着衣裳ᄒᆞ고 傾側望見ᄒᆞ니 狂風이 陣陣ᄒᆞ야 捲簾ᄒᆞ는 소릐로다
含笑코 出門看ᄒᆞᆫ이 慙鬼慙天 ᄒᆞ여라.
[海一 605 蔓數大葉, 악서 462, 時大 2522]

444

時呼時呼 不再來로다 三十은 靑春 四十은 이울 노 五十은 半白 六十은 還甲人生 七十은 古來稀로다

人生 百年을 다 산다 할지라도 잠든 날 病든 날 근심 걱정과 모든 괴롬을 다 除히 노면 다만 단 四十 못ᄉᆞ는 인ᄉᆡᆼ야 제 것 두고도 못 먹고 못 쓰는 자는 王將軍의 庫子되고 제 것 별노 업서도 잘 먹고 잘 쓰고 날마다 名妓 名唱을 다 모라 다리고 長春館 明月館惠泉館으로 단이며 잘 노는 ᄌᆞ는 英雄中에도 楚覇王이라 우리 人生이 요령 ᄒᆞ다가 ᄒᆞᆫ번 주거져서 北邙山川을 돌아를 갈 제 어떤 마누라가 날 불상타 ᄒᆞ리요

춤 진졍 가지로 설어져 날 못살겟네.

[樂高 917, 時全 1777, 時大 2538]

445

식불감미ᄒᆞ고 침불안석ᄒᆞ니 뎐뎐불ᄆᆡᄒᆞ고 경경반측ᄒᆞ야 누어슨들 님이 오고 안ᄌᆞ슨들 님이 올가

독슈공방 홀노 누워스니 ᄃᆡᄒᆞᄂᆞ니 눈물이오 지ᄂᆞ니 한숨이라 님이 아모리 무졍ᄒᆞᆯ지라도 셔ᄉᆞ왕복이라도 이슬거시지 어히 그리 니젓든가 텬하영웅 진시황이 만권시셔를 불살을 젹에 리별에 멧ᄌᆞ를 왜 내여 두엇ᄂᆞᆫ가 리라는 리ᄌᆞᄂᆞᆫ 리별 리ᄌᆞ오 ᄉᆞ라ᄂᆞᆫ ᄉᆞᄌᆞᄂᆞᆫ ᄉᆡᆼ각 ᄉᆞᄌᆞ요 수라ᄂᆞᆫ 수ᄌᆞᄂᆞᆫ 수심 수ᄌᆞ로구나

박랑ᄉᆞ중 쓰고 남을 텰퇴 텬하 쟝ᄉᆞ 항우를 맛겨 졔 힘ᄶᅳ지 들너 메고 리별에 멧 ᄌᆞ를 ᄭᆡ쳐스면 리별 업시 다 상봉ᄒᆞᆺ구나.

[樂高 897, 時全 1778, 時大 2540]

446
神仙과 道士들은 長生不死ᄒᆞ는 術을 어더
餐朝霞而療飢ᄒᆞ며 飮月露而洗心이로되
우리는 風塵間 百歲人生이라 玉食 魚肉湯이 긔 分인가 ᄒᆞ노라.
[海周 541 二數大葉 金壽長, 時全 1785, 時大 2549]

447
神仙이 ᄌᆞ최 업쓰되 呂洞賓은 眞仙이레
朝遊北海暮蒼梧요 神裡靑蛇膽氣粗ㅣ라 三入 岳陽홀쌔 사람이 알이 업데
洞庭湖 七百里 平湖에 浪吟飛過 ᄒᆞ니라.
[海周 551 二數大葉 金壽長, 時全 1789, 時大 2553]

448
신흥ᄉᆞ 즁놈이 안감골 승년에 머리치 쥐고
안감골 승년니 신흥사 즁놈에 상투를 잡고 하나님 젼에 등장갈제 쵸막숀이 육갑 쉽고 쉽장이는 쟝쵸 맛고 안집방니 탁견ᄒᆞ고 장안판슈 졈상니 세고 벙어리는 판결ᄉᆞ헌다
길아리 목 업는 돌부쳐는 앙천디쇼.
[시철가 74, 時全 1792, 時大 2556]

449
深意山 세네바회 휘도라 감도라 들제
五六月 낫계죽만 살어름 지픤 우희 즌서리 섯거 치고 자최눈 뿌렷거놀 보왓는가
님아님아 온 놈이 온 말을 ᄒᆞ여도 님이 짐작 ᄒᆞ쇼셔.
[靑珍 484 蔓橫淸類, 松星 42 鄭澈, 송이 43, 時全 1798, 時大 2563]

450
十年은 글을 읻고 ᄯᅩ 十年은 칼을 배워
二十年이 將盡토록 글과 칼이 虛事로다
두어라 書劍을 다 버리고 江湖에 漁夫되여 萬事無心 一釣竿으로 斜風細雨 不須歸를.
[時調集 127, 時大 2568]

451
十面 埋伏 설이 치고 ᄃᆞᆯ 볽은 밤의
起飮帳中 別虞姬ᄒᆞ고 鐵鞭을 놉히 들고 喑啞叱咤ᄒᆞᆫ이 烏騅馬 ᄂᆞ는 곳에 漢兵이 草芥로다
암아도 千不當 萬不當은 楚伯王이신가 ᄒᆞ노라.
[靑謠 70 朴文郁, 時全 1804, 時大 2574]

452
十載를 經營屋數椽ᄒᆞ니 錦江之上이오 月峰前이로다
桃花ㅣ 浥露紅浮水ㅣ오 柳絮는 飄風白滿舡을 石逕歸僧은 山形外여 닐煙沙眠鷺雨聲邊이로다
若令摩詰로 遊於此ㅣ런들 不必當年에 畵輞川을 ᄒᆞ리라.
[靑六 604 농, 海一 622 蔓數大葉, 樂學 901, 時全 1807, 時大 2579]

453
쑌꼿을 꺽어 멀니의 꼿고 山의 올너 들 귀경ᄒᆞ니
올오시난 閑良임닉 ᄂᆞ리시는 선븨임닉 날 보날아고 길 못가니
아마도 이 山중 귀物은 나 쑌.
[靈山歌 34]

454
ᄋᆞ자 나 쓰던 되 黃毛筆을 首陽 梅月을 흠벅 지거 窓前에 언젓더니
댁디글 구우러 쏙나려 지거고 이제 도라가면 어들 법 잇건마는
아모나 어더 가져셔 그려보면 알리라.
[靑珍 476 蔓橫淸類, 樂學 885, 時全 1828, 時大 2611]

455
아마도 이리 됴흔 ᄆᆞ음을 놈의 말 듯고 고칠손가
폐랑이 기우로 쓰고 오락 가락 쳥산 녹슈간의
셰상의 호화히 디내시는 분닉는 웃디 마오 이 광싱.
[玉所稿 45 權燮, 제목 :漫興, 時大 2586]

456
아마도 太平홀슨 우리 君親이 時節이야
聖主ㅣ 有德ᄒᆞ샤 國有風雲慶이오 雙親이 有福ᄒᆞ니 家無桂玉愁ㅣ로다
億兆蒼生이 年豊을 興계워 白酒黃鷄로 喜互同樂 ᄒᆞᄂᆞ다.
[青珍 513 蔓横清類, 樂學 900, 時全 1812, 時大 2588]

457
아마도 豪放홀슨 青蓮居士 李謫仙이로다
玉皇香案前에 黃庭經 一字 誤讀ᄒᆞᆫ 罪로 謫下 人間ᄒᆞ여 藏名酒肆ᄒᆞ고 采石에 弄月ᄒᆞ다가 긴고릐 타고 飛上天ᄒᆞ니
至今에 江南風月이 閑多年인가 ᄒᆞ노라.
[青六 650 蔓横, 樂學 852, 청영 484, 南太 219, 時全 1813, 時大 2589]

458
아춤의 ᄒᆞᆫ 일을 착히 ᄒᆞ면 이 ᄆᆞ음이 흐믓ᄒᆞ고
져녁에 ᄒᆞᆫ 일을 착히 ᄒᆞ면 흐믓던 ᄆᆞ음이 즐거오니 일일이 착ᄒᆞ고 ᄯᅩ 착ᄒᆞ면 날마다 흐믓ᄒᆞ고 ᄯᅩᄒᆞᆫ 아니 즐거온가
녜부터 東平王蒼의 말이 爲善이 最樂다 ᄒᆞ니라.
[蓬萊惡府 22 申獻朝, 時全 1835, 時大 2615]

459
兒孩놈 ᄒᆞ야 나귀 경마 들이고 五柳村으로 벗 차ᄌᆞ가니
月色은 滿庭ᄒᆞᆫᄃᆡ 들니나니 笛소릐라
童子야 나귀를 툭툭 쳐 슬슬 모라라 玉笛쇼릐 나는 ᄃᆡ로.
[精歌 368, 시철가 46, 時全 1838, 時大 2621]

460
아흔 아홉 곱 머근 老丈 濁酒 걸러 醉케 먹고
납족 도라 흔길로 이리로 뷧독 져리로 뷧쳑 뷕독뷕쳑 뷔거를 젹의 웃지마라 져 靑春少年 아히놈들아
우리도 少年적 ᄆᆞ음이 어제론 듯 ᄒᆞ여라.
[靑珍 534 蔓橫淸類, 樂學 979, 時全 1854, 時大 2628]

461
아희드라 남무 가장 뵈잠방이 다님쳐 신들믜공
낫 가라 허리에 ᄎᆞ고 독귀 별여 두려메고 무림山中 드려가셔 마른 셥 삭다리를 뷔거니 버히거니 지게에 우의 질머노코 싀우물 차ᄌᆞ가셔 點心보싀 부수이고 곰방딕쪄러 닙담빅 푸여 물고 코노릭 부르며 잠을 드니
이윽고 夕陽이 ᄌᆡ 넘거늘 엇기를 츄이즈며 긴쇼릭 이아 동모드라 어이 갈고 ᄒᆞ드라.
[홍비부 430, 詩歌 709, 時全 1840, 時大 2630]

462
아희야 ᄆᆞᆯ 鞍裝ᄒᆞ여라 ᄐᆞ고 川獵 가자
술甁 걸제 힝혀 盞이 즐셰라 白首을 훗날니며 여흘여흘 건너 가니
닉 뒤에 ᄯᆞᆫ 소탄 벗님네는 함긔 나가 옵셰 ᄒᆞ더라.
[靑六 756 樂戲調, 樂學 971, 南太 60, 時全 1846, 時大 2635]

463
岳陽樓에 올라안즈 洞庭湖 七百里를 四面으로 둘너 보니
落霞는 與孤鶩齊飛오 秋水는 共長天一色이로다
어즈버 滿江秋興이 數聲漁笛 쑨이로다.
[樂學 838, 蔓數大葉, 海一 595, 時全 1858, 時大 2644, 시여 이씨본 130]

464
顔子의 이란 말숨 舜何人他며 予何人也라 ᄒᆞ시고
公明儀 ᄒᆞᄂᆞᆫ 말이 文王은 我師也라 ᄒᆞ니
이 둘 말숨 三復ᄒᆞ고 景仰高山 ᄒᆞ오리라.
[城西幽稿 申甲俊 제목:慕賢曲[2-2], 時大 5456]

465
압 너나 뒤 너나 中에 소먹기는 아희놈들아
압 너 고기와 뒷 너 고기롤 다 몰속 잡아너 다락기에 너허 쥬어든 네 소 궁둥치헤 걸쳐다가 쥬렴
우리도 밧비 가는 길히오미 傳홀동 말동 ᄒᆞ여라.
[靑六 974, 시가 박씨본 594, 時全 1873, 時大 2664]

466
압논에 오려롤 뷔여 白花酒롤 비져 두고
뒷 東山 松枝箭筒 우희 활 지어 걸고 손죠 구글무지 낙가 움버들레 쎄여 물에 치와 두고
아희야 날 볼 손오셔드란 뒷여흘노 살와라.
[青六 606 언롱, 海一 603 蔓數大葉, 樂學 1032, 時全 1877, 時大 2668]

467
압논에 오려 뷔여 百花酒 빗고
뒷동山 松枝 箭筒 우희 활 지어 걸고 좋ᄒᆞ야 밧 갈니고 보리미 길 드리고 千金駿馬 압픠 미고 釣臺에 고기 낙고 絶代佳人 안ᄌᆞ논듸 五絃琴 빗씨 안고 白雪一曲을 風月노 석거 노니
아마도 悉耳目之所好와 窮心之所樂은 이 쁜인가 ᄒᆞ노라.
[東國 349 界面調, 時大 2669]

468
압 못세 든 고기들아 네와 든다 뉘 너를 몰아다가 엿커를 잡히여 든다
北海淸소 어듸두고 이 못싀 와 든다
들고도 못는 情이야 네오 녀오 다르랴.
[樂學 30 初數大葉, 궁녀, 청가 781, 時全 1879, 時大 2673]

469
若不坐禪 消妄念인ᄃᆡ 直須浸醉 放狂歌라
不然이면 秋月 春風夜에 爭奈尋思 往事何오
每日에 芳罇을 對ᄒᆞ여 暢飮消遣 ᄒᆞ리라.
[靑六 551, 원국 135, 時全 1887, 時大 2689]

470
藥山 東坮 여즈러진 바회 우희 倭躑躅 ᄀᆞᆺ튼 저 내님이
내 눈에 덜 뮙거든 남의 눈에 지나 보랴
ᄉᆡ 만코 쥐 쮠 東山에 오조 ᄀᆞᆺ듯 ᄒᆞ여라.
[樂學 805 三數大葉, 동국 289, 時全 1889, 時大 2690]

471
藥山 東臺 여지러닌 바위 쏫슬 썩어 籌를 노며 無盡無盡 먹ᄉᆞ이다
人生 한번 도라가면 다시 오기 어려워라 勸ᄒᆞᆯ젹에 잡으시요 百年 假使人人壽라도 憂樂을 中分未百年을 勸ᄒᆞᆯ 머듸 잡우시요 羽曰壯士 鴻門樊噲 斗卮酒를 能飮하되 이 슐 ᄒᆞᆫ 잔 못먹엇네
勸ᄒᆞᆯ젹에 잡으시요 勸君更進一杯酒ᄒᆞ니 西出陽關無故人을 勸ᄒᆞᆯ머듸 잡으시오.
[大東 313 勸酒歌, 時全 1888, 時大 2691]

472

藥山 三千里 江上의 닫 들고 돗 달고 킈 나려 노코 淳風 만나 急히 가난 빅야 게 暫 석거라 말무러보자

그 빅 船人 對答ᄒ되 우리 船人은 奉命으로 西天 炌州로 戰船大同 실너 가난 빅오

眞實로 그럴진디는 쌀니 行船ᄒ여라.

[調 詞 66, 時全 1890, 時大 2692]

473

弱水 三千里 거긔둥 써 가는 빅야 게 좀 셕거라 말 무러보자

童男童女 五百人으로 瀛州 三神山의 不死藥 킈라 가는 徐市等의 빅을 보왓는냐

우리도 沙九平臺 爲尊키로 徐市를 苦待.

[樂高 579, 時全 1891, 時大 2693]

474

약슈 삼쳘니의 슌풍 만나 써 건넌 빅넌 게 뉘라 타신 빅야

니 빅넌 동남동여 오빅인 실코 영류 봉니 삼신 산 불사약 킈러 가넌 서씨 타신 빅라

셔씨넌 진나라을 빅반ᄒ고 예왕 되러.

[歌詞 羅孫文庫本 176, 時大 5647, 신자료]

475

陽德 孟山 鐵山 嘉山 ᄂ린 물이 浮碧樓로 감도라 들고

마흐라기 공이소 斗尾 月溪 ᄂ린 물은 濟川亭으로 도라든다

님그려 우는 눈물은 벼갯모흐로 도라든다.

[青珍 498 蔓橫清類, 樂學 896, 時全 1894, 時大 2698]

476

揚淸歌 發皓齒ᄒᆞ니 北方佳人 東隣子로ㅣ로다

且吟白苧呈綠水요 長袖拂面爲君起을 寒雲은 夜掩霜海空이오 胡風이 吹天飄寒鴻이로다

玉顔滿堂 樂未終ᄒᆞ야 館娃에 日落ᄒᆞ고 歌吹濛을 허더라.

[靑六 700 蔓數大葉, 海一 614, 樂學 942, 時全 1897, 時大 2704]

477

陽春이 布德ᄒᆞ니 萬物이 生光輝라

우리 聖主는 萬壽無疆ᄒᆞᄉᆞ 億兆ㅣ願戴己ᄒᆞ고 群賢은 忠孝ᄒᆞ야 愛民至治ᄒᆞ고 老少에 벗님네도 無故無恙커늘 名妓 歌伴期會ᄒᆞ야 細樂을 前導ᄒᆞ고 水陸珍味 五六駄에 金剛山 도라들어 絶對名勝 求景ᄒᆞ고 醉ᄒᆞᆫ 잠이 ᄭᅮᆷ을 ᄭᅮ니 ᄭᅮᆷ에 ᄒᆞᆫ 늙은 즁이 邀我 引導ᄒᆞ야 吳楚東南景과 齊州九點烟을 歷歷히 盤迴ᄒᆞ며 其間의 英雄豪傑들의 ᄌᆞ최를 무를 ᄯᅢ에 夕鐘聲에 ᄭᅵ고거나 朝飯을 지촉ᄒᆞ야 望月 懷陵으로 正菴齋室 霽月光風 水落山寺 玉流川에 塵纓을 씨슨 後에 文殊菴 中興寺에 軟泡杯酒ᄒᆞ고 晴日에 登臨 白雲峰ᄒᆞ니 咫尺 天門을 手可摩ㅣ라 萬里江山 遠近風景이 眠底에 森羅ᄒᆞ야 丈夫의 胸襟에 雲夢을 삼켯는 듯 브른 비 나려 오니 簫鼓는 喧天하야 洞壑이 울히는 듯 山影樓 올라 안ᄌᆞ 花煎에 點心ᄒᆞ고 伽倻ㄱ고 검은고에 가즌 嵇笛 섯겻는듸 南歌女唱으로 終日토록 노니다가 扶王寺 긴 洞口에 軍樂으로 드러간이 左右에 섯는 將丞 分明이 반기는 듯 往來遊客들은 못너 부러 ᄒᆞ돗드라

암아도 壽域春臺에 太平閒民은 우리론가 ᄒᆞ노라.

[海周 563 二數大葉 金壽長, 時全 1898, 時大 2705]

478

어듸야 ᄶᅵᆯᄶᅵᆯ 소 모라 가는 노랑 듸궁이 더벙머리 아희놈아 게 좀 셕거라 말 물러보쟈

져긔 져 건너 웅덩이 속의 지지늬 밤 장마의 고기가 슉굴 만니 모얏기로 죠리 죵다락기에 가득이 담아 집흘 만이 츄려 먹에를 질너 네 쉬 궁둥이에 언져 쥭게 지늬는 歷路에 任의 집 전하여 쥬렴

우리도 四柱八字 奇薄ᄒᆞ여 나무집 무엄 사는 그로 食前이면 쇠물을 허고 나지면 農事를 짓고 밤이면 싁기를 ᄶᅩ고 正밤中이면 言文字나 ᄯᅳ더 보고 한달레 슐 담베 겻들려 數百 番 먹는 몸이기로 傳헐동말동.

[樂高 774, 時全 1908, 時大 2716]

479

어리셕다 安周翁이 엇지 그리 못 든고

功名에 미엿던가 富貴예 얼켜든가 功名은 本非願이요 富貴는 初不親인데 무어세 걸잇겨 못가로셔 六十年 風塵속에 鬢髮만 희게한고 放白鷴於天抹이란 陶淸節의 歸去來요 秋風忽憶松江鱸는 張使君의 歸思로다 오날이야 끼쳐스니 뭇지말고 가리로다 一葉扁舟 흘니 져어 마음디로 떠갈 젹의 身兼妻子都三口요 鶴與琴書共一船을 風飄飄而吹衣하고 舟搖搖而輕颺이라 빗머리에 빗긴 白鷗 가는 길을 引導하고 捩柁 뒤에 부는 바람 돗츨 미러 쌀니 갈제 浩浩蕩蕩하야 胸襟이 灑落하다 五湖예 范蠡舟ㅣ들 시원하기 이만하랴 살가치 닷는 빈가 瞬息이 다 못ᄒᆞ야 한곳즐 다 드르니 桃花源裏人家여늘 杏樹壇邊 漁夫ㅣ로다 빈여 닉려 드러갈 졔 떠거의 夕陽이라 四面을 살펴보니 景槪도 奇異하다 山不高而秀雅 하고 水不深而澄淸이라 萬種桃樹 두른 곳예 三三五五 수문 집이 덧수풀을 의지하야 젼역煙氣 이르혀고 紅紅白白 빗난 옷츤 느즌 안기 무릅쓰고 고언 티도 자랑한다 流水의 떠난 桃花 그 물 밧게 나지 마라 紅塵의 무든 사람 武陵 알가 두리노라 시닉을 因緣하야 졈졈 깁히 드러갈 졔 한편을 발라보니 白雲이 어린 곳예 竹戶荊扉 두세집이 隱覲이 보이난디 門前五柳 드릐엿고 石上三芝 쎄여낫다 문득 갓가이 다다라는 紫扉를 굿이 다다스니 門雖設而尙關이라 志趣도 깁푸시고 다만 보이고 들니는 바는 萬花深處松千尺이요 衆鳥啼時鶴一聲이 半空에 嘹亮하니 이 果然 닉 집이로다

이졔야 離別 업슬 任과 함긔 남은 세上 몃몃 히를 근심 업시 즐기다가 羽化登仙 하오리라. [金玉 176 言編 安玟英, 時全 1914, 時大 2723]

480

어와 게 누옵신고 거넌 佛堂 동녕僧이 내올너니

홀 居士 혼ᄌᆞ 가시ᄂᆞᆫ 방 말독 겻희 내 숑낙 걸나 와습더니

오냐야 걸기ᄂᆞᆫ 거러라커니와ᄂᆞᆫ 훗말 업시 ᄒᆞ여라.

[靑淵 229, 時全 1925, 時大 2741]

481

어와 靑春 少年들아 늘근이 보고 웃지 마소

어제 靑春 오늘 白髮 그 아니 잠간이랴 못 먹을 것 나이로 다 堯舜 禹湯 文武 舟公孔孟 顔曾 程朱子는 도덕이 광천하되 한 번 주검 못 면하고 秦始皇 漢武帝는 위엄 읍서붕하시며 화태와 편작이는 약을 몰나 죽단 말가

말 잘하는 소진 장의 육국왕은 달내 것만 염나왕은 못 달내여 細雨 春風 두견 지성의 슬흔 고혼만 되엇구나.

[잡지 평주본 428, 時大 2760]

482

어우와 누구셔 李白이 죽다 헌고

世人은 이르기를 醉中의 多情ᄒᆞᆫ 半輪 잡ᄌᆞ ᄒᆞ고 投之於水中 ᄒᆞ야 采石江中 魚腹 채워다 ᄒᆞ기를

아마도 醉中의 月色 조ᄎᆞ 長경 타고 飛上天ᄒᆞ여시니 李白之事를 알기는 나 ᄲᅮᆫ인가 ᄒᆞ노라.

[악라 755, 時大 2762]

483

어우와 벗님너야 南蠻을 치러가싀

前營將 左營將에 右營將 後營將이 ᄎᆞ례로 버렷ᄂᆞᆫᄃᆡ 中軍은 任中ᄒᆞ고 千把摠 哨官 旗隊摠은 挨次 隨行ᄒᆞ고 掌一號ᄒᆞ고 鳴金邊이어든 旗幟分立 三行ᄒᆞ고 掌二號ᄒᆞ고 主將이 上馬어든 金은 울이고 朱囉喇叭 太平簫 鉦 鼓 실일이 투둥퉁 괭괭 치셔 님 겨신 ᄃᆡ 勝戰ᄒᆞ고 가싀

그 곳ᄃᆡ 楚霸王 이셔도 更無 굼젹 ᄒᆞ리라.

[樂學 892 蔓橫, 時全 1935, 時大 2763]

484

어우화 벗님네야 錦衣玉食 ᄌᆞ랑 마소

죽어 棺에 들 제 錦衣를 닙으려니 子孫의 祭 바들제 玉食을 먹으려니와 죽어 못 홀 일은 粉壁紗窓 月三更에 고은님 다리고 晝夜에 同處 ᄒᆞ기로다

죽은 後 못 홀 일이니 ᄉᆞ라 아니 ᄒᆞ고 속절 업시 늙으리오.

[靑六 882, 詩歌 641, 청영 538, 악라 798, 時全 1934, 時大 2767]

485

어우화 벗님네야 님의 집에 勝戰 가셰

前營將 後營將에 軍武衛 千旗隊摠과 朱鑼 喇叭 大平嘯 鉦 북을 투둥쿵 치며 님의 집으로 勝戰ᄒᆞ라 가셰

그 겻ᄐᆡ 楚霸王이 안져신들 두리올 줄이 이시랴.

[靑六 695 弄歌, 樂서 476, 청가 580, 時大 2768]

486
어우화 벗님네야 壽夭長短을 恨치 마소
自古로 聖帝明皇과 賢人君子라도 天命을 ㅂ라거놀 우읍다 秦始皇은 採藥童女 못온 前에 沙丘에 魂이 되고 허물며 漢武帝는 神仙을 求하다가 金丹에 病이 들어 漢南에 덥힌 威嚴이 武陵松柏 빗소릭로다
암아도 太平聖代에 無病無憂홀 쎄 醉코 놀싸 ᄒᆞ노라.
[靑謠 73 朴文郁, 時全 1636, 時大 2769]

487
어우하 楚霸王이야 애둛고도 애들애라
力拔山 氣盖世로 仁義를 行ᄒᆞ여 義帝를 아니 주기던들
天下에 沛公이 열 이셔도 束手無策 홀랏다.
[靑珍 487 蔓橫淸類, 樂學 889, 時全 1958, 時大 2770]

488
어이려뇨 어이려뇨 싀어마님아 어이려뇨
쇼대 남진의 밥을 담다가 놋쥬걱 잘을 부르쳐시니 이를 어이ᄒᆞ려뇨 싀어마님아
져 아기 하 걱정 마스라 우리도 져머신제 만히 것거 보왓노라.
[靑珍 478 蔓橫淸類, 樂學 1039, 時全 1960, 時大 2771]

489

어이 못 오던다 므스 일로 못 어던다

너 오ᄂᆞᆫ 길 우희 무쇠로 城을 ᄡᆞ고 城 안에 담 ᄡᆞ고 담 안헤란 집을 짓고 집 안헤란 두지 노코 두지 안헤 樻를 노코 樻 안헤 너를 結縛ᄒᆞ여 노코 雙ᄇᆡ목 외걸새에 龍거북 ᄌᆞ믈쇠로 수기수기 좀갓더냐 네 어이 그리 아니 오던다

ᄒᆞᆫ달이 셜흔 날이여니 날 보라 올 ᄒᆞᆯ리 업스랴.

[靑珍 568 蔓橫淸類, 樂學 1103, 時全 1962, 時大 2772]

490

어이 ᄒᆞ야 못 오드냐 무ᄉᆞᆷ 일노 못 오드냐

잠총급어부에 촉도지난이 가리웟더냐 무ᄉᆞᆷ 일노 못 오드냐

아마도 ᄇᆡᆨ난지즁에 ᄃᆡ인난이 어려웨라.

[南太 131, 시조 심씨본 67, 時全 1963, 時大 2774]

491

어제ᄂᆞᆫ 못 보게도 ᄒᆞ여 못 볼시 的實도 ᄒᆞ다

萬里 가ᄂᆞᆫ 길의 海枯絶息하고 銀河江 건너 北海水 가로지고 風土ㅣ 切甚ᄒᆞᆫᄃᆡ 摩尼山 갈가마괴 太白山 기ᄉᆞᆰ으로 골각골각 우닐면서 ᄎᆞ돌도 바히 못 어더 먹고 굴머 죽은 ᄡᅡ희 내 어듸 가셔 님 ᄎᆞᄌᆞ 보리 아희야 님이 오셔들란 줅여 죽단 말 生心도 말고 쏠쏠이 그리다가 骨슈의 병이 들어 갓과 ᄲᅧ만 걸려 앗장밧삭 건이다가 ᄌᆞ근 쇼마보신 후에 氣韻이 澌盡ᄒᆞ야 임아 우희 손을 언고 ᄒᆞᆫ 다리 취여 들고 되애 掩버서 노운 드시 벌ᄯᅥᆨ 나 뒷쳐졋다가 長嘆一聲에 奄然 命盡ᄒᆞᆯ 졔 죽어 奸魂 的乎ㅣ 되야 님의 몸의 ᄎᆞᆫᄎᆞᆫ 감겨 ᄉᆞᆯ 드리 알히다가

나죵의 부듸 자바 가렷노라 ᄒᆞ드라 ᄒᆞ고 ᄉᆞᆯ와라.

[詩歌 675, 時全 1968, 時大 2778]

492
어제밤도 혼자 곱송그려 식오즘 즈고 지난 밤도 흔자 곱송 그려 식오즘 자닉 어인 놈의 八字ㅣ완딕 晝夜長常 곱송그려 셔 식오즘만 즈노
오늘은 그리던 님 맛나 발을 펴 ᄇ리고 춘츤 휘감아 즐가 ᄒ노라.

[樂學 847 搔聳, 海一 574, 時全 1974, 時大 2784]

493
어제밤 부든 바람 金聲이 腕然하다 고침단금으로 상사몽 훌쳐 깨여 竹窓을 半開하고 막막히 바라보니
萬里 長空에 夏雲은 흣터지고 千年 江山에 찬 기운 어련는대 庭樹에 부든 바람 離恨을 아리는 듯 秋菊에 매친 이슬 別淚를 먹음은 듯
殘柳 南橋에 春鶯은 已歸하고 素月東嶺에 秋猿이 슬피 우니 임 여이고 썩은 간장 하마터면 끈치리라.

[시조 관서본 21-15, 時調 98, 時大 2785]

494
漁村에 落照ᄒ고 水天이 一色인졔
小艇에 그물 싯고 十里沙汀 나려가니 滿江蘆荻에 霞鶩은 셧거 날고 桃花流水에 鱖魚ᄂ 살졋ᄂ듸 柳橋邊에 ᄇ롤 ᄆ고 고기 쥬고 술을 사셔 酩酊케 醉ᄒᆫ 後에 오ᄋ聲 부르며 달을 띄여 도라오니
아ᄆ도 江湖至樂은 이 ᄲᅮᆫ인가 ᄒ노라.

[靑六 668 농, 時全 1984, 時大 2800]

495
어허 절무신네 늘근이 보고 웃덜 마소
어제 청춘 오날 백발 그 아니 잠간이랴 못 먹을 건 나이로다 堯舜禹湯 文武周公 孔孟 顔曾 程朱子는 道德 업서 붕하시며 秦始皇 漢武帝는 威嚴 업서 고혼되며 화태와 편작이는 醫藥 몰라 죽엇스며 말 잘하는 소진 장의 六國 帝王은 달냇것만 閻羅王은 못 달 내고
春風 細雨 杜鵑聲에 일부 靑塚 뿐이로다.
[時調 92, 時大 2802]

496
어화 닉 ᄉ랑이야 너를 두고 어이 가리
春風은 건 듯 부러 白花를 흣날리고 秋月은 皎皎ᄒ여 窓前에 影 지오고 기러기 渡江聲에 ᄎᆷ아 그려 어이 살리
아마도 飛則同飛ᄒ고 止則爲雙ᄒ야 百年同樂 ᄒ오리라.
[詩歌 718, 時全 1928, 時大 2803]

497
어화 世上 벗任네야 富貴 功名 恨을 마소 富貴도 浮雲이요 功名은 風塵이라
非百世 人生으로 求藥하던 秦始皇도 礪山에 一杯 靑冢 되어 잇고 求仙하던 漢武帝도 汾水秋風 悔心萌의 白髮만 휘날녓다 公道라니 白髮이요 못 免할 손 그 길이라
우리 갓흔 草露人生 아니 놀고 무엇 하리.
[時調集 148, 시조 하씨본 82, 時大 2809]

498
言語도 不可不愼 飮食도 不可不節
言語로 文字에 미뤄보고 飮食으로 財祿의 미뤄보라
녯 聖人 頤卦大象이니 우리 先訓 더옥 죠타.
[頤齋亂稿 木州雜歌 28-16 黃胤錫, 時全 1990, 時大 2825]

499
어흠아 긔 뉘옵신고 건넌 佛堂에 動鈴僧이 내올너니
홀居師 홀노 ᄌᆞ시는 방안에 무스 것 ᄒᆞ랴 와겨 오신고
홀居師 내노 감탁이 버셔 거는 말겻틔 내 곡갈 버셔 걸너 왓노라.
[樂學 848, 海一 573, 時全 1985, 時大 2820]

500
언덕 문희여 조븐 길 메오거라 말고 두던이나 문희여 너른 구멍 조피되야
水口門 내ᄃᆞ라 豆毛浦 漢江 露梁 銅雀이 龍山 三浦 여흘목으로 ᄃᆞᆫ니며 ᄂᆞ리 두져먹고 치 두져먹는 되강오리 목이 힝금커라 말고 大牧官 女妓 小各官 쥬탕이 와당탕 내ᄃᆞ라 두손으로 붓잡고 부드드 떠는 이 내 므스 거시나 힝금코라쟈
眞實로 거로곳 홀쟉시면 愛夫ㅣ 될가 ᄒᆞ노라.
[靑珍 574 蔓橫淸類, 樂學 1030, 時全 1987, 時大 2822]

501

얼골 조코 뜻 다라온 년아 밋졍조차 不貞흔 년아

엇더흔 어린 놈을 黃昏에 期約ᄒᆞ고 거즛 믹바다 자고 가란 말이 입으로 ᄎᆞ마 도와 나는

두어라 娼條治葉이 本無定主ᄒᆞ고 蕩子之 探春好花情이 彼我의 一般이라 허믈 ᄒᆞᆯ 줄 이시랴.

[靑珍 550 蔓橫淸類, 樂學 1085, 時全 1994, 時大 2828]

502

얼구 금구 금구 얼구 쥴육 쥰오 사오짝 것구 졍이 밋살 것구 우박 마진 지더미 것구 석쇠 망티 버레 머근 삼닙 것구 연竹즌 자板 것구 下米즌 멍석 것구

大邱監營 진상 오는 쓸병 것치 얼구 勸政殿 鐵網 것치 얼근 즁놈아 세니로 나리자 마라 공지 낙지 낙지 공지 두루쳐 멱이 친친 가물치 살진 뒈미 허리 긴 갈치 눈 큰 쥰치 킈 큰 장디 써마는 송사리 슈마는 곤졍이 항자기 등고분 식우 열읍신 오징어 너를 보구 나를 보구 그물 베리만 여겨 혈혈 뒤여 너머 가는구나

우리도 山中의 잇는 고로 세니를 좃차.

[調 詞 61, 時全 1995, 時大 2829]

503

얽고 검고 킈 큰 구레나릇 그것조차 길고 넙다

쟘지 아니 놈 밤마다 빅에 올라 죠고만 구멍에 큰 연장 너허두고 흘근 할젹ᄒᆞᆯ 제는 愛情은 ᄏᆞ니와 泰山이 덥누로는 듯 잔 放氣 소릐에 졋먹던 힘이 다 쓰이노 믹라

아므나 이 놈을 ᄃᆞ려다가 百年同住ᄒᆞ고 永永 아니온들 어니 개쏠년이 싀앗 새옴 ᄒᆞ리오.

[靑珍 569 蔓橫淸類, 樂學 1101, 時全 1993, 時大 2830]

504
엇쩐 남근 八字 有福ᄒᆞ야 大明殿 大들褓 되고
또 엇던 남근 八字 사오나와 난 番宵鏡 다섯든 番宵鏡 다섯 掌務公事員 合ᄒᆞ야 열두 宵鏡의 都막대 된고
출하로 검온고 술때되야 閣氏네 손에 쥐물려나 볼싸 ᄒᆞ노라.
[海一 544 樂時調, 時全 2007, 時大 2844]

505
엇지ᄒᆞ여 못 오더니 무음 일노 아니 오던다
너 오는 길의 弱水 三千里와 萬里長城 둘너는듸 蠶叢及魚鳧에 蜀道之難이 가리엿더냐 네 어이 그리 아니 오던다
長相思 淚如雨터니 오날이야 만나괘라.
[青六 876, 詩歌 696, 時全 2008, 時大 2845]

506
에굽고 속 헹덩그러 뷘 져 梧桐나모 바름 밧고 서리 마자
몃 百年 늙것던디 오늘날 기다려서 톱다혀 버혀 내여 존자괴 세 대패로 ᄭᅮ며 내여 줄 언즈니
손아래 둥덩둥당 딩당 소릐예 興을 계워 ᄒᆞ노라.
[蓬萊惡府 11 申獻朝, 時全 2009, 時大 2847]

507
礪山 端川 쎡갈나무 입도 새로 속립 나니
쵸마 쓴 졸나 매고 前에 ᄒᆞ든 行實 버리자 하얏드니
밤이면 궁벅국새 우는 소릐에 바릴지 말찌.
[악고 1, 時全 2012, 時大 2852]

508
旅食京華恨未伸에 碧山殘月照幽人이라 昭君玉骨胡成土요 貴妃花容驛路塵이라
綠竹蒼松은 千古節이나 碧桃紅杏一年春이라
光陰이 自是無情物이라 莫惜空閨의 花容頻皁을 ᄒᆞ여.
[靑詠 582 蔓橫, 時全 2013, 時大 2854]

509
歷山에 밧 ᄀᆞ르실ᄉᆡ 百姓이 다 ᄀᆞ을 辭讓ᄒᆞ고
漁雷澤ᄒᆞ실ᄉᆡ 人皆讓居ᄒᆞ고 陶河濱ᄒᆞ실ᄉᆡ 그룻시 기우트지 아녓ᄂᆞ니
天下의 朝覲 訟獄 謳歌者의 ᄇᆞᄅᆞᄂᆞᆫ 聖德을 일노 좃ᄎᆞ 알네라.
[樂學 866 權德重, 時全 2016, 時大 2858]

510
연롱흔슈 월롱사ᄒᆞ니 야박진회 근쥬가를
상녀는 부지방국흔 ᄒᆞ고 격강유창 후정화를
아희야 오화마쳔 금구로 환비쥬후야 여군동취.
[南太 179, 시가 박씨본 548, 악서 8, 時全 2023, 時大 286]

511

靈明不測 이내 ᄆᆞ암 出入無時 이내 ᄆᆞ음
毫釐간 千里萬里오 須臾間 千古萬古ㅣ러라
아마도 輕輕히 照管ᄒᆞ고 略略히 存在ᄒᆞ여 敬字 닛지 마오려니.
[頤齋亂稿 黃胤錫, 時全 2038, 時大 2884]

512

예부터 이르기를 天地之間 萬物之中에 唯人이 最貴라 하엿스니 멀고 하여 最貴인고 三綱五倫을 알음이라
父爲子綱 君爲臣綱 夫爲婦綱이 三綱이요 父子有親 君臣有義 夫婦有別 長幼有序 朋友有信이 五倫이라
人性은 天性之品이요 仁義禮智는 人性之綱이니 五常之道 모를진대 有毛之獸를 면할손가.
[雜誌 424, 時大 2896]

513

禮儀東方 죠탄 말을 듯고 만이 쇽 다 바리고 일죠에 들어오니
三綱 五常도 발견니와 衣冠 文物도 가츌시고
生逢堯舜 ᄒᆞ여시니 강구烟月 同樂太平홀가 ᄒᆞ노라.
[慕夏堂實記 5 金忠善, 時大 2894]

514

禮義 文物 탐을 ᄂᆡ여 至親骨肉 다 버리고

萬里 殊方의 워로이 쩐져 이셔 이 ᄂᆡ

平生의 부모 墳山을 다시 볼 길리 업서 글노 설허 ᄒᆞ노라.

[慕夏堂實記 6 又懷 金忠善, 時大 2895]

515

오ᄂᆞᆯ 혜여보니 이 내 몸의 永席日이

劬勞生我ᄒᆞ샤 辛勸養育ᄒᆞ신 父母恩惠을 생각ᄒᆞ니 더욱 셜다

언의 제 地下의 드러가 다시 侍側 ᄒᆞ려뇨.

[龍潭錄 34-16 金啓, 時大 2904]

516

오늘놀도 하 심심키로 죽창 열싸리고 遠近山川을 바라를 보니 봄드럿고나 봄드럿고나 저 남산에 봄이 드럿구나

누른 것은 꾀꼴이요 푸른 것은 버들이라 黃金갓흔 꾀꼴싀는 황금갑옷을 써덜쳐 입고 楊柳間으로 往來를 하고 白雪갓흔 흰 나븨는 素服단장을 써덜쳐 입고 꼿을 보구서 반긔는데 靑天白日에 쓴 기럭기는 소상강수로 날아를 드는데

우리 연연ᄒᆞ고 틀틀ᄒᆞᆫ 친구는 어ᄂᆞ 방촌으로 돌아를 가시고 요ᄂᆡ 일신 어루만져 줄 쥴을 모른단 말이가.

[樂高 910, 時全 2051, 時大 2906]

517
오날도 聖恩이요 닉일도 聖恩이라
百年 三萬六千日이 날날마다 聖恩이라
아마도 向國 一片丹心은 흰 날이 天中에 둘련는가 ᄒᆞ로라.
[無極集 梁柱翊, 感聖恩歌 5-2, 時全 2053, 時大 2909]

518
오ᄂᆞᆯ도 져무러지게 져믈면은 새리로다
새면 이 님 가리로다 가면 못 보려니 못 보면 그리려니 그리면 病들려니 病곳 들면 못 살리로다
病드러 못 살줄 알면 자고 간들 엇더리.
[靑珍 506 蔓橫淸類, 樂學 1070, 南太 130, 時全 2054, 時大 2910]

519
오ᄂᆞᆯ이 무슨 날고 할마님 生日이라
五十年 同住ᄒᆞ야 子孫이 滿堂ᄒᆞ니 우리 根源 엇더ᄒᆞᆫ고
來年도 이 날이 오나든 다시 놀냐 ᄒᆞ노라.
[龍潭錄 27 金啓, 時大 2918]

520
오날 젼역의 임니 오시마 ᄒᆞ기로 젼역인지만지 일즉암치 지여 먹고
혓튼 머리 거더 언고 천방지축 나가보니 임은 정영 간 곳 업고 거연 칠월 열사흔날 벽겨신 삼ᄯᅥ 바연니 날 소긴다
지금의 밤 안이고 낫 갓틀 양이면 남 우세할 번.
[歌詞 羅孫文庫本 178, 時大 5659, 신자료]

521

오늘밤 風雨를 그 丁寧 아랏던 덜 ᄃᆡ사립짝을 곱거러 단단 ᄆᆡ엿슬 거슬
비라밤의 불니여 왜각지걱하난 소리여 항연아 오ᄂᆞᆫ 양하야 窓밀고 나셔 보니
月沈沈 雨絲絲한데 風習習 人寂寂 하더라.

[金玉 179 編時調 安玟英, 해악 641, 時全 2056, 時大 2924]

522

오다가나 오동나무요 십리 절반에 오리목나무

님의 손목은 쥐염나무 하ᄂᆞᆯ 즁천에 구름나무열아홉에 스무나무 서른 아홉에 ᄉᆞ세나무 아흔 아홉에 ᄇᆡᆨ자나무 물에 둥둥 쑥나무 월츌동쳔에 쩰쨍나무 ᄃᆞᆯ 가온ᄃᆡ 계수나무 옥독긔로 찍어내여 금독긔로 겻다듬어 삼각산 뎨일봉에 수간 초옥을 지어 놋코 ᄒᆞᆫ간에ᄂᆞᆫ 금녀 두고 ᄒᆞᆫ간에ᄂᆞᆫ 션녀 두고 ᄯᅩ ᄒᆞᆫ간에ᄂᆞᆫ 옥녀 두고 션녀 옥녀를 잠드리고 금녀방에를 드러가니 장긔판 바둑판 쌍륙판 다 노엿고나 쌍륙 바둑은 져레ᄒᆞ고 장긔 ᄒᆞᆫ 체 버릴적에 한나라 한ᄌᆞ로 ᄒᆞᆫᄑᆡ공 삼고 촛나라 쵸ᄌᆞ로 초ᄑᆡ왕 삼고 수레나 차ᄌᆞ로 관운장 삼고 콧기리 상ᄌᆞ로 ᄌᆞ룡 삼고 말마ᄌᆞ로 마툐을 삼고 선ᄇᆡᄉᆞᄌᆞ로 모ᄉᆞ들 ᄉᆞᆷ고 쑤리 포ᄌᆞ로 녀포를 ᄉᆞᆷ고 좌병졸노다리 놋코

이 포 져 포가 넘나들 적에 십만대병이 츈셜이로고나.

[樂高 896, 時全 2066, 時大 2927]

523

오ᄅᆞ리 므슨 랄고 父主의 永度日이
내 술을 ᄒᆞᆫ 잔 브어 父主씌 進呈ᄒᆞ고 父主 술 ᄒᆞᆫ 잔 브어 座首主씌 進呈ᄒᆞ야
歲歲 年年의 ᄒᆞᆫ 잔식 進呈ᄒᆞ오리이다.

[龍潭錄 34-31 金啓, 時大 2934]

524
오롤랄이 므슨 랄고 우리 叔父 永度日이
子孫이 滿堂ᄒᆞ야 壽觴을 다 모다 드리노니 즐거옴은 ᄀᆞ업소ᄃᆡ 다ᄆᆞᆫ당
이몸은 家君이 作客 十里ᄒᆞ야 이 랄애 몯 參與니 긔 흠인가 ᄒᆞ로이다.

[龍潭錄 34-30 金啓, 時大 2935]

525
오려 논에 물 시러 노코 고소ᄃᆡ에 올ᄂᆞ 보니
나 심은 오됴 팟헤 ᄉᆡ 안져스니 아희야 네 말녀 쥬렴
아모리 우여라 날려도 감도라 듬네.

[南太 41, 時全 2074, 時大 2938]

526
오리나무란 거슨 십리 밧게 세셔도 오리나무요 고향목이라 ᄒᆞ는거슨 타관에 세셔도 고향나무요
숫셤이라 ᄒᆞ는 거슨 져무도록 잇다가도 숫셤이로고나 북이라 ᄒᆞ는 거슨 동서ᄉᆞ방에 걸녀서도 북이오 새장고라 하는 거슨 억만년 묵어서도 새장고로고나 산진인가 슈진인가 ᄒᆡ동쳥 별보라미가 노각 단장에 짓샹모 달고 흑운 심쳔에 놉히 ᄯᅧ 돌적에 엇던 남녀친구가 솔갱이로 본단말가
ᄉᆡᆼ각ᄒᆞ면은 몸쌍이 삼으라 와서 못살갓네.

[樂高 909, 時全 2077, 時大 2941]

527

五十載 님의 恩澤 骨髓에 삼ᄋᆞᆺ쳣네

赤子갓치 保育ᄒᆞ신 山海聖德을 萬分之一이나 갑고쟈 아니ᄒᆞ랴만은 이몸이 微賤ᄒᆞ여 獻芹之誠도 말ᄉᆞᆷ을 곳이 업셔 華封人祝聖辭만 晝夜에 외올 ᄲᅮᆫ이로다

蒼天이 이 ᄠᅳᆺ을 아르셔 우리 ᄆᆞ리컬을 寸寸히 니어 니여 繫柳光陰 ᄒᆞ오쇼셔.

[東國 360 界面調, 時全 2083, 時大 2950]

528

烏程酒 八珍味를 먹은들 술로 가랴

玉漏金屛 깁흔 밤의 元央枕 翡翠衾도 님 업쓰면 거즉 ᄶᅥ시로다

져 님아 헌덕썩 집벽개예 草食을 홀찌라도 離別 곳 업씨면 그 願인가 ᄒᆞ노라.

[靑謠 71 朴文郁, 時全 2087, 時大 2957]

529

오호로 도라드니 범녀는 간 곳 업고

빅빈주 갈메기는 홍노로 나라들 졔 슴샹의 기러기 ᄒᆞᆫ 수 나려 심양강 당도ᄒᆞ니 빅락천 일거 후에 피파셩도 끈허졋다 적벽강 도라드니 소동파 노든 풍월 의구히 잇다마는 죠밍덕 일셰지후의 이금이 안지ᄌᆞ야 월낙오졔 깁흔 밤의 고소셩의 비를 ᄆᆡ니 ᄒᆞᆫ산ᄉᆞ 쇠북소리 긱션의 둥둥 드리왓다

진회를 도라보니 연롱한수월용ᄒᆞ의 야빅진회근주가라 상여는 부지망국한ᄒᆞ고 경강유창 후정화라.

[詩謠 108, 時全 2092, 時大 2962]

530
玉 도최 돌도최 니 무되든지 月中桂樹ㅣ 나남기니 시워도다
廣寒殿 뒷 뫼헤 잔다 복솔 셔리여든 아니 어득 져뭇ᄒᆞ랴
져 달이 김뮈곳 업스면 님이신가 ᄒᆞ노라.
[靑六 964 蔓數大葉, 海一 582, 樂學 854, 時全 2096, 時大 2968]

531
玉독긔 들게 가라 月中 桂樹 버여 내야
山之南 水之北에 草堂 三間 지어ᄂᆡ니 ᄒᆞᆫ 間은 淸風이오 ᄯᅩ ᄒᆞᆫ 間은 明月이라
아마도 淸風明月之主는 나 ᄲᅮᆫ인가.
[慶大본 時調集 36, 時大 2969]

532
玉露凋傷楓樹林ᄒᆞ니 巫山巫峽 氣蕭森을
江間 波浪은 兼天湧이오 塞上 風雲 接地陰을 叢菊 兩開他日淚ㅣ여늘 孤舟 一繫을 故園心이로다
寒衣處處 催刀尺ᄒᆞ니 白帝城高 急暮砧을 ᄒᆞ더라.
[靑六 704 蔓數大葉, 海一 619, 時全 2100, 時大 2973]

533
玉樓 紗窓 花柳中의 白馬金鞭 少年들아
긴 노릐 七絃琴과 笛필이 長鼓琴 알고 져리 즑기나냐 모르고 즑기나냐 調音禮法을 날다려 뭇게 되면 玄妙ᄒᆞᆫ 문리를 낫낫치 니르리라
우리는 百年 三萬六千日의 이갓치 밤낫 즑기리라.
[海樂 643 編數大葉 金允錫, 時全 2101, 時大 2974]

534
玉髮 紅顔 第一色아 너는 눌을 보아이고
明日 黃昏 風流郞아 나는 너를 아랏노라
草臺에 雲雨會ᄒᆞ니 路柳墻花를 것거 볼가 ᄒᆞ노라.
[樂學 1098 편삭대엽, 청가 695, 時全 2105, 時大 2982]

535
玉의는 틔나 잇지 말곳ᄒᆞ면 다 書房인가
니 안 뒤여 남 못 뵈고 天地間의 이런 담담ᄒᆞᆫ 일니 ᄯᅩ 어듸 잇노
열놈이 百 말을 ᄒᆞᆯ지라도 님이 짐작 ᄒᆞ시소.
[靑六 836 樂時調, 樂學 1029, 시요 592, 時全 2113, 時大 2988]

536
臥龍岡前 草廬之中의 諸葛孔明 낫잠 드니
大夢을 誰先覺인고 平生에 我自知라 草堂 春睡足이오 窓外에 日遲遲로다
門밧긔 性急ᄒᆞᆫ 張翼德은 失禮ᄒᆞᆯ가 ᄒᆞ노라.
[靑六 744 二數大葉 金壽長, 海周 534, 時全 2130, 時大 3011]

537
完山裏 도라드러 萬頃臺에 올라 보니
三韓 古都에 一春光景이라 錦袍羅裙과 酒肴 爛漫ᄒᆞᆫ듸 白雪歌 ᄒᆞᆫ 曲調를 管絃에 섯거내니
丈夫의 逆旅豪遊 名區壯觀이 오늘인가 ᄒᆞ노라.
[청진 529 蔓橫淸類, 樂學 921, 時全 2133, 時大 3015]

538

浣花流水 水西頭ᄒᆞ듸 主人이 爲卜林堂幽ㅣ로다

已知出郭少塵事요 更有澄江消客愁ㅣ로다 無數蜻蜓은 齊上下요 一雙鸂鶒은 對沈浮라

東行萬里에 堪乘興ᄒᆞ야 須向山陰훌여 上小舟 ᄒᆞ리라.

[海一 621 蔓數大葉, 時全 2134, 時大 3016]

539

왕거뮈 덕거뮈들아 진지 東山 진거뮈 납거뮈들아

줄을 느루느니 摩天嶺 摩雲嶺 孔德山 나린 뫼로 멍덕 海龍山 鎭川 고ᄀᆡ 넘어 드러 三水ㅣ라 甲山 楚界 東山으로 너너 긴 줄 느러쥬면

前前에 그리던 님의 消息을 네 줄노 連信ᄒᆞ리라.

[靑六 694 蔓數大葉, 海一 633, 樂學 946, 時全 2136, 時大 3018]

540

王勃의 滕王閣序 天下名作이라 허것마는

三尺微命 네 글짜가 凄凉할뿐 短命句라 一日傾튼 李謫仙도 采石江에 玩月ᄒᆞ고 杜牧之는 醉過楊州橘滿車라

아마도 글ᄒᆞ고 豪華키는 李杜文章인가.

[南太 95, 時調 50, 時全 2137, 時大 3020]

541

王濬樓船下益州 ᄒᆞ니 千古英雄 快豁事ㅣ라

平吳할 큰 계교를 몃히를 經營ᄒᆞᆫ디 龍驤 萬斛을 오늘날 닐워 내여 錦帆을 놉히 돌고 長風의 흘리 노화 舵樓 놉흔 곳에 큰 칼 집고 안자시니 ᄒᆞᆫ 조각 石頭城을 頃刻間에 파 ᄒᆞ려든

우읍다 三山老將은 비도로라 ᄒᆞᄂᆞ니.

[蓬萊惡府 24 申獻朝, 時全 2141, 時大 3024]

542

외오셔 그리ᄂᆞᆫ 님을 ᄭᅮᆷ의나 보려ᄒᆞ고

鴛鴦枕 지혀 누어 슈후좀 겨오들 제 蟋蟀은 슬피 우러 愁心 바아ᄂᆞᆫ디 秋風落葉 너ᄂᆞᆫ 어니 ᄭᅵ를 마ᄌᆞ ᄌᆞ치ᄂᆞ니

아마도 이 님의 相思로 一寸肝腸이 다 셕을가 ᄒᆞ노라.

[慶大본 時調集 197, 時大 3027]

543

瑤池宴 求景次로 白玉樓上 올라보니 仙官 仙女 모였는대 神仙 風流 조흘시고 層層樓上 올라보니 月宮姮娥 半笑로다

滿盤 眞差 벌렸는데 象牙箸로 맛을 보니 不老草로 菜蔬하고 龍頭山적 鳳味蕩과 甘紅露 千日酒면 不死藥이 安酒로다

牽牛織女 차자가니 河東 河西 나누어서 七月七夕夜에 烏鵲으로 다리 녹코 서로 마난 질기더라.

[시조 관서본 21-20, 時調 103, 時大 3045]

544
용갓치 셜셜 긔는 말게 반부담ᄒᆞ야 닉 사랑 틱고
산 너머 머굴 움밧게 쮕산양 히라 갈졔 칰치며 들쳐 보니 쪠굴움 속의 반달이로고나
언졔나 져 굴움 다 보닉고 왼달 볼싸.
[南太 57, 時調 32, 時全 2163, 時大 3054]

545
龍樓에 祥雲이요 鳳閣에 瑞靄ㅣ로다
甘雨는 太液에 듯고 和風은 御柳에 둘닌져
美哉라 祥雲瑞靄와 甘雨和風은 聖世子의 時節인져.
[金玉 88 三數大葉 安玟英, 時全 2167, 時大 3055]

546
右謹陳 所志矣段은 上帝分 ᄒᆞ오쇼셔
酒泉이 無主ᄒᆞ여 久遠陳荒爲有去乎 鑑當情由 敎是後에 矣身處許給事를 立旨成爲白只爲 上帝 題辭內에 所訴知愁爲有在果 劉伶李白段置折授不得爲有去等
況彌天下公物이라 擅恣安徐向事.
[청진 558 蔓橫淸類, 樂學 928, 時全 2175, 時大 3066]

547
우슬 부슬 雨滿空이오 울긋 불긋 楓葉紅이로다
다리 거든 簑笠翁이 긴 호뮈 두러 메고 紅蓼岸 白蘋洲渚에 與白鷗로 구벅 구벅
夕陽中騎牛笛童이 頌農功을 ᄒᆞ더라.
[靑六 796 우악시조, 청영 575, 동국 390, 時全 2192, 時大 3092]

548
우어라 니샌듸를 보ᄌ 씀기여라 누씨를 보ᄌ
안거라 보ᄌ 서거라 보ᄌ 百萬嬌態를 다 ᄒ여라 보ᄌ 날 괴얌즉 ᄒᆫ가 보ᄌ
네 부모 너 삼겨 닉올 제 날만 괴라 삼기도다.

[시조보 273, 時大 3096]

549
偶然이 蠶頭에 올나 漢陽 城內를 구버보니
인왕 삼각은 虎踞龍蟠勢로 北極을 괴야 잇고 漢江 終南은 與天地無窮이라
지금의 우리도 聖君 만나 安過 泰平.

[時調 45, 조 및 사 45?, 시쳘가 8, 時全 2197, 時大 3098]

550
偶然이 興을 계워 시닉로 나려 가니
水流上魚躍도 됴커니와 層巖絶壁에 長松이 더옥 됴타
그 곳에 반기리 업시니 다만 杜鵑花ᆫ가 ᄒ노라.

[靑六 489 二數大葉, 시쳘가 10, 靈山歌 25. 時全 2199, 時大 3101]

551
우염은 ᄒᆫ샹 제갈량이요 담냑은 오후 손백부라
규방유신은 주문왕지 성덕이요 척셔위정 공밍지 교훈이라
아마도 간긔 영웅은 국틱공이신가.

[詩謠 122, 時全 2200, 時大 3103]

552

雲車를 머무르고 芳草岸에 긔여 올나 긴 ᄑᆞ롬 ᄒᆞᆫ마다ㅣ로 胸海를 넓인 後의

다시금 淸流邊의 詩를 읇고 盞 날닐졔 불근 꼿 푸른 닙흔 山形을 그림ᄒᆞ고 우는 식닷는 麋鹿 春興을 자랑ᄒᆞᆫ다 嘹喨ᄒᆞᆫ 가는 소릐 香風에 무더 날고 狼籍ᄒᆞᆫ 風樂소릐 行雲에 셧겨 간다

俄已오 石逕隱隱 좁분 길노 緇衣白秋들의 ᄎᆞ례로 늘어 오며 合掌拜禮 ᄒᆞ더라.

[海樂 639 編數大葉, 時全 2203, 時大 3109]

553

웃는 양은 니빠디도 죠코 흘긔는 양은 눈찌도 더옥 곱다

안거라 셔거라 것거라 닷거라 온갖 嬌態를 다 ᄒᆞ여라 허허허 내 思郎 되리로다

네 父母 너 삼겨 낼제 날만 괴게 숨겻도다.

[海一 527 樂時調, 시가 박씨본 701, 時全 2212, 時大 3119]

554

轅門에 月黑ᄒᆞ니 愁雲이 寂寞可憐타 楚覇王은 천하를 일탄말가 力拔山도 쓸데 없고 氣蓋世도 할 일 없이 칼집고 일어스니 四面이 楚歌로다

虞兮우혜 奈若何오 時不利兮追不逝라 三步에 주저ᄒᆞ고 五步에 涕泣ᄒᆞ니 心神도 산난하다 평생에 뜻하기를 金鼓를 울리면서 還歸故國하잿더니

不遇에 敗亡하니 天之亡我요 非傳之罪로다 무삼 면목으로 吳江를 다시 건너 江東父老를 對面하리.

[시조 관서본 21-3, 時調集 143]

555
遠離別 古有皇英二女ᄒᆞ니 乃在洞庭之南 瀟湘之浦ㅣ로다
海水ㅣ直下萬里深ᄒᆞ니 誰人이 不怨此離苦오
日慘慘兮여 雲冥冥ᄒᆞ니 猩猩啼烟兮여 鬼嘯雨를 ᄒᆞ더라.
[青六 764 界面樂時調, 원국 552, 時全 2215, 時大 3124]

556
寃鳥되야 帝宮의 나니 孤身隻影이 碧山中이라
暇眠夜夜 眠無暇요 窮恨年年 恨無窮을 聲斷曉岑殘月白이요 血淚春谷落花紅이로다
至今에 天聾尙未聞哀訴하고 何乃愁人耳獨聽고 하노라.
[金玉 153 界樂 安玟英, 時全 2218, 時大 3121]

557
源川이 渾渾ᄒᆞ야 晝夜에 不舍ᄒᆞ거니
松竹이 蒼蒼ᄒᆞ야 萬古에 長青ᄒᆞ거니
우리도 乾坤中 一身이라 一身中에도 一乾坤이 이실작시면 萬古長青 못ᄒᆞᆯ손가.
[城西幽稿 10 申甲俊 題目:慕賢曲[3-3], 時大 5673, 신자료]

558

月宮에 노던 姮娥 廣漢殿을 離別ᄒᆞ고 人間에 適降ᄒᆞ니 하올 일이 전혀 없다

玉欄干에 베틀 노코 轅山을 ᄭᅮ며시니 가로세 질은 양은 黃龍이 赴走ᄒᆞᆫ 듯 안질ᄭᅴ 도도 노코 그 우희 안즌 냥은 漢太祖 高黃帝가 南宮에 坐椅한 듯 말코를 다아지며 허리부테 두른 양은 軒轅氏 비로실 제 北斗七星 에두른 듯 듀듀리 섯ᄂᆞᆫ 잉아 묵특에 十萬精兵 白登七日 에워ᄂᆞᆫ 듯 丁丁ᄒᆞᆫ 바듸집은 벽역을 울여세라 가는 바듸살은 슈만은 베오리을 세세히 가렷넌 양 楚伯王이 長劍 집고 轅門이 나갈 젹에 萬軍이 허닷는 듯 纖纖玉手로 黃金북을 左右로 ᄡᅳᆷ이넌 냥은 三四月垂楊裡매에 黃鳥에 往來로다 에굽은 쵀활은 南海水 무지ᄀᆡ가 北海의 ᄉᆞ무친 듯 左右의 저질ᄀᆡ는 白鶴이 넘노ᄂᆞᆫ 듯 외로운 눌임ᄃᆡ는 姜太公에 낙시ᄃᆡ가 渭水에 드리온 듯 우격비격 용頭머리 새벽달 찬바람의 외기러기 소릐로다 도토마리 뒤치넌 양은 雙龍이 뒤눕ᄂᆞᆫ 듯 ᄲᅦ양ᄃᆡ 던넌 양은 楚漢이 相戰時에 矢石이 허든는 듯 휘츄리 ᄭᅳᆫ을 매야 ᄶᅥᆯ신을 매단 양은 秦王 子嬰 목을 매야 垤道에 ᄯᅡᆯ엿난 듯 ᄒᆞ로밤에 다 ᄶᅡᆫ니니 一百 五十一尺이라 八尺劍으로 ᄯᅳ너 ᄂᆡ야 일邊으로 슈를 노니 銀河水 믈결 속의 瑤池燕 그려 ᄂᆞ니 前生이 歷歷ᄒᆞ다 蟠桃ᄒᆞ나 盜賊ᄒᆞ야 누긔를 듀엇던고

이 ᄂᆡ 신세 그려 내야 玉皇게 밧쳐시면 이 구양를 풀일가 ᄒᆞ노라.

[慶大本 時調集 337, 時大 3130]

559
월무족이 보쳔리요 풍무슈이 요슈로다
동정의 걸닌 돌은 동정을 응ᄒᆞ여 월락함디ᄒᆞ여 셔산에 지고 손 업슨 모진 광풍은만슈 장림을 뒤흐드ᄂᆞᆫ ᄃᆡ 우리 연연ᄒᆞ고 살틀ᄒᆞ고 야 속ᄒᆞᆫ 님은 셰류ᄀᆞ치 가은 셤셤옥슈가 잇것만은 듀소로 이내 편신 어러질쥴 모로노
님으로 ᄒᆞ여 지난 눈물이 대동강 위턱에 빅은탄이 되리로다.
[樂高 903, 時全 2223, 時大 3135]

560
月一片 燈三更인제 나간 님을 헤야ᄒᆞ니
靑樓酒肆에 싀님을 거러 두고 不勝蕩情ᄒᆞ여 花間陌上春將晩이오 走馬鬪鷄猶未還이라
三時出望 無消息ᄒᆞ니 盡日欄頭에 空斷腸을 ᄒᆞ혀라.

[靑六 654時全 2226, 時大 3138]

561
月態花容 고흔 ᄐᆡ도 七寶 단장 아미를 나직ᄒᆞ고 玉빈紅顔 양귀 밋테 구실 갓탄 눈물리 綠衣紅裳 다 젹시며 체읍 良久에 하던 마리
신쳡이 폐하를 모시고 장의 同行ᄒᆞ와 平生을 依託ᄒᆞ고 厚恩을 입어 天下大○을 바라옵더니 國運이 不幸ᄒᆞ여 千里戰場 흠ᄒᆞᆫ 곳의 無情히 바일진ᄃᆡ
靑春 少妾 요요단신이 뉘를 위ᄒᆞ여 保全할가.
[時調 104, 時大 3142]

562
月下에 任 生覺ᄒᆞ되 任의 消息 바히 업ᄂᆡ
四更 ᄃᆞᆰ 우름 울고 瀟湘洞庭 외기러기ᄂᆞᆫ ᄃᆞᆯ을 보고 ᄒᆞᆫ 번 길게 우난고나
언제나 그리던 任만나 왼밤 잘고 ᄒᆞ노라.
[靑六 840 言樂, 時全 2230, 時大 3145]

563
月黃昏 계여 간 날에 定處 업시 나간 님이
白馬金鞭으로 어듸가 ᄃᆞᆫ니다가 酒色에 ᄌᆞᆷ기여 도라올 줄 니젓ᄂᆞᆫ고
獨守空房ᄒᆞ여 長相思淚如雨에 轉輾不寐 ᄒᆞ노라.
[靑珍 475 蔓橫淸類, 樂學 884, 時全 2232, 時大 3147]

564
웨와쓴나 웨와쓴나 나 홀노 자는 방에 웨 와쓴나
오기ᄂᆞᆫ 와거이와 자최 업시 잘 단녀 가오
갓독에 말 만코 탈마는 집안에 모다 깃녕날까.
[南太 186, 時調 94, 時全 2234, 時大 3149]

565

위ᄃᆡ 밍고잉 다섯 아레ᄃᆡ 밍공이 다섯 景慕宮 압 연못세 잇는 밍공이 하나 쑥 ᄯᅡ 물 ᄯᅧ 두루쳐 이구 수은 장수 허는 밍공이 다섯 三淸洞 밍공이 六月 소낙이의 죽은 어린ᄋᆡ 나막신쟉 하나 으더 타고 가진 풍유하고 서뉴하ᄂᆞᆫ 밍공이 사섯 四五 二十 시무 밍공이 慕華館盤松里 李周明네 집 마당가의 포김포김 모이더니 밋테 밍공이 아구 무겁다 밍공 허니 윗 밍공이는 뭣시 무거유냐 장간 차마라 쟉갑시럽다 군말된다 허구 밍공 그 중에 어느 놈이 상시럽구 밍난시러운 수밍공이냐

綠水靑山 깁흔 물의 白首風塵 흣날리구 孫子 밍공이 무릅헤 안치구 저리 가거라 뒤 ᄐᆡ를 보자 이리 오느라 압ᄐᆡ를 보자 짝짝궁 도리도리 질나ᄅᆡ비 훨훨 ᄌᆡ롱 부리는 밍공이 슈밍공루 이러더니

崇禮門 박 썩 ᄂᆡ다러 七ᄑᆡ 八ᄑᆡ 靑ᄑᆡ ᄇᆡ다리 쪽제굴 네거리 里門洞 四거리 七ᄑᆡ ᄇᆡ다리 둘 첫셋 넷 다섯 여섯 일굽 여덜 아홉 널ᄌᆡ 마나리 논의 방구 통 쒸구 눈물 쐬 죄죄 흘니구 오좀 질금 싸구 노랑 머리 복쥐여 틋구 엄지 장가락의 된가ᄅᆡ침 ᄇᆡ터 들구 두 다리 ᄯᅩ고 겁흑헌 방축 밋테 남 알가 용 올리는 밍공이 슈밍공이인가.

[調 및 詞 62, 時全 2235, 時大 3150]

566

衛武公 戒抑詩 九十五歲 안이런가
孔夫子 이란 말숨 死而後已矣니라
우리ᄂᆞᆫ 太倉의 稊米로셔 塵에 자든 잠을 이ᄌᆡ야 ᄭᅢ여쓴들 엇지할고.

[城西幽稿 3 申甲俊 제목:願學曲3-3, 時大 5470]

567
위엽은 상셜 갓고 졀기는 여산이라
가좁도 가기 슬코 아니 가기 어려외라
ᄎᆞ라리 회슈 락동강 ᄎᆔ벽ᄒᆞᆫ듸 이몸이 죽어져 몸이나 편케.
[樂高 82, 時全 2242, 時大 3157]

568
爲祖爲父ᄒᆞ야 水火中읜 들건 지을 좁좁코 ᄉᆡᆼ각ᄒᆞ니
五十八年을 不計晴雨ᄒᆞ고 長揖官門 ᄒᆞ여시니
世上의 非理好訟者ᄂᆞᆫ 날 ᄲᅮᆫ이라 ᄒᆞᄂᆞ다.
[淸溪歌詞 40 姜復中, 爲祖爲父慷慨歌 2 時全 2245, 時大 3160]

569
琉璃鍾 琥珀濃에 小槽酒滴 眞珠紅이라
烹龍炰鳳玉脂泣이오 羅幃繡幕 圍香風을 吹龍笛 擊鼉鼓에 皓齒歌細腰舞ㅣ라 況是靑春日將暮ᄒᆞ니 桃花ㅣ亂落 如紅雨ㅣ로다
五花馬 千金裘로 呼兒將出 煥美酒롤 ᄒᆞ여라.
[靑六 803 羽樂時調, 원국 578, 時全 2249, 時大 3165]

570
有馬有金 兼有酒홀지 素非親叔 强爲親이러니
一朝에 馬死黃金盡ᄒᆞ니 親戚이 還爲路上人이로다
엇더타 世上 人事는 나눌 달라 가ᄂᆞ니.
[樂學 905 蔓横, 시가 박씨본 219, 時全 2250, 時大 3166]

571
육십년을 다 디낸 후에 ᄯᅩ 두 ᄒᆡ를 지내엿더니
오늘날 봄을 보니 ᄯᅩ ᄒᆞᆫ ᄒᆡ ᄯᅩ 오도다
ᄆᆡ일에 ᄯᅩ ᄒᆞᆫ ᄒᆡ ᄯᅩ ᄒᆞᆫ ᄒᆡ ᄒᆞ면 천백년에 니ᄅᆞ리로다.
[葛峰先生遺墨 26 金得硏, 時大 3184]

572
六月 羊裘 져 漁翁아 낙근 고기 換酒ᄒᆞ세
取適이요 非取魚ㅣ라를든 낙시 드리우고
西山에 ᄒᆡ 져물러가지거든 碧江月을 싯고 놀녀 ᄒᆞ노라.
[金玉 94 三數大葉 安玟英, 時全 2260, 時大 3187]

573
六洲五洋에 探險隊가 아즉도 發見 못한 武陵桃源 朱陣村이 世上天下에 어듸메뇨
三千年 開花 三千年 結實하는 崑崙山 瑤池 蟠桃園인가 金鷄啼罷日輪紅하는 都桃樹下인가 거긔도 아니오 劉關張 三人이 烏牛白馬로 祭天結義하시든 桃園이 그곳인가 玉洞桃花 萬樹春이 거긔인가 前度劉郎 今又來한 玄都觀이 거긔런가
至今에 春水方生하고 片片紅桃 둥둥 떠 흘너 오는 紫霞洞天에 가무러 보소.
[樂高 927, 時全 2261, 時大 3188]

574
義理 알기 어렵다 ᄒᆞ니 良知 良能 뉘 업스리
절로 아는 義理 推明ᄒᆞ면 모ᄅᆞ던 義理 漸漸 ᄲᅵ리
엇지타 私慾 마글 줄 모ᄅᆞ고 下愚 自處ᄒᆞᄂᆞᆫ 게야.
[閒說堂遺稿 安昌後 제목:閒說二十五幷詩歌24-10 知義理, 時大 5471]

575
의쥬에 통군정 붓ᄂᆞᆫ 불은 압록강이 시ᄌᆡ로구나
셩천에 강션류 붓ᄂᆞᆫ 불은 비류강슈가 겻히로나 삼등에 황학루 붓ᄂᆞᆫ 불은 잉무쥬강이 시ᄌᆡ로구나 황쥬 월파루 붓ᄂᆞᆫ 불은 젹벽강슈로 달혀 ᄭᅳ려니와 평양에 부벽루 련광뎡 붓ᄂᆞᆫ 불은 대동강슈로 ᄭᅳ려니와 이내 가슴에 시시ᄯᅢᄯᅢ로 붓ᄂᆞᆫ 불은 어내 졍판이 다 ᄭᅥ주리란 말가
춤으로 밋을 님 업서셔 나 못 살겟네.
[樂高 885, 時全 2274, 時大 3211]

576
이년아 말 듯거라 굽고 나마 쟈질 년아
쳐음에 날을 볼 지 百年을 사쟈키에 네 말을 곳지 듯고 집 풀고 텃밧 풀고 가마 풀고 동솟 풀고 紫的馬 ᄶᅵᆫ밤이에 먹기쇼를 마ᄌᆞ ᄑᆞ라 너를 아니 주엇더냐 무ᄉᆞ 일 뉘 낫바셔 노더를 노랏는다
져님아 님도 나를 쇽뎟거든 닌들 아니 쇼길숀야.
[樂學 1104 編數大葉, 홍비부 190, 時全 2282, 時大 3222]

577

이리 알뜨리 살뜨리 그리고 그려 病되다가

萬一예 어느 쎠가 되던지 만나 보면 그 엇더 할고 應當 이 두손길 뷔여 잡고 어안 벙벙 아모 말도 못하다가 두 눈예 물결이 어릐여 방울방울 쩌러져 아로롱 지리라 이 옷 압자랄예 일것세 만낫다 하고

丁寧이 이럴 쥴 알냥이면 차라리 그려 病되넌 이만 못 하여라.

[金玉 180 編時調 安玟英, 시요 88, 時全 2301, 時大 3245]

578

이 몸이 장성되야 萬里 邊塞 칼을 뵈고 누어스니

鳳凰聲 山海關은 말발의 씌글리요 十萬 胡兵馬는 칼 씃히 풀닙피라 大丈夫 千秋 事業을 일은 쎅에 못 일우고 그 언제 일워 보랴

진실로 皇天이 닉 뜻 알으시면 우리 聖上 근심 플가 ᄒᆞ노라.

[慕夏堂實記 5-1 金忠善, 時大 3271,]19 50 23 92, 5 13 5 23

579

이 몸이 죽어지거든 뭇지 말고 주푸리여 믹혀다가

酒泉 깁흔 소에 풍덩 드리쳐 둥둥 씌여 두면

一生에 질기던 거시믹 長醉不醒 ᄒᆞ리라.

[樂學 1060, 근악 337, 時全 2326, 時大 3275]

580
이바 편메곡들아 듬보기 가거놀 본다
듬보기 셩내여 土卵 눈 부릅드고 깨자반 나롯 거스리고 甘苔신 사마신고 다스마 긴거리로 가거늘 보고 오롸
가기는 가더라마는 藁古훈 얼굴에 셩이 업시 가드라.
[청진 531, 時全 2337, 時大 3294]

581
李仙이 집을 반호여 나귀 목에 돈을 걸고
天台山 層巖 絶壁을 너머 방울싀 삿기 치고 鸞鳳 孔雀이 넘느는 곳에 樵夫를 맛나 麻姑할뮈 집이 어듸메니
져 건너 彩雲 어린 곳에 數間 茅屋 뒤 슨립 밧게 青삽싸리 더려 무르시쇼.
[青六 784 김수장, 時全 2349, 時大 3308]

582
이 시름 져 시름 여러 가지 시름 防牌鳶에 細細成文호온 後에
春正月 上元日에 西風이 고이 불제 올白絲 훈 어레롤 쓋가지 푸러 씌울 제 마즈막 餞送호자 둥게둥게 둥둥쩌서 놉피 쩌셔 白龍의 구뷔굿치 굼틀굼틀 뒤트러져서 구름 속에 들거고나 東海바다 건너 가셔 외로이 션 남게 걸니엿다가
風蕭蕭 雨落落홀 제 自然消滅 호리라.
[青六 671 농, 海周 536 金壽長, 樂學 864, 時全 2357, 時大 3319]

583
二十四橋月明 훈듸 佳節은 月正上元이라
億兆는 攔街歎同ᄒᆞ고 貴遊도 携笻步屧이로다
四時에 觀燈賞花 歲時伏臘 도트러 萬姓同樂 ᄒᆞ미 오늘인가 ᄒᆞ노라.
[靑六 660, 時全 2358, 時大 3320]

584
이제는 못보게도 ᄒᆞ애 못볼시는 的實커다
萬里 가는 길헤 海口絶息ᄒᆞ고 銀河水 건너 뛰여 北海 ᄀᆞ리지고 風土ㅣ 切甚훈 듸 深意山 ᄀᆞᆯ가마귀 太白山 기슭으로 골각골각 우닐며 ᄎᆞ돌도 바히 못 어더 먹고 굶어 죽는 싸희 내 어듸가셔 님ᄎᆞ자 보리 아희야 님이 어셔든 주려죽단 말 싱심도 말고 쌀쌀이 그리다거 어즐病 어더서 갓고 쎠만 나마 달바조
밋트로 아장 밧삭 건니다가 쟈근 쇼마 보신 後에 니마 우희 손을 언ᄶᅩ 훈 가레 추혀 들고 쟛바져 죽다 ᄒᆞ여라.
[靑珍 579 蔓橫淸類, 樂學 1091, 時全 2368, 時大 3334]

585
李座首는 암쇼를 ᄐᆞ고 金約正은 질쟝군 메고
南勸農 趙堂掌은 취ᄒᆞ여 뷔거르며 杖鼓舞鼓에 둥더럭궁 춤추는괴야
峽裏에 愚氓의 質朴天眞과 太古淳風을 다시 본 듯 ᄒᆞ여라.
[靑珍 524 蔓橫淸類, 樂學 983, 時全 2370, 時大 3336]

586
李太白의 酒量은 긔 엇더ᄒᆞ여 一日須傾三百杯ᄒᆞ며
杜牧之의 風度ᄂᆞᆫ 긔 엇더ᄒᆞ여 醉過楊州ㅣ橘滿車ㅣ런고
아마도 이 둘의 風采ᄂᆞᆫ 못내 부러 ᄒᆞ노라.
[靑珍 470 蔓橫淸類, 樂學 879, 南太 208, 時全 2373, 時大 3338]

587
李太白 ᄌᆞᄂᆡ랑 呼兒將出 換美酒ᄒᆞ고
姜太公 ᄌᆞᄂᆡ랑은 銀鱗玉尺 낙과 ᄂᆡ여 安酒 담당ᄒᆞ고 陶淵明 ᄌᆞᄂᆡ랑 五絃琴 더라징둥덩지 타고
張子房 ᄌᆞᄂᆡ랑 鷄鳴山 秋夜月에 玉洞簫 슬피 부소.
[時調歌詞 박씨본 17, 時大 3339]

588
梨花에 露濕도록 뉘게 잡혀 못 오던고
오쟈락 뷔혀 잡고 가지마소 ᄒᆞᄂᆞᆫ듸 無端히 썰치고 오쟈홈도 어렵더라
져 님아 네 안흘 져버 보스라 네오 긔오 다르랴.
[靑珍 477 蔓橫淸類, 樂學 886, 時全 2375, 時大 3345]

589
人間 悲莫悲ᄂᆞᆫ 萬古 消魂 離別이라
芳草ᄂᆞᆫ 萋萋ᄒᆞ고 柳色이 푸를 적에 河橋 送別 ᄒᆞ야 뉘아니 黯然ᄒᆞ리
ᄒᆞ믈며 기럭이 슬피 울고 落葉이 蕭蕭홀제 離歌一曲에 아니 울니 업더라.
[靑六 711, 時全 2380, 時大 3351]

590

人生 百年 얼마넌가 北望山이 저기로다

黃泉이 므다더니 門박기 여라고나 死後 滿盤珍羞 不如生前 一杯酒라

아희야 술 부어라 취코 놀게.

[時調 41, 時大 3369]

591

人生 百年이 如走馬로다 안이ᄂᆞ 놀지는 못 ᄒᆞ리라

남기라도 고목되면 오든 ᄉᆡ도 안이 오고 ᄭᅩᆺ이라도 십일홍되면 오든 나븨도 안이 오고 물이라도 乾水되면 오든 鴻雁도 안이 오고 任이라도 늙어지면 오든 졍판도 안이ᄂᆞ 오누나

青春之年을 ᄋᆡ연타 말고서 마음ᄃᆡ로 놀셰.

[樂高 919, 時全 2390, 時大 3370]

592

人生 시른 수레 가거ᄂᆞᆯ 보고 온다

七十 고개 너머 八十 드르흐로 진동한동 건너 가거ᄂᆞᆯ 보고 왓노라다

가기ᄂᆞᆫ 가ᄃᆞ라마ᄂᆞᆫ 少年行樂을 못내 닐러 ᄒᆞ더라.

[青珍 467 蔓橫淸類, 樂學 858, 時全 2391, 時大 3373]

593
人生을 혜알이니 榮辱이 半이로다 東門에 掛冠ᄒᆞ고 田里로 도라와셔
聖經賢傳 열쳐노코 니러기를 다한 後에 압닉예 살진 고기도 낙고 뒷 뫼에 움진 藥도 ᄏᆡ다가 登高望遠ᄒᆞ며 任意逍遙할직 淸風은 徐來ᄒᆞ고 明月이 時至로다
이 중에 술 손조 부어 먹고 琴歌自適ᄒᆞ니 이갓치 安逸한 죠흔 마시 世上에 ᄯᅩ 이셔 비겨보랴 이리 노니다가 昇化歸雲ᄒᆞ여 帝鄕에 올나가면 餘恨이 업슬노다.
[興比 411 各調音, 時全 2394, 時大 3376]

594
人生天地 百年間에 富貴功名 總浮雲이라
찰하로다 ᄠᅥᆯ치고 龍門에 壯遊ᄒᆞ야 濟州九點烟에 山河 元氣와 洞庭湖雲夢澤을 胸襟에 숨킨 後落雁峰에 곳쳐 올라 謝眺의 驚人句를 晴天에 朗吟ᄒᆞ고 張騫의 八月槎를 銀河水에 흘니노하 月宮에 올라가셔 玉妃를 만나보고 그제야 蓬萊山에 安期生 羨文字와 長年生蔵術을 슬카장 議論ᄒᆞ니
世上에 醉死夢生ᄒᆞ야 營營碌碌之輩야 닐러 무슨 ᄒᆞ리요.
[靑六 726, 二數大葉 李鼎輔, 時全 2408, 時大 3390]

595
仁王山下 弼雲臺는 雲崖先生 隱居地라
先生이 豪放自逸하야 不拘小節하고 嗜酒善歌허니 酒量은 李白이요 歌聲은 龜年니라 風流才子와 冶遊士女들이 구름갓치 모여들어 날마다 風樂이요 ᄣᅢ마다 노리로다 잇ᄣᅢ에 太陽館 又石尙書ㅣ 歌音에 皎如허사 遺逸風極人과 名姬賢伶들을 다 모와 거나리고 날마 다 즐기실제 先生을 愛敬허ᄉᆞ 못 미츨 듯 하오시니
아마도 聖代예 豪華樂事ㅣ 이밧게 ᄯᅩ 어듸 잇스리.
[金玉 165 編樂 安玟英, 해악 638, 時全 2413, 時大 3395]

596

仁而壽 德而福을 그 丁寧 미들 거시

石坡大老 寬仁이며 府大夫人 洪福으로 子繼子孫繼孫허니 子孫이 繼繼허고 壽添壽 福添福허니 壽福이 添添이로다

허물며 又石尙書 深仁厚德과 養志誠孝를 더욱 賀禮 허노라.

[金玉 170, 編數大葉 安玟英, 時全 2415, 時大 3398]

597

내라 그리거니 네라 아니 그릴넌가

千里 蠻鄕에 얼매나 그리는고

紗窓의 슬피 우는 뎌 뎝동새야 不如歸라 말고라 내 안 둘 ᄃᆡ 업새라.

[龍潭錄]

598

一刻이 如三秋러니 一日이면 몃 三秋런고

ᄂᆡ 마암 길거우면 남의 설럼 어이 알니 얼ᄆᆡ 아니 남은 간장 춘설갓치 다 녹는다 恨 숨은 바람이 되고 눈물은 비가 되야 任 자신 紗窓밧게 불면서 ᄲᅮ려 보면 날 잇고 집히든 잠 놀ᄂᆡ ᄭᅵ우려마는

아서라 남의 사람 ᄉᆡᆼ각ᄒᆞ는 ᄂᆡ가 글타 탕척ᄒᆞ고 도라 누니 ᄂᆡ 마암이 잠시로다.

[時調 16, 時大 3407]

599

一年 三百六十日은 春夏秋冬 四時節이라

꼿피고 버들 입 피면 花朝月夕 春節이요 四月東風 大麥黃은 綠陰芳草 夏節이라 秋風은 소슬한데 洞方의 버러지 우고 黃菊丹楓 秋節이요 白雪이 粉粉ᄒᆞ여 千山에 鳥飛絶하고 萬逕에 人蹤滅하니 蒼松綠竹 冬節이라

人間七十 古來稀라 四時佳景과 無情歲月이 덧 업어 가니 글을 슬어.

[雜誌 433, 時大 3417]

600

一年이 열 두달인듸 閏朔들면 열 슥달이 一年이요

한 달이 설흔 날이나 그달이 작으면 심우 아흐래가 한달이라

두어라 해 가고 달가고 날가고 任가고 봄 가는듸 玉窓 櫻桃 다 붉엇스니 怨征夫之歌이 아니냐.

[時調集 128, 時大 3420]

601

일년이 열 두달 일년인대 윤달이 들면 열 석달 일년이요

한 달이 삼십일 한 대인대 그 달이 곳 적으면 스무 아흐래 그믐도 한 달이라

하루면 열 두시 하루인대 임 볼 시는 몇 실는고.

[時調 관서본 76-74, 時大 3419]

602

一身이 사자ᄒᆞ니 물것 계워 못 살리로다

피겨 ᄀᆞᆺ튼 가랑니 보니 알 갓튼 슈통니 잔벼록 굴근 벼록 뛰는 놈긔는 놈에 琵琶ᄀᆞᆺ튼 빈ᄃᆡ 삿기 使令 ᄀᆞᆺ튼 등에 아비 어이 갈따 귀 ᄉᆞ뮈약이 센박휘 누른 박휘 바금이 거져리 부리 뾰족ᄒᆞᆫ 모긔 다리 기다 ᄒᆞᆫ 모긔 살진 모긔야 왼모 긔그리 마뾰록이 晝夜로 뷘 틈 업시 물거니 뿔거니 뜻거니 甚ᄒᆞᆫ 唐비루에 어려 왜라

그 中에 ᄎᆞᆷ아 못 견될슨 五六月 伏더위에 쉬파린가 ᄒᆞ노라.

[靑六 888, 時全 2437, 時大 3437]

603

一葉小船 달을 실코 十里 淸江 흘이 저어

취성동 차자 가니 자개봉이 여기로다 월왕대 넙흔 곳에 사슴이 노단말가

금강수 되단 말가 신선이 나렷세라.

[雜誌 386, 時大 3439]

604

日月星辰도 天皇氏ㅅ적 日月星辰 山河土地도 地皇氏ㅅ적 山河土地

日月星辰 山河土地 다 天皇氏 地皇氏적과 ᄒᆞᆫ가지로되

사ᄅᆞᆷ은 므슴 緣故로 人皇氏적 사ᄅᆞᆷ이 업ᄂᆞᆫ고.

[靑珍 485, 時全 2440, 時大 3441]

605

일이 ᄒᆞ야도 聖恩이요 져리 ᄒᆞ야도 聖恩이라

엇지ᄒᆞ야 갑프년뇨 與天地無窮ᄒᆞᆫ 聖恩이라

두어라 世世生生ᄒᆞ야 萬之一이나 갑파 볼가 ᄒᆞ노라.

[無極集 梁柱翊, 感聖恩歌 5-1, 時大 3444]

606

一定 百年 다 못산들 色 아니코 어이하리

穆王도 天子ㅣ로ᄃᆡ 瑤池에 宴樂ᄒᆞ고 項羽는 天下 壯士엿마는 虞美人 離別에 우러써든

ᄒᆞ믈며 碌碌ᄒᆞᆫ 少丈夫ㅣ야 몃 百年을 살이라고 ᄒᆡ음 일 아니ᄒᆞ고 쇽졀 업시 늘글야.

607

一定 百年 살줄 알면 酒色 좀다 관계ᄒᆞ랴

힝혀 ᄎᆞᆷ은 後에 百年을 못살면 긔 아니 애도론가

人命이 在于天定이라 酒色을 ᄎᆞᆷ은들 百年 살기 쉬우랴.

[靑珍 486 蔓橫淸類, 樂學 78, 時全 2446, 時大 3449]

608

一壺酒로 送君蓬萊山ᄒᆞ니 蓬萊上人이 笑相迎이라

笑相迎 與君歌一曲ᄒᆞ니 萬二千峰 玉層層이로다

아마도 海東風景이 이ᄲᅮᆫ인가 ᄒᆞ노라.

[靑六 510 界面二數大葉, 시가 박씨본 706, 時全 2452, 時大 3456]

609

임은 가고 봄은 오니 芳春花柳 紫華時라

꼿피여도 임의 생각 春節가고 夏節오니 江岸日日 喚愁生한데 풀만 푸르러도 임의 생각 夏節가고 秋節오니 秋雨梧桐落葉時라 입만 저도 임의 생각 秋節가고 冬節오니 白雪江山 銀世界에 눈만 날여도 임의 생각

임이라 무어신지 자나 깨나 깨나 자나 욕망난망이요 불사이자사로다.

[雜誌 429, 時大 3469]

610

任이 가실 적에는 速히 단여 오시마고 ᄒᆞ드니 가고 ᄒᆞᆫ 번도 無消息이라

무슴 弱水가 막혓관ᄃᆡ 소식좃차 頓絶이로구나 春水滿四澤ᄒᆞ니 물이 만하서 못 오시든가 夏雲多奇峰ᄒᆞ니 봉이 놉하서 못오시는가 봉이 놉하서 못오시거든 쉬여서 넘어를 오고 물이 깁허서 못오시거든 ᄲᆡ션 타고서 네 오렴은아

춤으로 네 모양 간절하야 나 못라겟네.

[樂高 921, 時全 741, 時大 3471]

611

林川의 草堂 짓고 만卷 書冊 싸아 놋코

烏騅馬 살지게 메게 흐르는 물가의 굽씩겨 세고 보라ᄆᆡ 길드리며 절ᄃᆡ佳人 겻혜 두고 碧梧 거문고 시줄 언저 세워 두고 生簧 洋琴 海琴 저 피리 一等美色 前後唱夫 左右로 언저 엇ᄭᅥ로 弄樂헐제

아마도 耳目之所好와 無窮之至所樂은 나뿐인가.

[調詞 70, 時全 2459, 時大 3482]

612
立馬沙頭別意遲 홀제 生憎楊柳最長枝를
佳人緣薄含新態오 蕩子情多問後期라 桃李落落寒食節이오 鷓鴣는 飛去夕陽風이라
江南에 草綠春波潤ᄒᆞ니 欲採蘋花로 有所思로다.
[靑詠 561 蔓橫樂時調編數大葉弄歌, 時全 2461, 時大 3485]

613
잇버도 잇분 줄 모ᄅᆞ고 괴로워도 괴로운 줄 모르니
양자홀 지성은 우부 우부 ᄒᆞᆫ가지다
아마도 부모심 위심자ㅣ아 솔성지효인가 ᄒᆞ노라.
[閒說堂遺稿 安昌後 제목:閒說二十五弁詩歌 24-13
;子以父母心爲心則率性而爲孝, 時大 5477]

614
ᄌᆞ규성 단월ᄉᆞ시에 두견이 우러도 임 ᄉᆡᆼ각 월명하락우 황혼에 ᄃᆞᆯ이 붉아도 임 ᄉᆡᆼ각이오
ᄉᆞᆷ쳑동ᄌᆞ야 동방을 내다 보와라 새벽ᄃᆞᆯ은 우렷이 기우러는ᄃᆡ 임은 어ᄃᆡ가 아니 보인다 말가 임으로 연ᄒᆞ여 여광여취 되는 마음 잠시라도 닛지 못ᄒᆞ여 임을 ᄯᅡ라 갈가부다 오날 가고 ᄂᆡ일 가고 모레 가고 글픠 간다 나흘 곱집어 여들레 팔십리 가는 인ᄉᆡᆼ이 셕ᄃᆞᆯ 열을에 단 쳔 리 갈지라도 임을 ᄯᅡ라서 아니 갈 수 업네 ᄒᆡ가 가고 ᄃᆞᆯ이 가고 날가고 시가고 임ᄭᆞ지 망죵가면 요 세상 ᄇᆡᆨ년을 뉘를 밋고 사나 석신이라도 돌에다 접을 ᄒᆞ며 목신이라고 롱송에다 접을 ᄒᆞ며 어영갈 메기라고 창파에다 지졉 ᄒᆞ갓나
접홀 곳 업고 속ᄂᆡ 맛는 친고 업서셔 나 엇지 살고.
[樂高 915, 時全 2468, 時大 3491]

615
ᄌᆞ룡아 말 노코 칼 쓰지 마라
죠됴의 십만 ᄃᆡ병이 슐넝슐넝 물ᄭᅳᆯ텃ᄒᆞᆫ다
쟝창은 어ᄃᆡ 두고 두루나니 룡광검만 후쥬 품 속의 드러 좁ᄡᅡᆯ쥴 몰ᄂᆞ.

[時調 118, 時全 2481, 時大 3504]

616
존의 가득한 수리 반 존이 너머 반 존 되어스니 劉伶이 嗜酒터니 半은 ᄶᅡ라 간가 半盞이로구나
碧空의 두렷ᄒᆞᆫ 다리 半이 남아 半만 여즈려스니 太白이 愛月터니 半은 부러 간가 반다리로구나
우리도 飮酒 翫月ᄒᆞ며 古人 것치.

[樂府 332, 時大 3517]

617
좀 업손 외로온 밤의 오던 광경 ᄉᆡᆼ각ᄒᆞ니
초초ᄒᆞᆯ 손 수신 행장 책 ᄒᆞᆫ나 칼 ᄒᆞᆫ나 ᄲᅮᆫ이로다
그려도 만강 단혈을 시럿기로 짐 무겁다 ᄒᆞ더라.

[金剛永言錄 56 金履翼, 時大 3525]

618
ᄌᆡ 너머 ᄉᆡ앗년 두고 손퍽치며 울고 넘어가니
말만ᄒᆞᆫ 草屋에 집덕셕 나노 덥고 년놈이 ᄒᆞᆫᄃᆡ 누어 두손목 마죠 덤셕 쥐고 얽어져 트러졋네 이제ᄂᆞᆫ 어림장이 발노군에 들거고나
두어라 모밀ᄯᅥᆨ에 두 杖鼓를 ᄉᆡ와 무슴 ᄒᆞ리요.

[靑六 617 金光錫, 靑謠 15, 樂學 1089, 時全 2533, 時大 3571]

619
自古 男兒의 豪心樂事를 歷歷히 혜여보니
漢代金張 甲第車馬와 晉室王謝 風流文物 白香山 八絶吟詠과 郭汾陽의 花園行樂을 다 죠ᄐᆞ 니르려니와
아마도 春風十二窩에 小車를 잇글고 太和湯 五六甌에 擊壤歌를 부르며 任意去來ᄒᆞ여 老死 太平이 類ㅣ 업슨가 ᄒᆞ노라.
[靑六 663 농, 樂學 910 蔓橫, 악서 456, 時全 2467, 時大 3490]

620
자네가 슐을 잘 먹는다 ᄒᆞ니 슈슈 쇠쥬 셰 ᄃᆡ와 쇠셔 셰 졉시를 먹을ᄶᅡ 본가
슈슈 쇠쥬 셰 ᄃᆡ와 쇠셔 셰 졉시를 먹으량이면 ᄂᆡ 물니리 갑슬랑은
옛날에 니ᄐᆡ빅도 일일슈경 삼빅비라 ᄒᆡ도 이 슐 ᄒᆞᆫ잔 못다 먹엇씁네.
[南太 181, 時全 2473, 時大 3496]

621
자네집의 됴흔 슐 닛다ᄒᆞ니 말ᄒᆞᆫ번 請ᄒᆞ여 슐맛뵈쇼
나도 ᄂᆡ집 草堂 압헤 香그로운 ᄭᅩᆺ취거든 ᄒᆞᆫ번 請ᄒᆞ여 花柳구경 시겨 줌셰
귤닉ᄌᆞ ᄭᅩᆺ퓌ᄌᆞ 任오ᄌᆞ 달도다오니 玩月長醉.
[無名時調가本 78, 신자료]

622
子龍아 말 ᄒᆞᆫ부로 노코 槍 쓰지 마라
曹操의 十萬大兵이 물쓸텃 ᄒᆞᆫ다 東將을 얼너 西將을 베이고 南將을 얼너 北將의 머리를 덩그러케 베히나니
아마도 三國 名將은 趙子龍인가.
[時調演義 66 林重桓, 時大 3505]

623

作別홀 썩 봄바람이 於焉問 秋風이요 봄바람과 갈바람은 써올 짜라 변컨마는
四時長春 우리 情은 永久不變 웬 일이요 東北方은 堤川이요 西南方은 長城이라
堤川長城 七百餘里 夢中이나 다시 볼가 염염不忘 못 견데요 非百非千 路上 行路
連日 往來ᄒᆞ건마는 暫時 逢別 우리 情 與他自別 웬 일이요
前春 三日 未盛恨을 何日何時 解冤홀가 筆不盡言 言未記요 歡祝康寧 不備餘라.

[時調集 羅孫文庫本 40, 時大 5692, 신자료]

624

盞의 가득 부은 숣이 半은 기우러지고 半 盞이 되얏스니 嗜酒ᄒᆞ난 우리 님 半
을 마시엿나 半은 기우려지고 半 盞이 남엇고나
碧空의 걸인 달 두렷터니 반은 기우려지고 半달이 되얏스니 愛月ᄒᆞ든 太白이
반을 부여 갓나 半은 기우러지고 半달만 남엇구나
두어라 餘月 餘酒로 翫月長醉.

[時調演義 95 林重桓, 時大 3516]

625

잘새는 풀풀 把淸樓로 희도라 들고
새돌은 漸漸 新雪樓로 볼가 올 제 외나무 ᄃᆞ리에 홀노 가ᄂᆞᆫ 중아 중아
네 졀이 언마나 ᄒᆞ관ᄃᆡ 遠鍾聲만 듣니ᄂᆞ니.

[槿樂 329, 時大 3523]

626

잡으시요 잡으시요 이 슐 흔잔 잡우시오
이 슐이 슐이 아니라 한무뎨 승로반에 이슬밧은 거시오니
이슐 흔잔 잡으시면 쳔만년을 스오리다.

[源가 447 제목:권주가, 時全 2496, 時大 3526]

627

張良의 洞簫 소릐 月下에 슬피 부니 帳中에 좀든 伯王 魂魄이 놀나거다
謀計 마는 李座基는 楚伯王을 인도흐고 算 잘 두는 張子房은 鷄鳴山 秋夜月에 玉洞簫을 和答담흐니 그 曲調에 흐여시되 邊方 客地 死地 中에 슈자리 사는 져 軍士에 너의 伯王 困窮흐야 戰場에서 죽을 씌라 千金 갓튼 重흔 목슘 戰場 客死 흐단 말가 너의 妻子 싱각하면 離別흐고 써놀 적에 눈물 짓고 긔約흔 말 明年春에 도라옴시 그 사니가 八年이라 어린 子息 아비 불너 어미 肝腸 다 썩인다 安南山 사릐 찬 밧 어늬 丈夫 가라 쥬며 澤浩亭 비즌 슐을 어늬 丈夫ㅣ 마셔 보며 高堂에 白髮 父母 어늬 子息 奉養흐리 하놀 놉고 찬바람에 새 옷지어 너희 두고 오놀이나 몸이 오면 닉일이나 奇別 올가 머리 우희 손을 언고 出門望 出門望흐니 望夫山이 되든 말가
碧空에 月明흐고 淸江에 水碧흔대 妻子 싱각 웨 모로나.

[慶大본 時調集 338, 時大 3535]

628

壯麗헐슨 東國 別宮 魯炅光 漢景福을

應天上之三光허고 備人間之五福이라 美哉라 우리 世子ㅣ 이집에 親迎허ᄉᆞ 百輛于歸 허오실 졔 山河ㅣ 共揖허고 百靈이 仰德이라 太平으로 누리실 졔 聖子神孫이 繼繼承承 허ᄉᆞ 重㶑累洽허ᄉᆞ 式至萬年 허오실 졔

우리도 百歲 老翁으로 無窮헌 즐거오믈 듯고 보려 허노라.

[金玉 167 編數大葉 安玟英, 時全 2504, 時大 3537]

629

長衫 ᄯᅳ더 즁의 젹삼 짓고 念珠 ᄯᅳ더 당나귀 밀밀치ᄒᆞ고

釋王世界 極樂世界 觀世音菩薩 南無阿彌陀佛 十年 工夫도 너 갈듸로 니거

밤즁만 암居士 품에 드니 念佛경이 업셰라.

[靑珍 514 蔓橫淸類, 樂學 1053, 南太 188, 時全 2512, 時大 3547]

630

將帥ㅣ 將帥ㅣ 라 ᄒᆞ되 趙子龍 갓튼 將帥ㅣ 업다

金鎖陣 魚腹浦를 舍廊 出入ᄒᆞ듯 浙江에 ᄯᅥᆺ는 ᄇᆡ예 ᄒᆞᆫ 번 ᄯᅱ여 나라올나 靑紅劍 飜ᄯᅳᆺ ᄒᆞ며 朱宣의 머리 업다 幼主를 아ᄉᆞ 오고 七星壇 바람ᄭᅳᆺ 틔 一葉片舟에 諸丞相 싯고 갈 제 徐盛이 ᄯᆞ로거늘 一箭으로 ᄡᅩ와 돗줄 ᄭᅳᆫ느니는 千萬古에 ᄒᆞ나히로다

암아도 이 將帥 ᄂᆡ옵ᄭᅵ는 劉皇叔의 搔癢子ㅣᆫ가 ᄒᆞ노라.

[海周 558 二數大葉 金壽長, 時全 2520, 時大 3558]

631

長安大道 三月春風 九陌樓臺 雜花芳草

酒伴詩豪 五陵遊俠 桃李蹊 綺羅裙을 다 모하 거ᄂᆞ려 細樂을 前導ᄒᆞ고 歌舞行休ᄒᆞ여 大東乾坤 風月江山 沙門法界 幽僻雲林을 遍踏ᄒᆞ여 도라보니

聖代에 朝野ㅣ同樂ᄒᆞ여 太平和色이 依依然 三五王風인가 ᄒᆞ노라.

[靑珍 560 蔓橫淸類, 樂學 1073, 時全 2523, 時大 3561]

632

장판교상의 고리눈 부릅뜨고 장팔사모 창 들너 메고 웃둑 섯는 저 장사야 네 성명이 무엇이냐

그 장사 대답허되 나의 성명은 한종실 유황숙의 셋재 아오 거긔장군 연인 장익덕을 네 아느냐 모르느냐

아마도 한국 명장은 장익덕인가.

[時調集 170, 時大 3565]

633

재너머 莫德의 어마 네 莫德이 쟈랑마라

내 품에 드러셔 돌겻줌 자다가 니 골고 코 고오고 오좀 ᄊᆞ고 放氣 뀌니 盟誓개지 모진 내 맛기 하 즈즐ᄒᆞ다 어셔 ᄃᆞ려 니거라 莫德의 어마

莫德의 어미년 내ᄃᆞ라 發明ᄒᆞ야 니르되 우리의 아기ᄯᆞᆯ이 고림症 비아리와 잇다감 제 症 밧긔 녀남은 雜病은 어려셔브터 업ᄂᆞ니.

[靑珍 567 蔓橫淸類, 樂學 995, 時全 2531, 時大 3569]

634

재 우희 우둑 션 소나모 ᄇᆞ람 불적마다 흔덕흔덕
개올에 셧ᄂᆞᆫ 버들 므스 일 조차셔 흔들흔들
님그려 우ᄂᆞᆫ 눈물을 커니와 입ᄒᆞ고 코ᄂᆞᆫ 어이 므스 일 조차셔 후루룩 비쥭 ᄒᆞᄂᆞ니.

[靑珍 511 蔓橫淸類, 樂學 899, 時全 2536, 時大 3574]

635

저 건너 거머무투룸ᄒᆞᆫ 바회 釘 다혀 ᄭᅵ두그려 ᄂᆡ여
털 돗치고 ᄲᅳᆯ 박아셔 홍셩 드뭇 거러 가게 ᄆᆡᆼ글니라 감은 암쇼
둣다가 우리 님 날 離別ᄒᆞ고 가실 직 것고로 틔와 보ᄂᆡ리라.

[樂學 1055, 海一 576, 時全 2540, 時大 3583]

636

謫裏 光陰은 四年이 불셔 되고 天外 家鄕은 萬里예 아득ᄒᆞ니
몸이 못 가거든 奇別이나 드ᄅᆞ딕야
아마리 陟屺瞻望을 말랴 ᄒᆞᆫ들 어들손가.

[靜齋先生文集 4 李聃命, 時大 3593]

637

赤壁江上 數千隻 曹操 戰船 龐統의 連環計로 結船을 구지ᄒᆞ야 陸地 갓치 調鍊할 제

謀士의 荀文若 程昱이며 放禪將 于禁 毛玠 猛將의 夏后檄 許楮로다 旗幟槍劒 日月을 戱弄코 擂鼓喊聲은 江山이 震動ᄒᆞᆫ다

여바라 孟德아 네 그런들 南屛山 올나 七星壇 뭇고 三日 三夜 비른 바람 네 어이 防備ᄒᆞ리.

[時調演義 83 林重桓, 시조집 평주본 168, 時大 3595]

638

赤壁水下 死地를 僅免ᄒᆞᆫ 曹孟德이

華容道에 다다라 壽亭侯를 만나 鳳目 龍劍으로 秋霜ᄀᆞᆺ튼 號令에 草露 奸雄이 어이 臥席終身을 바라리오마는

千古에 關公은 義將이라 네 義를 生覺ᄒᆞ샤 義釋曹操 ᄒᆞ시다.

[靑六 620 言弄, 홍비부 408, 時全 2567, 時大 3596]

639

赤壁에 敗한 曹操 華容道 드러 갈 제

千峰에 바람치고 萬壑에 눈 싸인듸 새인들 어이 울냐마는 火戰에 죽은 將卒 怨魂이 恨鳥되야 曹操를 원망하는 소래 그게 모다 鬼聲이라 塗炭에 싸인 將卒 故國離別이 몃해 든고

歸蜀道 不如歸라 너 혼자 울지 말고 空山 深夜月에 날과 함끠 단 이다가 還歸故國하여 보세.

[時調集 164, 時大 3597]

640

赤壁에 敗한 孟德 나문 將卒 거나리고 華容路道 드러가니 山川은 險峻ᄒᆞ고 樹木이 총잡하여

白雲이 霏霏한데 千樹 萬樹 梨花가 자져는 ᄃᆡ 식들 어이 울야마는 가지마다 우는 소리 이게 모도 다 鬼聲이라

山학이 잠명하고 木石도 含淚커든 사롬이야 일너 무엇.

[時調集 145, 時大 3598]

641

謫中의 어든 것시 周易 中庸 두 글일다

洪澳의 綠竹으로 書箱 ᄒᆞ나 결어 내니

萬一에 生還故國ᄒᆞ면 籍手事君을 일노 ᄒᆞᆯ가 ᄒᆞ노라.

[金剛永言錄 45 金履翼, 時大 3604]

642

鈿 업쓴 錚盤에 물무든 笋을 ᄀᆞ득이 담아 니고

黃鶴樓 枯蘇臺와 岳陽樓 藤王閣으로 상금 오르기는 나남즉 남ᄃᆡ도 그는 아못 조로나 하려니와

할니나 님 외오 ᄉᆞᆯ나ᄒᆞ면 그는 그리 못 ᄒᆞ리라.

[蔓數大葉, 海一 636]

643
折衝將軍行 龍驤衛 副護軍 날을 아는다 모로는다
南北漢 노리갈 쩨 ᄲᅥ러진 적 업고 長安 花柳 風流處에 아니 간 곳 업는 날을
閣氏네 아모리 숙보아도 하로밤 격거 보면 져문 愛夫들의 將帥ㅣ될 가 ᄒᆞ노라.
[靑六 831, 金壽長, 二數大葉, 海周 559, 時全 2583, 時大 3622]

644
正二三月 杜辛杏 桃李花 됴코 四五六月은 綠陰芳草 놀기 죠희
七八九月은 黃菊丹楓이 더옥이 죠타
十一二月은 閤裏春風의 雪中梅ㅣ가 ᄒᆞ노라.
[靑六 794 , 時全 2591, 時大 3629]

645
諸葛亮은 七縱七擒ᄒᆞ고 張翼德은 義釋嚴顔 ᄒᆞ단말가
셤겁다 華容道 죱분 길노 曺孟德이 사ᄅᆞ가단말가
千古에 凜凜 ᄒᆞᆫ 大丈夫ᄂᆞᆫ 漢壽亭侯ㅣ가 ᄒᆞ노라.
[靑六 971 우악시조, 樂學 1035 樂戱調, 시가 박씨본 691, 時全 2595, 時大 3631]

646
져 건너 거멍ᄀᆞ 쑥헌 바희 정를 드려 짤여시야 털삭 여 쏠스차네
발모와 경셩 드무시거려 가는 드시 삭이 이라
쏠고분 거문 암소 두엇 ᄡᅡ 임 니별 ᄒᆞ면 타고 나갈ᄭᅡ.
[南太 48, 海一 576]

647
져 건너 槐陰彩閣中에 繡놋는 져 處女야
뉘라셔 너롤 弄ᄒᆞ여 념노는지 細眉玉頰에 雲鬢은 아죠 허트러져 鳳簪조ᄎᆞ 기우러져느냐
丈夫의 採花之情을 任不禁이니 一時花容을 앗겨 무슴 ᄒᆞ리요.
[青六 805 言弄, 時全 2542, 時大 3639]

648
져 건너 놉고 나즌 져 산 밋헤 영웅호걸이며 청츈홍안들이 다 뭇쳐구나
루루즁통 북망산을 뉘 힘으로 썹아내며 흘너가는 장류슈를 뉘 직조로 막아내며 [심어]시닉방쳔이면 슈용이궤라 녯날 녯적 진시황은 만리장셩 둘너 놋코 아방궁을 놉히 지여 장싱불ᄉᆞ ᄒᆞ려ᄒᆞ고 불ᄉᆞ약을 구ᄒᆞ려다가 그도 ᄯᅩᄒᆞᆫ 못되여서 려산황릉 깁흔 곳에 쇽적 업시 누어 잇고 텬하장ᄉᆞ 쵸픽왕도 오강에서 ᄌᆞ문ᄒᆞ고 륙국 직상 소진이도 말이 모잘나 죽어스며 텬하졀식 구련이는 졀긔 업서 죽어갓네 멱나슈 깁흔 물에 굴삼녀라도 장어가 되고 시즁텬자 리태빅은 치셕 월하 달 밝은디 국화쥬 취케 먹고 둘을 ᄉᆞ랑ᄒᆞ다가 긔 경비상쳔ᄒᆞ여 잇고 진쳐ᄉᆞ 도연명은 츄강상 빈를 무어 망월시에 흘니 져어 오류촌 도라가셔 장취불셩 ᄒᆞ엿건만 우리 ᄀᆞᆺ흔 인싱들은 감아니 곰곰 싱각 ᄒᆞ니 플끗헤 이슬이오 단불에 나뷔로다
금됴 일셕이라도 실슈되여 북망산쳔 도라가면 살은 썩어 물이 되고 쎄는 썩어 진토되고 삼혼칠빅이 훗터질 젹에 어니 귀쳔타인이 날 불상타 ᄒᆞ갓소.
[樂高 895, 時全 2544, 時大 3640]

649
져 건너 羅浮山 눈속에 검어 웃뚝 울퉁불퉁 광더등걸아
네 무슴 힘으로 柯枝 돗쳐 곳조ᄎᆞ 져리 퓌엿는다
아모리 석은 빅 半만 남아 슬망졍 봄뜻 즐어이 ᄒᆞ리오.
[安玟英, 搔聳, 金玉 97, 원국 154, 時全 2543, 時大 3641]

650

져 건너 明堂을 어더 明堂 안히 집을 짓고

밧 갈고 논 갈고 五穀을 ᄀ초 시믄 後에 臺 우희 별통 노코 집 우희 박 올니고 울 밋틔 우물 파고 九月 秋收ᄒ여 南隣北村 다 淸ᄒ야 喜娛同樂 ᄒ고지고

每日의 이렁셩 노니다가 늙을 뉘를 모로리라.

[樂學 1099, 청연 116, 時全 2545, 時大 3643]

651

져 건너 明堂을 어더셔 明堂 안에 집을 딧고

밧갈고 논 밍그러 五穀을 갓쵸 심은 後에 뫼 밋테 우물퓌고 지붕게 박올니고 醬독에 더덕 노코 九月秋收다흔 後에 술빗고 썩믿글어 우리 송치 잡고 南隣九村 다 請ᄒ여 聚會樂喜 ᄒ오리라

平生에 이렁셩 노닐면 긔죠흔가 ᄒ노라.

[靑六 870, 時大 3642]

652

져 건너 신진사 집 시렁 우희 언찬 거시 씰은 청청둥 청졍미 청차조쌀이 아니 씰은 청청둥 청졍미 청차조쌀이냐

우디 밍꽁이 다섯 아레디 밍꽁이 다섯 문안 밍꽁이 다섯 문밧 밍꽁이 다섯 사오이십 스무 밍꽁이 모화관 슙버들 궁게셔 밋헤 밍꽁이는 무겁다고 밍꽁 웃밍꽁이는 무에 무구우냐 잣쌉스럽다고 밍꽁 어늬 밍꽁이 슈밍꽁이냐

아마도 숙네문 밧 썩 닉다라 청핑 팔픠 칠픠 빅다리 이문동 도져 골 쏙다리 것너 쳣지 둘지 셋지 녯지 다섯 여섯 일곱 여들 아홉 열지 미나리 논에셔 코를 쥴쥴 흘니고 머리 푸려 산발ᄒ고 눈을 희번 덕이며 다리 쏘아 닉밀면셔 용 올리는 밍꽁이가 슈밍꽁이냐.

[南太 197, 시여 이씨본 102, 時全 2546, 時大 3644]

653
져 건너 月仰 바희 우희 밤즁마치 부엉이 울면
녯 사름 니론 말이 놈의 싀앗 되야 줏밉고 양믜와 百般巧邪하는 져믄 妾년이 急殺마자 죽는다 ᄒᆞ데 妾이 對答하되
안해님 겨오셔 망녕된 말 마오 나는 듯ᄌᆞ오니 家翁을 薄待ᄒᆞ고 妾새옴 甚히 ᄒᆞ시는 늘근 안히님이 몬져 죽는다데.
[靑珍 564 蔓橫淸類, 樂學 1087, 時全 2547, 時大 3645]

654
져건너 太白山 밋틔 네 못보던 菜麻田이 죠흘시고
너리너리 너출에 둥굴둥굴 수박에 다로다지로지에 단참외가지의 널녀 셰라
둣다가 다 닉어지거든란 님계신ᄃᆡ 보닉리라.
[靑六 811 언롱, 海一 542 樂時調, 時全 2552, 時大 3650]

655
져 건너 풀은 산즁ᄒᆞ에 두룽다리 쓰고 져 총쪄 두러메고 살낭살낭 나려오는 져 포슈야
네 져 총썩로 날 버러지 글짐싱 긜 버러지 날짐싱 황시 촉시 두루미 너 시긴 진경이 범 사슴 노루 톡기를 져 총썩로 노아 잡을지라도 사벽달 셔리 치고 지싀는 밤에 동녕 동ᄃᆡ희로 짝을 일코 홀노에 이을 에잉글 에잉글 가는 거러길 낭노치를 마라
우리도 그런 쥴 알기로 아니 놋씀네.
[南太 195, 時調 100, 時全 2553, 時大 3651]

656
져멋고쟈 져멋고쟈 열다섯만 져멋고쟈
에엿분 얼골이 냇ㄱ에 셧는 垂楊버드나모 광대등걸이 되연제고
우리도 少年行樂이 어제론 듯 ᄒᆞ여라.
[靑珍 490 蔓横淸類, 樂學 856, 時全 2557, 時大 3656]

657
져 사룸 헛말 마소 어ᄃᆡ셔 만나 보신가
됴흔 飮食 마다ᄒᆞ고 썰치고 가는 이롤
내 보니 酒肉을 貪ᄒᆞ여 病드는 이 太半이나 ᄒᆞ더고나.
[金剛永言錄 29 金履翼, 時大 3661]

658
져 아씨 눈미 보쇼 반 구분 鐵 낙씨라
엇던 사람 낙고랴고 져리 곱게 구버넌고
우리도 어제나 완화江 金붕어 되야 져 낙씨에 낙계 볼가.
[시조 하씨본 17, 時大 3663]

659
져 죠흔 큰 길 우희 가온대로 바로 가면
ᄒᆞᆯ니 百里롤 간들 것칠 것시 이실쏘냐
그려도 ᄒᆞᆫ 편으로 가는 이 하 만흐니 ᄒᆞᆯ 일 업셔 ᄒᆞ노라.
[金剛永言錄 7 金履翼, 時大 3666]

660
전 업슨 두리 놋 錚盤의 물 무든 笋을 ᄒᆞᆫ나 ᄀᆞ득 담아 이고
黃鶴樓 姑蘇臺와 岳陽樓 滕王閣으로 발 벗고 상금 올나 가기는 나남 즉 남 大都 그는 아모 조로나 ᄒᆞ려니와
날다려 님 외오 살나 ᄒᆞ면 그는 그리 못 ᄒᆞ오리라.
[樂學 1011, 海一 636, 時全 2578, 時大 3672]

661
젼역밥 일 지어 먹고 升門 밧 셕 나셔니 건네 案山 지방바우 우에 히뜩벙실 셔 잇거늘
힝여 임이 온가 하고 허튄 머리 지버영고 쳔방지방 건네 가니 이은 丁寧 간 곳 업고 去年七月 十三日날 벗개 세운 숨틔 隱然이 셔 잇거늘
아믜도 밤이 낫 갓트면 우셰헐 번.
[時調集 羅孫文庫本 30, 時大 5696, 신자료]

662
졈은 사당이 듕 書房을 어더 싀父母의 孝道를 긔 무어슬 ᄒᆞ야 가리
송기떡 콩佑飯과 뫼흐로 치다라 辛甘菜 삽쥬 고ᄉᆞ리와 들 밧트로 나리다라 곰달늬 물숙 쓴바구 씃쓰지 잔다괴 게오묵 고돌박이 두고 킈야 발앙 국긔 여헛다가
상지야 암쇠 등에 언치 노코 싀슷갓 모사장삼 곳갈에 염쥬 바쳐 어울 ᄐᆞ고 가리라.
[樂學 949, 李鼎輔, 時全 2660, 時大 3761]

663

쟛 건너 흰옷 닙은 사름 즌 밉고도 양믜왜라

쟈근 돌ᄃ리 건너 큰 돌ᄃ리 너머 밥쒸여 간다 ᄀ른 쒸여 가ᄂᆞᆫ고 애고애고 내 書房 삼고라쟈

眞實로 내 書房 못 될진대 벗의 님이나 되고라쟈.

[靑珍 517 蔓橫淸類, 樂學 973 악희조, 時全 2554, 時大 3652]

664

제 것 두고 못 먹으면 王將軍의 庫子오니

銀盞 놋盞 다 더지고 砂器盞에 잡으시오 쳣지 盞은 長壽酒오 둘지盞은 富貴酒오 셋지 盞은 生男酒니 잡고 연히 잡으시오 古來賢人이 皆寂寞ᄒᆞ되 惟有飮者ㅣ留其名ᄒᆞ니 잡고 잡고 잡으시오 莫惜床頭沽酒錢ᄒᆞ라 千金散盡還不來니

내 잡아 권ᄒᆞᆫ 잔을 辭讓말고 잡으시오.

[大東 314 勸酒歌, 時全 2597, 時大 3683]

665

제 얼골 제 보와도 더럽고도 슬뮈웨라

검버셧 구름씬 듯코 춤은 장마진 듯 以前에 업든 쌔식 바회 엉덩이에 울근불근

우리도 少年行樂이 어제런 듯 ᄒᆞ여라.

[靑六 884, 編數大葉, 원국 884, 時全 2600, 時大 3635]

666

조오다가 낙시딕를 일코 춤츄다가 되롱의를 일허고나

늘그늬 妄佾으란 웃지마라 저 白鷗드라

十里에 桃花發하니 春興을 계워 ᄒᆞ노라.

[靑珍 453, 樂戱調, 樂學 966, 時全 2609, 時大 3691]

667

曺仁의 八門 金鎖陣을 潁川 徐庶ㅣ 아돗던지

趙雲을 귀예 다혀 生死門을 살펴라 挺槍出馬 나라들어 東面을 헷치는 듯 西面을 號令ᄒᆞ고 前面을 즛치는 듯 北面을 厮殺ᄒᆞ는 趙子龍이 한아 져분이로다

一身이 豹의 머리 곰에 등에 일희 허리 진납의 팔에 白邊 업쓴 純瞻쩡이라 제 뉘라셔 當ᄒᆞ리.

[海周 556 二數大葉 金壽長, 時大 3693]

668

終南山 누에 머리 긋헤 밤中만치 凶히 우는 부헝아

長安 百萬家에 뉘 집을 向ᄒᆞ여 부헝 부헝 우노

平生에 얄뮙고 잘뮈온 님을 다 잡아 가려 ᄒᆞ노라.

[靑六 698, 원국 494, 화악 513, 時全 2617, 時大 3700]

669

座定後 初面이오 뵌 젹 업시 平安하오

져 분은 뉘라시며 이 분은 뉘라 하오 男兒 何處 不相逢이니 다시 보면 舊面이오

童子야 거믄고 징 우려라 놀고나 가ᄌᆞ.

[慶大본 時調集 335, 時大 3705]

670

酒力醒 茶煙歇커늘 送夕陽 迎素月ᄒᆞᆯ제

鶴氅衣 임의 ᄎᆞ고 華陽巾 졋게 쓰고 手持周易一卷ᄒᆞ고 焚香默坐ᄒᆞ여 消遣世慮ᄒᆞᆯ제 江山之外에 風帆沙鳥烟雲竹樹ㅣ 一望의 다 드노메라

잇ᄃᆞ감 벗님 네다리고 圍碁投壺ᄒᆞ며 鼓琴詠詩ᄒᆞ여 送餘齡을 ᄒᆞ리라.

[靑六 628 농, 樂學 863 蔓橫, 청영 573, 時全 2628, 時大 3715]

671

珠簾에 달 밧취엿다 萬里山河 玉笛쇼릭 들리난구나

[中章 缺]

아희야 나귀 칫죽 툭툭 모라라 玉笛쇼릭 나난 ᄃᆡ로.

[精歌 380 사설지름, 時全 2630, 時大 3718]

672

酒色을 마자 하고 山水間의 집을 짓고 구름 속의 밧 갈기와 달 아레 고기 낙기 以終餘年 하잿드니

靑天有月 未幾時에 金樽美酒 겻테 두고 아니 취키 어려우며 旅館寒灯 獨不眠에 絶代佳人 겻헤 두고 아니 犯키 어려워라

아마도 술 두고 안니 醉코 色 두고 아니 犯키 사람마다 兩難이라.

[時調集 144, 時大 3724]

673

酒色을 삼가란 말이 녯 사름의 警誡로되

踏靑登高節에 벗님닉 드리고 詩句를 을플 제 滿樽香醪를 아니 醉키 어리오며

旅館에 寒燈을 對ᄒᆞ여 獨不眠홀 제 玉人을 만나셔 아니 자고 어이리.

[靑珍 509 蔓橫淸類, 樂學 1081, 時全 2637, 時大 3725]

674

朱脣動 素腔擧ᄒᆞ니 洛陽少年과 邯鄲女로다

古稱綠水今白苧요 催絃急管爲君舞ㅣ라 窮秋九月에 荷葉黃이요 北風이 驅雁天雨霜이로다

夜長코 酒亦多ᄒᆞ니 樂未央인가 하노라.

[海一 624 蔓數大葉, 대동 246, 時全 2642, 時大 3730]

675

酒債는 尋常行處有ᄒᆞ니 人生七十古來稀라

春花柳 夏淸風과 秋明月 冬雪景에 南隣北村 다 請ᄒᆞ야 無盡無盡 노시그려

人生이 아춤 이슬이라 아니 놀고 어이ᄒᆞ리.

[靑詠 435 三數大葉, 時全 2648, 時大 3736]

676

죽장망혜 단표자로 강산 천리 드러가니

그곳에 산은 놉고 골은 깁헛는대 두견 졉동이 난잡히 운다 구름온 뭉긔 뭉긔 봉두로 나려 낙낙장송 어려 잇고 바람은 솰솰 부러 시내 암상 꽂송이만 흔들 흔들 춤을 춘다

아마도 경개는 졀승하야 별유천지 비인간이니 아니 노든 못 ᄒᆞ리라.

[시조 관서본 89, 時大 3743]

677

쥬렴에 달 비취엿다 멀니셔 난다 옥져 쇼릐 들니난고나

벗님네 오자 희금 져 피리 싱황 양금 죽장고 거문고 가지고 달 쓰거든 오마드니

동자야 달 빗만 살피여리 ᄒᆞ마 올 ᄯᅵᆨ.

[南太 191, 時調 97, 時全 2631, 時大 3717]

678

쥭장망혜 단표지로 쳘릐 강산 드러가니

그 곳 지골이 깁퍼 두견 졉동이 나졔 운다 구름은 뭉게뭉게 퓌여 낙낙장송에 봉둘너 잇고 바람은 솰솰 부려 시닉 암상에 곳가지만 ᄯᅥᆯᄯᅥᆯ이는 고나

그 곳지 별유천지 별건곤이니 놀고.

[南太 218, 時調 113, 時全 2654, 時大 3744]

679

竹杖芒鞋 단표자로 千里江山 드러가니 山은 ᄒᆞ여 구름 갓고 구름도 ᄒᆞ여 山 ᄀᆞᆺ으며 雲山은 千變이라

金芙蓉 싸어낸 ○○ 銀폭포 급한 물의 九天의 써러지고 울울창창 松林中에 百獸 千禽 석어 울어 ○○을 조롱한다

雲梯를 발고 절정에 올나 三更을 바라보니 玉京이 지척이요 紅塵이 부도로라 하마 고이 仙景인 듯.

[雜誌 432, 時大 3745]

680

죽장 집고 망혜 신ᄭᅩ 만복사를 드러가니

여러 중이 모와 안저 춘양 정곡 애석히 역여 지성으로 축원헐 제 엇던 중은 광쇠 들고 엇던 중은 죽비들고 엇던 중은 모시 장삼에 실띄를 띄고 엇던 중은 목탁을 들고 ᄯᅩ 엇던 중은 가사 책보 젓처 메고 구불구불 염불을 할 제

광쇠은 쾅쾅하고 죽비는 철철 조고마헌 상좌중놈 북채을 갈너 쥐고 두리 둥둥 볍고만 친다.

[時調集 173, 時大 3746]

681

즁놈도 사름 이냥ᄒᆞ여 자고 가니 그립ᄃᆞ고

즁의 숑낙 나 베읍고 내 죡도리 즁놈 베고 즁의 長衫 나 덥습고 내 치마란 즁놈 덥고 자다가 ᄭᅵᄃᆞ르니 둘희 ᄉᆞ랑이 숑낙으로 ᄒᆞ나 죡도리로 ᄒᆞ나

이튼날 ᄒᆞ던 일 ᄉᆡᆼ각ᄒᆞ니 흥글항글 ᄒᆞ여라.

[靑珍 552 蔓橫淸類, 樂學 1084, 時全 2658, 時大 3759]

682
즁놈은 승년의 머리털 잡고 승년은 즁놈의 샹토 쥐고
두 ᄭᅳ니 맛밋고 이 왼고 져 왼고 쟉쟈공이 쳣는듸 뭇쇼경이 구슬보니
어듸셔 귀머근 벙어리는 외다 올타 ᄒᆞᄂᆞ니.

[靑珍 512 蔓横淸類, 樂學 913, 時全 2659, 時大 3760]

683
즌국 적 시절인지 풍진도 요란ᄒᆞ고 사릭도 무궁허다
범징의 씨친 옥두 백설이 되앗스니 항장의 날낸 칼이 쓸 곳이 전혀 업다 장양의 퉁소소래 월하에 슬피나니 장중의 잠 든 패왕 혼백이 비월허다 음능 저믄 날에 월색도 희미하고 오강수 널분 물의 수운이 적막하다 역발산 긔개세도 강동을 못 가거든 필부 형경이 역수를 건늘소냐
가련타 저 장사야 슨도를 일치 말고 조심하야 단여 오라.

[時調集 171, 時大 3764]

684
증경이 雙雙 綠潭中이오 晧月은 團團 映窓櫳이라
凄凉ᄒᆞᆫ 羅幃 안헤 蟋蟀은 슬피 울고 人寂夜深ᄒᆞᆫ듸 玉漏潺潺 金爐에 香盡 參横月落토록 有美故人은 뉘게 자펴 못오ᄂᆞᆫ고
님이야 날 ᄉᆡᆼ각ᄒᆞ랴마ᄂᆞᆫ 나는 님뿐이매 九回肝腸을 寸寸이 스로다가 ᄉᆞ라져 주글만졍 나는 닛지 못ᄒᆞ애.

[靑珍 563 蔓横淸類, 樂學 932, 時全 2668, 時大 3769]

685

진경은 쌍쌍 옥담 중이요 호월은 단단 영창 외라

처량 야류원에 실솔셩 술피울고 인젹 젹이심ᄒᆞᆫ테 촉불만도두혀고 욱수잔 잔금 노행 진 삼경월 낙토록 어듸가 밤식도록 뉘게 잡혀 쉬 사랑마 긔 우느라 못오시노

임이야 나를 그ᄃᆡ지그리랴마는 나는 임뿐이믜 그를 셔려.

[南太 199, 시조 관서본 91, 時大 3770]

686

池塘에 月白ᄒᆞ고 荷香이 襲衣ᄒᆞᆯ 제

金樽에 술 잇고 絶代佳人 弄琴커놀 逸興을 못 니긔여 淸歌一曲 읊퍼 ᄂᆡ니 松竹은 휘드르며 庭鶴이 우즑이니 閑中에 興味ᄒᆞ야 늘글 뉘를 모로 노다

이 中에 悅親戚 樂朋友로 以終天年 ᄒᆞ리라.

[靑六 723 농, 海周 537 金壽長, 時全 2674, 時大 3776]

687

智謀는 漢相 諸葛武侯요 膽略은 午後 孫伯符ㅣ라

舊邦 維新은 周文王之功業이요 斥邪 衛正은 孟夫子之聖學이로다

아마도 五百年 幹氣英傑은 國太公이신가 하노라.

[金玉 152 弄 安玟英, 원국 545, 時全 2677, 時大 3781]

688

鎭國名山 萬丈峰이 靑天削出金芙蓉이라

巨壁은 屹立ᄒᆞ여 北祖三角이오 奇岩은 斗起ᄒᆞ여 南案蠶頭ㅣ로다 左龍은 駱山 右虎 仁王瑞色은 盤空ᄒᆞ여 象闕에 어릐엿고 淑氣는 鍾英하여 人傑을 비저내니 美哉라 我東山河之固여 聖代衣冠 太平文物이 萬萬歲之金湯이로다

年豊코 國泰民安ᄒᆞ듸 九秋楓菊에 麟遊를 보려ᄒᆞ고 面岳登臨ᄒᆞ여 醉飽盤桓ᄒᆞ오며셔 感激君恩 ᄒᆞ어이다.

[靑珍 578 蔓橫淸類, 樂學 1074, 時全 2689, 時大 3798]

689

秦始皇 漢武帝롤 뉘라셔 壯타던고

童男童女 함긔 싯고 萬頃蒼波에 비롤 띄여 採藥求仙ᄒᆞ고 柏梁臺 놉흔 집에 承露盤에 이슬 바다 萬千歲 살냐터니 오로다 虛事ㅣ로다

우리는 酒色을 삼가ᄒᆞ고 節食服藥ᄒᆞ여 百年가지 ᄒᆞ리라.

[靑六 696 弄, 時全 2693, 時大 3802]

690

秦皇이 작한 英雄이라마는 長生術 고디 듯고

童男童女 五百人을 徐市의게 붓쳐거다

제 敢이 石面의 이름 식겨 지난 줄를 알게 하다.

[금옥 164 言樂 안민영, 時全 2697, 時大 3807]

691
此生 怨讐 이 離別 두 字 어이ᄒᆞ야 永永 아조 업시 ᄒᆞᆯ고
가슴에 뫼인 불 이러날 양이면 어디 동여 녀혀 ᄉᆞ롬죽도 하고 눈으로 소슨 물 바다이 되면 풍덩 드르쳐 씌오련마는
아모리 씌오고 살은들 한숨이야 어이리.
[樂學 1010 樂戱調, 시가 박씨본 683, 時全 2708, 時大 3822]

692
窓내고쟈 窓을 내고쟈 이내 가슴에 窓을 내고쟈
고모장지 셰살장지 들장지 열장지 암돌져귀 수돌져귀 비목걸새 크나큰 장도리로 뚱닥 바가 이내가슴에 窓내고쟈
잇다감 하 답답 ᄒᆞᆯ제면 여다져 볼가 ᄒᆞ노라.
[靑珍 541 蔓橫淸類, 樂學 985, 南太 189, 時全 2713, 時大 3829]

693
창 박긔 게 뉘 왓ᄂᆞ 뒤 졀 소승 나려 왓소
어둠침침 야삼경의 무삼 일노 나려 왓나
아기씨 모단 쪽도리 거난 말코지의 소승 삼장 걸너 나려 왓소.
[歌詞 羅孫文庫本 122, 時大 5704, 신자료]

694
窓 밧긔 菊花를 심거 菊花 밋틔 술을 비져 두니
술 닉자 菊花 픠자 벗님 오자 ᄃᆞᆯ 도다 온다
아희야 거믄고 쳥쳐라 밤 새도록 놀리라.
[海一 533 악시조, 청영 475 만횡, 時全 2718, 時大 3835]

695
窓 밧긔 窓 치난 任아 아모리 窓 치다 듦오라 ᄒᆞ랴
너도곤 勝ᄒᆞᆫ 任을 이기 거러 뉘엿써든
뎌 任아 날 보랴 ᄒᆞ시거던 모릐 뒨날 오시쇼.
[靑六 544, 時全 2722, 時大 3839]

696
窓 밧긔 草綠色 風磬 걸고 風磬 아릐 孔雀尾로 발을 다니
바람 불적마다 흔날녀셔 니ᄋᆡ난 쇼릐도 죠커니와
밤즁만 잠쎨에 들어보니 遠鍾聲인 듯 ᄒᆞ여라.
[靑六 844 言樂, 時全 2723, 時大 3840]

697
窓밧긔 가마솟 막키라는 장사 離別 나는 구멍도 막키ᄂᆞᆫ가 장ᄉᆞ의 對答ᄒᆞᄂᆞᆫ 말이
秦始皇 漢武帝ᄂᆞᆫ 令行天地ᄒᆞ되 威嚴으로 못 막고 諸葛亮은 經天緯地之才로도 막단 말 못 듯고 ᄒᆞ물며 西楚霸王의 힘으로도 能히 못 막앗ᄂᆞᆫ니 이 구멍 막키란 말이
아마도 하 우슈에라 眞實노 장ᄉᆞ의 말 ᄀᆞ틀진ᄃᆡ 長離別인가 ᄒᆞ노라.
[樂學 941, 靑謠 65 朴文郁, 南太 84, 時全 2717, 時大 3834]

698
窓 밧기 어른어른 ᄒᆞᄂᆞ니 小僧이 올소이다
어제 져녁의 動鈴ᄒᆞ랴 왓든 즁이 울ᄂᆞ니 閣氏님 ᄌᆞ는 房 똑도리 버셔 거는 말 그틱 이 닉 쇼리 숑낙을 걸고 가자 왓소
져즁아 걸기는 걸고 갈지라도 後ㅅ말이나 업게 ᄒᆞ여라.
[樂學 937 蔓橫, 동국 347, 時全 2720, 時大 3833]

699
窓 밧기 엇득 어득커놀 님만 너겨 나가 보니
님은 아니오고 우스름 달빗체 열 구름이 날 쇽겨다
맛쵸아 밤일셰 만정 힝혀 낫지런들 남 우일 번 ᄒᆞ여라.
[靑六 652, 근악 520, 時大 3842]

700
窓外 三更 細雨時에 夜半 孤燈 잠인들 이를넌가
靑燈을 도도 켠 후 綠衣琴 겻희 안고 相思曲 한 曲調를 한숨 석거 타노라니 任의 生覺 더욱 간절ᄒᆞ야 任 가신 곳 바라보니 蒼天의 織女星은 눈물을 먹음은 듯 耿耿이 잇서도 一年 一度면 만날 날이 잇것마는 나는 어이 못 가는고
無情하고 야속한 任이여 그대 생각 허노라고 이 내 귀비肝腸 석으나 석은 눈물 끈칠 날이 전혀 업다.
[時調集 159, 時大 3857]

701
窓外三更 細雨時에 兩人 心事 집흔 情과 夜半無人 私語時에 百年同樂 굿든 言約 離別된 줄 몿난더니
銅雀春風은 周郞의 微笑요 長信 秋月은 漢宮人의 懷抱로다 咫尺千里 銀河도 싀이ᄒᆞ고 魚雁도 頓絶커날 消息인들 뉘 젼ᄒᆞ리 못 보아 病이 되고 못 니져 한이로다
가득히 셕은 肝腸 요 밤 싀우기 어려워라.
[時調演義 94 林重桓, 時大 3859]

702
採於山하니 美可茹요 釣於水하니 鮮可食을
坐水邊林下하니 塵世可忘이요 步芳經閒程하니 情懷自逸이로다
아마도 悅心樂志는 나쁜인가 하노라.
[金玉 160 羽樂 安玟英, 해악 640, 時全 2743, 時大 3868]

703
千古 羲皇天과 一寸 無懷地에 名區 勝地를 골희곡 갈희여 數間茅屋 지어내니
雲山烟水 松風蘿月 野獸山禽이 절로 己物 되어괴야
아히야 山翁의 이 富貴를 놈ᄃᆞ려 힉혀 홀세라.
[靑珍 521 蔓橫淸類, 樂學 915, 時全 2748, 時大 3880]

704

千古 羲皇之天과 一寸 無懷之地에 第一 江山이 님자 업시 바렷거놀

援居援處ᄒᆞ여 採於山 釣於水에 紫芝는 盈筐ᄒᆞ고 銀鱗을 貫柳ᄒᆞ니 水陸品도 가잣는듸 그밧긔 松風蘿月이며 野獸山禽이 다 닉 己物이 되어괴야

아마도 山村經濟는 이 조흔가 ᄒᆞ노라.

[各調音, 東國 361]

705

天君衙門에 仰呈所志爲白去乎 依所訴題給 ᄒᆞ오쇼셔

人間白髮이 平生에 게엄으로 ᄎᆞ마 못볼 老人광대 靑春少年들을 미러가며 다씌오대 그 중의 英雄豪傑으란 부듸 몬져 늙게 ᄒᆞ니 右良辭緣을 細細 參商ᄒᆞ야 白髮禁止爲白只爲

天君이 題辭를 ᄒᆞ오샤듸 世間公道를 白髮로 맛져 이셔 貴人頭上段置 撓改치 못ᄒᆞ거든 너ᄯᅳ려 分揀不得이라 相考施行向事.

[靑珍 575, 時全 2749, 時大 3881]

706

天君이 爀怒ᄒᆞ샤 愁城을 치오실시

大元師 懽伯將軍 佐幕은 靑州ㅣ從事 阮步兵 前驅ᄒᆞ야 李太白 草檄ᄒᆞ여 琉璃鍾琥珀瓏은 先鋒 掩襲ᄒᆞ고 舒州勺 力士鐺은 挾擊大破ᄒᆞ여 糟邱臺에 올ᄂᆞ 안져 伯倫으로 頌德ᄒᆞ고 月捷을 星馳ᄒᆞ여 告厥成功ᄒᆞ온 後에

그제야 耳熱舞蹈ᄒᆞ여 鼓角을 셧거 부러 伯業難 守城難 守城難 又難 凱歌歸를 ᄒᆞ리라.

[靑六 661, 時全 2752, 時大 3883]

707
天宮衙門에 仰呈所志 알외나니 參商教是後에 依所願題給 ᄒᆞ 乎소셔
西施之玉貌와 玉眞之花容과 貴妃之月態를 並以矣身處處에 許給事乙立旨成給爲白只爲 天宮題辭內 汝矣所欲之女ᄂᆞᆫ 皆以淫物이라
女中君子 珮貞淑眞으로 如是許給ᄒᆞ니 左右妻妾ᄒᆞ야 壽富貴多男子ᄒᆞ고 百年偕老가 宜當向事.
[靑六 733, 樂學 1102, 시가 박씨본 666, 時全 2750, 時大 3884]

708
千金駿馬 喚少妾ᄒᆞ야 笑坐수雕鞍 歌落梅로다
車傍에 側掛 一壺酒ᄒᆞ고 鳳笙龍管 行相催로다
舒州勺 力士鐺아 李白이 與爾同死生을 ᄒᆞ노라.
[靑六 885, 樂學 1086, 時全 2753, 時大 3885]

709
千萬 私셜 다 바리고 우리 두리 함께 죽어 鬼門國 三千里와 염나국 슈萬里 咫尺 갓치 쉬이 가셔
第十二 졀윤大王 上王前의 낫낫치 신원ᄒᆞ여 임되고 나 임되여 나일싱 길워 스러홈을 임 나 되어 지러 보면 임인덜 안이 짐작하리
진실노 이리 될 쥴 아러시면 당초의 몰너.
[時調 하씨본 106, 時大 3898]

710
天性은 ᄒᆞᆫ가지나 氣稟은 다ᄅᆞ도다
先覺이 覺後覺은 하늘의 ᄯᅳ니니 元無識은 발이고 知而不言 괴이ᄒᆞ다
아마도 教人不倦은 好學者의 道理인가 ᄒᆞ노라.

[閒說堂遺稿 安昌後 제목:閒說二十五幷詩歌 24-22 有知不敎不知同, 時大 5482]

711
千歲를 누리소셔 萬歲를 누리소셔
무쇠 기동에 ᄭᅩᆺ픠여 여름이 여러 ᄣᅡ드리도록 누리소셔
그지야 億萬歲 밧긔 ᄯᅩ 萬歲를 누리소셔.

[樂學 669 二數大葉, 時全 2773, 時大 3911]

712
天有不測之風雨하고 人有朝夕之禍福이라
不求聞達於諸候하고 苟傳姓名於亂世허니
不得已 劉皇叔의 三顧草廬之厚恩으로 出將入相.

[시조집 평주본 130, 시조 관서본 74, 時大 3917]

713
天地間 萬物之衆에 긔 무어시 무셔온고
白額虎 豺狼이며 大蟒 毒蛇 蜈蚣 蜘蛛 夜叉ㅣ 두억伸과 魑魅魍魎 妖怪邪氣며 狐精靈蒙達鬼 神閻羅使者와 十王差使를 다 몰속 겻거 보와시나
아마도 임을 못보면 肝腸에 불이 나셔 사라져 죽게 되고 볼지라도 놀랍고 씀즉ᄒᆞ야 四肢가 뎔노 녹아 어린 듯 醉ᄒᆞᆫ드시 말도 아니 나기는 任이신가 ᄒᆞ노라.

[靑六 722 弄, 時全 2783, 時大 3922]

714
天地間 萬物之中 즁ᄒᆞᆯ시고 五倫이라
父母님도 重ᄒᆞ시고 同生덜도 ᄉᆞ랑ᄒᆞ다
귀ᄒᆞ고 重ᄒᆞᆫ 쥴을 알것마는 업셔 힝치 못ᄒᆞ니 뉘 이 맘 이 뜻.

[歌曲 연대본 78 金庸潤, 時大 3923]

715
天地 開闢 後에 萬物이 삼겨 난이
山川草木 夷狄 禽獸 昆蟲 魚鼈之屬이오로다 절로 삼겻셰라
살름도 富貴功名 悲歎哀樂 榮辱得失을 付之 절로 ᄒᆞ리라.

[海周 382 二數大葉 李鼎輔, 時全 2789, 時大 3931]

716
天地 交泰하고 和氣 氤氳한 제
新條는 弄香하고 ○○ ○芳홈은 草木의 슯기이오 遲日이 載陽호디 鳴聲 ○○홈은 금조의 슯기이오 夕陽 苔路의 携壺踏青홈은 ○人의 슬기이오 仰觀 宇宙하며 俯察 品彙하고 或 倚樹高吟하며 惑 自酌之醉함은 이 나의 슯기이로다
아마도 與滿人 同樂하미 긔 죠한가 하노라.

[海朴 431, 時大 3935]

717
天地도 좁고 좁고 河海라도 엿고 엿다
文武兼啣 六十字는 四百年來 처음이라
忠壯公 感泣호는 눈물이 九泉下의 쏘 혼숨이 솟는가 호노라.

[無極集 又感恩曲 5-1 梁柱翊, 時全 2802, 時大 3947]

718
天地를 創造호고 萬物을 化育호니 上帝의 勞働이오
倫理를 尊重히 호고 道德을 培養호니 聖人의 勞働이라
至今의 社會를 組織호고 國家를 治平홈은 우리의 勞働.

[時調演義 78 林重桓, 時大 3950]

719

天地萬物이 엇디ᄒᆞ야 삼긴게고

屈原은 므ᄉᆡ 일로 汨羅水에 ᄲᅡ디며 夷齊는 긔 무ᄉᆡ 일 西山에 기굴믈 것고 聖賢의 ᄆᆞ옴은 절로 즐겨ᄒᆞ거놀

百姓이 거복ᄒᆞ니 내라 혈마 엇더ᄒᆞ료.

[杜谷集 浩浩歌 28-27 高應陟, 時全 2804, 時大 3951]

720

天地萬物은 엇디ᄒᆞ야 삼긴게고

시저리 ᄡᅳ시면 太倉에 祿米을 ᄡᅧᆨ 누키고 머그리랴 시저리 ᄇᆞ리시면 綠水青山이 어듸가 업스리오 渭川 漁夫도 낫대 ᄒᆞᆫ나 ᄲᅮᆫ니오 莘野耕叟도 두어 고랑 바티로다 ᄒᆞ말며 嚴子陵도 帝復에 발 연즈니 그믈기도 몯ᄒᆞ거든 ᄉᆡᆼ긱글 내살러냐

어릴샤 뎌 宰相아 제 지브로 오라 홀샤.

[杜谷集 浩浩歌 28-26 高應陟, 時全 2805, 時大 3952]

721

天地萬物은 엇디ᄒᆞ야 삼긴게고

玉堂 金馬는 어듸만 인ᄂᆞᆫ뇨 雲山 石室이 간ᄃᆡ마다 노플세고 구프려 바톨 가니 ᄡᅡᆼ이야 젹다마는 울워러 ᄑᆞ람부니 하ᄅᆞ리 무흔하다 내 비즌 ᄒᆞᆫ 말 술 벋님과 취ᄒᆞ새다 二三月 春風은 푸메 ᄀᆞ득ᄒᆞ엿거놀 九十月 丹風은 ᄂᆞ치 ᄀᆞ득 오ᄅᆞᄂᆞ다

아마도 醉裏乾坤을 나와 너와 놀리라.

[杜谷集 浩浩歌 28-28 高應陟, 時全 2806, 時大 3953]

722
天地 成冬ᄒᆞ니 萬物이 閉藏이라
草木이 脫落ᄒᆞ고 蜂蝶이 모르ᄂᆞᆫᄃᆡ 엇디ᄒᆞᆫ 봄빗치 ᄒᆞᆫ가지 梅花ㅣ런고
아마도 貞則復元ᄒᆞᄂᆞᆫ 검은 造化를 져 꽃츠로 보리라.
[蓬萊惡府 17 申獻朝, 時全 2809, 時大 3956]

723
千秋前 尊貴키야 孟嘗君만 ᄒᆞᆯ가마ᄂᆞᆫ 千秋後 寃痛ᄒᆞᆷ이 孟嘗君이 더옥 셟다
食客이 젹돗ᄃᆞᆫ가 名聲이 괴요ᄐᆞᆫ가 개 盜賊 ᄃᆞᆰ의 우름 人力으로 사라 나셔 말이야 주거지여 무덤우희 가싀나니 樵童牧豎들이 그 우흐로 것니며셔 슬픈 노래ᄒᆞᆫ 曲調를 부르리라 혜여실가 雍門調 一曲琴에 孟嘗君의 한숨이 오로ᄂᆞᆫ 듯 ᄂᆞ리ᄂᆞᆫ 듯
아희야 거문고 청쳐라 사라선제 놀리라.
[靑珍 464 孟嘗君歌, 시가 박씨본 673, 時全 2810, 時大 3960]

724
天下 名山 五嶽之中에 衡山이 죠토던지
六觀大師ㅣ 說法 濟衆ᄒᆞᆯ 제 상지 中 靈通者로 龍宮에 奉命ᄒᆞᆯ 제 石橋上에 八仙女 만나 戲弄ᄒᆞᆫ 罪로 幻生人間ᄒᆞ여 龍門에 놉피 올나 出將 入相 ᄐᆞ가 大師堂 도라들제 窈窕絶代들이 左右에 버러시니 蘭陽公主 鄭瓊貝며 賈春雲 秦彩鳳과 桂蟾月 狄驚鴻 沈梟烟 白菱波로 晝夜에 노니다가 山鍾一聲의 자던 ᄭᅮᆷ을 다ᄭᅢ거다
아마도 富貴功名이 이러ᄒᆞᆫ가 ᄒᆞ노라.
[靑六 873 編數大葉, 詩歌 669, 청연 102, 時全 2814, 時大 3965]

725

天寒코 雪深ᄒᆞᆫ 날에 님 ᄎᆞ즈라 天上으로 갈제

신 버서 손에 쥐고 보션 버서 품에 품고 곰븨님븨 님븨곰븨 쳔방지방 지방쳔방 ᄒᆞᆫ 번도 쉬지 말고 허위허위 올라가니

보션 버슨 발은 아니 스리되 념의온 가슴이 산득산득 ᄒᆞ여라.

[靑珍 542 蔓橫淸類, 樂學 1075, 時全 2818, 時大 3969]

726

天皇氏 一萬 八千歲에 功德도 놉흐실샤 日月星辰 風雲雷雨와 四時變態ᄒᆞ고시고

地皇氏 一萬八千歲도 山川草木 禽獸魚鼈노 萬物을 ᄂᆡ오시니

人皇氏 主人되오샤 人傑을 삼겨ᄂᆡ야 五行精氣를 아라 ᄇᆞᆰ게 ᄒᆞ시도다.

[靑六 717 농, 海周 538 金壽長, 時全 2820, 時大 3971]

727

瞻彼淇澳ᄒᆞ니 빈날 손 有斐君子이

切ᄒᆞ고 嗟텃ᄒᆞ니 모롤 일이 므어시며[格物致止] 琢ᄒᆞ고 磨텃ᄒᆞ니 허믈롤 몬보로다[意誠心正身修]

ᄒᆞ믈며 親賢樂利 ᄒᆞ거아 綠竹興도 낫보도다.

[杜谷集 君子曲 28-6 高應陟, 時全 2826, 時大 3979]

728

妾을 조타ᄒᆞ되 妾의 說弊 드러보쇼

눈의 본 종 계집은 紀綱이 紊亂ᄒᆞ고 노리ᄀᆡ 女妓妾은 凡百이 如意ᄒᆞ나 中門안 外方官奴 긔 아니 어려오며 良家女卜妾ᄒᆞ면 그 즁의 낫건마는 마루 압發莫딱과 방안에 장옷귀가 士大家 貌樣이 져절노 글너간다

아무도 늘고 病들러도 規模 직희기는 正室인가 ᄒᆞ노라.

[靑六 705, 蓬萊惡府 18 申獻朝, 時全 2828, 時大 3981]

729

淸江一曲이 抱村流ᄒᆞ니 長夏江村 事事幽을

自去自來堂上鸞이오 相親相近水中鷗ㅣ라 老妻는 畵紙爲碁局이오 稚子는 敲針作釣鉤ㅣ로다

多病所須ㅣ 惟藥物이니 微軀此外에 更何求롤 ᄒᆞ리오.

[靑六 629 弄, 海一 617, 時全 2832, 時大 3985]

730

靑개고리 服疾ᄒᆞ여 주근날 밤의 金두텁 花郞이 즌호개 새남갈싀

靑뫼독 겨대는 杖鼓 던더러쿵 ᄒᆞ는듸 黑뫼독 典樂이 져 힐니리 ᄒᆞᆫ다

어듸셔 돌진 가재는 舞鼓를 둥둥 치ᄂᆞ니.

[靑珍 472 蔓橫淸類, 海一 528, 時全 2834, 時大 3987]

731

靑藜杖 집고 斷髮令 넘어 가니 長安寺 內外峽 젼나무 數千株 十里程의 어려 있고 紅門안 南川橋 건너 上首門 바라보니 범종각 晝寢閣은 織女門에 버려있다

大雄殿 二層 집은 반공중에 소사잇고 法堂안 드러가니 三世如來 六觀보살 靈上殿 명부전과 사승전 비류전을 차례로 구경할 제 空山淸風景 쇠 소리 引導聲이 귀슬푸다

千峰 山水間 드러가니 靑川 碧溪 잔잔하고 松栢 雜木 鬱密한데 杜鵑花春山鳥는 나를 보고 반기는 듯.

[시조 관서본 101, 時調集 140, 時大 4003]

732

靑龍旗 司命旗와 敎書節鉞 앏헤 셧다

淸道 ᄒᆞᆫ 雙 金鼓 ᄒᆞᆫ 雙 巡視令旗 버렷ᄂᆞᆫᄃᆡ 偃月刀 서리ᄀᆞᆽ고 吹打소릐 雄壯ᄒᆞ다

져러ᄐᆞᆺ 威儀 盛ᄒᆞᆫ 곳에 重ᄒᆞᆫ 責望 어이리.

[蓬萊惡府 12 申獻朝, 時全 2849, 時大 4007]

733

靑山에 봄春 들八字 ᄒᆞ니 퓌귀 叢叢 ᄭᅩᆺ 花字ㅣ로다

一壺酒 ᄒᆞᆫ 瓶 가질持字ᄒᆞ고 시내溪字 ᄀᆞᆽ邊字 안즐坐字 노닐遊字 ᄒᆞ고지고

水上에 麥秀ㅣ 漸漸 桃花紅ᄒᆞ니 武陵인가 ᄒᆞ노라.

[解我愁 167, 時大 5486]

734
淸明時節 雨紛紛ᄒᆞ니 路上 行人이 欲斷魂이로다
뭇노라 牧童아 술 파는 집이 어드메ᄂᆞ ᄒᆞ니
져 것너 靑帘酒旗 風이니 게가 무러 보시쇼.
[靑六 749, 화악 559, 時大 4011]

735
청올치 셴날 신 얼거지고 두팔견 쩔드리고 石上의 枯木되여 慇懃이 섯는 鐵竹 쌰리채 덤뻑 캐여 탈탈 터러 걱구르 집고
夕陽 山路 빗긴 길로 눈을 흘깃흘깃 살펴보며 나려올 제 보신가 못보신가 예 우리 任이 登山寺 하엿건만 남들은 다 중이라 하리
百八念珠 목에 걸고 短珠는 팔에 걸고 袈裟 長衫 쩔드리고 목탁치며 念佛打令 아무리 보아도 豪傑僧인 듯.
[時調集 160, 時大 4045]

736
淸川江上 百祥樓에 萬景이 森羅不易收ㅣ로다
草原長堤에 靑一面이요 天底列峀碧千頭ㅣ라 錦屛影裡飛孤鶩이요 玉鏡光中에 點小舟ㅣ라
未信人間 仙景在ㅣ러니 密城今日에 見瀛洲를 ᄒᆞ괘라.
[永類 326, 時全 2888, 時大 4052]

737

靑天 구름 밧긔 노피 ᄯᅥᆺᄂᆞᆫ 白松骨이

四方千里를 咫尺만 너기ᄂᆞᆫᄃᆡ

엇더타 ᄉᆡ궁츼 뒤져 엇먹ᄂᆞᆫ 올히ᄂᆞᆫ 제 집 門地方 넘나들기를 百千里만 너기더라.

[靑珍 495 蔓橫淸類, 樂學 840, 時全 2889, 時大 4054]

738

靑天에 ᄯᅥ셔 울고 가ᄂᆞᆫ 외기럭이 나지 말고 ᄂᆡ 말 들어

漢陽城內에 暫間 들너 부ᄃᆡ ᄂᆡ말 닛지 말고 웨웨쳐 불너 니르기를[寂寞空閨에 더진 듯 홀로 안져] 月黃昏 계워 갈 졔 님그려 ᄎᆞᆷ아 못 살네라 ᄒᆞ고 부ᄃᆡ ᄒᆞᆫ 말을 傳ᄒᆞ여 쥬렴

우리도 님보라 밧비 가옵ᄂᆞᆫ 길이ᄆᆡ 傳ᄒᆞᆯ동 말동 ᄒᆞ여라.

[靑六 605, 花樂 489, 時大 4056]

739

靑天에 ᄡᅥᆺᄂᆞᆫ 기러기 ᄒᆞᆫ雙 漢陽城臺에 잠간 들러 쉬여갈다

이리로셔 져리로 갈제 내 消息 들어다가 님의게 傳ᄒᆞ고 져리로셔 이리로올제 님의 消息드러 내손ᄃᆡ 부ᄃᆡ 들러 傳ᄒᆞ여주렴

우리도 님 보라 밧비 가난 길히니 傳ᄒᆞᆯ동 말동 ᄒᆞ여라.

[靑珍 555 蔓橫淸類, 樂學 902, 時全 2893, 時大 4057]

740
靑驄馬 타고 보라믹 밧고 白羽 長箭 千斤 角弓 허리에 ᄎᆞ고
山 너머 구름 밧긔 꿩 山行ᄒᆞᄂᆞᆫ 져 閑暇ᄒᆞᆫ 사ᄅᆞᆷ
우리도 聖恩을 갑흔 後에 너를 좃ᄎᆞ 놀리라.
[樂學 1000 김묵수, 청요 52, 時全 2902, 時大 4068]

741
淸風明月 智水仁山 鶴髮烏巾 大賢君子
辛野叟 琅琊翁이 大東에서 다시나 松桂幽栖에 紫芝를 노래ᄒᆞ여 逸趣ㅣ도 노프실샤
비ᄂᆞ니 經綸大志聖主를 도와 治國安民 ᄒᆞ쇼셔.
[靑珍 482, 樂學 1079, 時全 2913, 時大 4081]

742
쳔지가 놉다ᄒᆞᆫ들 부모의 애휵ᄒᆞᆷ 갓틀쇼냐
일월이 귀ᄒᆞᆫ들 동싱 갓치 ᄉᆞ랑홀가
우리도 언의 ᄯᅢ예 비금과 갓치 반포ᄒᆞ며 화목ᄒᆞ리.
[가곡 연대본 77 김용윤, 時大 4095]

743
쳥산 귀로 구부러가는 즁니 구졀쥭장 손의 쥐고
소소리 송낙 엄지 장가락 심을 만니 쥬워 두귀 눌너 덥퍼 쓰고 휘더장삼 실ᄭᅴ ᄭᅴ고 빅팔염쥬 목의 걸고 알금살작 거러가며 염불ᄒᆞ넌
져 즁아 제 잠 섯거라 말 무러 보자 가던 즁니 쥭장으로 빅운을 가르치며 보지 안코 가넌구나.
[가사 라손문고본 193, 時大 5702, 신자료]

744
청울치 눅눌 메토리 신고 휘대 長衫 두루혀 메고
瀟湘斑竹 열두ᄆᆞ듸를 불흿재 빼쳐 집고 ᄆᆞ르너머 재너머 들건너 벌건너 靑山石逕으로 휫근 누은 누은 휫근 휫근동 너머 가옵거늘 보온가 못보온가 긔 우리 난편 禪師즁이
놈이셔 즁이라 ᄒᆞ여도 밤즁만 ᄒᆞ여셔 玉人 ᄀᆞᆺ튼 가슴 우희 슈박ᄀᆞᆺ튼 머리를 둥굴썰썰 썰썰둥굴 둥굴둥실 둥굴러 긔여올라 올져긔ᄂᆞᆫ 내사 죠해 즁 書房이.
[靑珍 577 蔓橫淸類, 樂學 1068, 時全 2882, 時大 4106]

745
쳥쥬로다 쳥쥬로다 쳥쥬강에다 막걸네로 ᄇᆡ 무어 씌우고 탁빅이 돗을 활신 달고
그 ᄇᆡ 우헤다 녯적 소동파 리뎍션 두목지 쟝건 녁됭빈 졔갈량 삼쳔갑ᄌᆞ 동방삭이며 요순 우탕 문무 쥬공 렬녀 효ᄌᆞ 츙신 다 모화 싯고 쇼쥬바람이 슬슬 부ᄂᆞᆫ딕 안쥬나 셩즁으로 ᄇᆡ노리 가ᄌᆞᆺ고나
춤아로 가산 뎡쥬가 가로 막혀 나 못살갓네.
[樂高 901, 時全 2886, 時大 4107]

746
初更에 翡翠울고 二更에 杜鵑이 운다
三更 四五点의 울구가는 져 鴻雁은 不如歸不如歸ᄒᆞ니 네나니나
밤中만 네 울른 쇼릐에 잠못 일워.
[無名時調集가本 56, 신자료]

747
草堂 뒤헤 와 안져 우는 솟젹다시야 암 솟젹다신다 수 솟젹다 우는 신다
空山을 어듸 두고 客 牕에 와 안져 우는 다져 솟젹다시야
空山이 ᄒᆞ고 만흐되 울듸 달나 우노라.

[靑六 963, 時全 2921, 時大 4117]

748
草堂의 오신 손님 긔 무어스로 對接할고
올엽쌀 흰 졈심의 미ᄂᆞ리긴강의 還燒酒 쉴 타고 울손 전복의 나낙근 고기 솟 고쳐라
어희야 잔 씨져 오너라 벗님 ᄃᆡ졉 ᄒᆞ리라.

[海朴 513, 時大 4131]

749
楚山에 나무 뷔는 아희 나무 뷜 지 힝혀 대 뷜셰라
그 ᄃᆡ ᄌᆞ라거든 뷔여 휘우리라 낙시ᄃᆡ를
우리도 그런 쥴 아오ᄆᆡ 나무만 뷔ᄂᆞ이다.

[樂學 857 蔓橫, 시가 박씨본 550, 時全 2940, 時大 4142]

750
楚山秦山에 多白雲ᄒᆞ니 白雲處處 長隨君을
長隨君 長隨君 入楚山裏ᄒᆞᆫ다 雲亦隨君 渡湘水ㅣ로다
湘水上 女蘿衣 白雲堪臥 君早歸를 ᄒᆞ쇼라.

[靑六 676 농, 樂學 801, 청영 574, 時全 2942, 時大 4144]

751
草亭은 다믄 三間이오 池塘은 겨오 半畝로다
무서술 보려 ᄒᆞ야 비 오는 ᄃᆡ 쏘 오신고
이 날을 ᄇᆞ리디 아니 ᄒᆞ시니 그롤 감샤ᄒᆞ야이다.
[葛峰先生遺墨 55 金得硏, 時大 4156]

752
蜀道之難이 難於上靑天이로되 집고 긔면 너무련이와
어렵고 어려울슨 이 님의 離別이 어려웨라
아마도 이 님의 離別은 難於蜀道難인가 ᄒᆞ노라.
[靑六 760, 樂戲調, 樂學 1014, 時全 2953, 時大 4158]

753
蜀魄啼山月白ᄒᆞ니 相思空 倚樓頭ㅣ로다
爾啼苦 我心愁ㅣ니 無爾聲이면 無我愁ㅣ라
寄語人間 離別客ᄒᆞᄂᆞ니 信莫登 子規啼 明月樓를 ᄒᆞ여라.
[樂學 1056, 時全 2956, 時大 4161]

754
쵸당에 춘슈쪽ᄒᆞ니 쵸당 압헤다 국화를 심으고 국화 속에다 술비져 녓코 기다린다 기다린다 그 술이 닉기를 기다린다
술이 닉ᄌᆞ 둘이 쓰고 둘이 쓰ᄌᆞ 님이 온다 목이 길다고 황싀병이며 목이 짤라 ᄌᆞ라병이며 쳥유리병에다 황소주 녓고 황유리병에다 청소쥬 녓코 홍유리병에다 듁엽쥬 녓코 빅유리병에다 감홍노 녓코 픗고츄 져리김치 문어 젼복 겻딜너라 쬐쬐우는 쬔계탕이며 쎄쎄우는 싱치찜이며 포두둑 나난 뫼퓨리찜을 이리져리 버려놋코 노ᄌᆞ작 잉 무빅에 쏠 우루 ᄒᆞᆫ잔 술을 가득 부어 시호시호 부직리는 잡숩다 졍실커든 이 내게로 돌니시오 비행도군이 막뎡슈라 일빅일빅 부일빅훌젹에 셰상만ᄉᆞ가 다 파데로다
둘 쓰ᄌᆞ 오신 님이 둘이 지니 형용이 간곳 업구나 춤말 가지로 셜어셔 못 살갓네.

[樂高 898, 時全 2930, 時大 4170]

755
秋夜長ᄒᆞ니 오늘밤의 ᄃᆞ 늘깃다
窓前 葉落聲은 님이 온 듯ᄒᆞ다마는 月白 滿庭ᄒᆞ기로 ○○듯
武陵桃源 紅桃花도 暮春이면 [ ] 秋夜月도 그뭄이면 [ ].

[靈山歌 43, 時大 5726, 신자료]

756
秋月은 滿庭ᄒᆞ야 산호 주렴 비치일 제
청천의 기러기 높이 떠 울고 가니 심황후 반겨 듯고 기럭아 니 왓느냐 소중낭 북해상에 편지 전튼 기럭이냐 도화동 가거들랑 불상한 우리 부친전에 편지 한장 전해다고 문을 열고 내다보니
기럭이 간 곳이 업고 창낭한 우름 박게 별과 달만 발것으니 내의 심사 둘 곳 없다.

[時調 93, 時大 4189]

757
春困을 못이긔여 洗心臺 ᄎᆞᄌᆞ 가니
淡淡ᄒᆞᆫ 물결이 ᄆᆞᄋᆞᆷ 갓치 말가셔라
ᄒᆞᆨ 놀긔 타ᄂᆞᆫ 셩이 ᄌᆞ연이 발가시니 ᄃᆞ시 씨어 무ᄉᆞᆷ ᄒᆞ리.
[石門亭尋眞洞遊錄 3 洗心臺歌 蔡瀗, 時大 4196]

758
春眠을 느즛 깨여 竹窓을 열고 보니
庭花는 작작하야 가는 나븨 머무르고 岸柳는 依依하야 셩긴 내를 쪄윗세라 호탕한 밋친 흥을 부지렵시 자어 내어 白馬金鞭으로 야유원 차자가니 花香은 襲衣하고 月色은 滿庭한듸 醉客인 듯 狂客인 듯 徘徊顧俛하야 홍이 겨워 머무는 듯 有情히 섯노라니 翠瓦朱欄 놉푼 집의 綠衣紅裳 一美人이 紗窓을 반만 열고 옥안을 잠간 들고 輝煌月夜三更의 輾轉反側 잠 못 일워 太古風便 오는 任 만나 積年기루던 회포 반이나며 이룰 너니 枕頭에 저 실솔이 不勝失呂之嘆ᄒᆞ야 귀똘귀똘 우는 소래 놀나 깨우니 겻헤 任은 간 곳 읍고 任 잡엇든 손으로 귀똘이만 쌔릴 뜻이 쥐여 잇다
야속타 저 귀똘이 너도 짝을 일코 울 냥이면 네나 혼자 울 닐이지 남의 단잠을 깨우느냐.
[雜誌 115, 時大 4201, 靑六 1001과 유사]

759
春山에 봄春字 드니 퍼귀퍼귀 쏫花字 ㅣ로다
一壺酒 ᄒᆞᆫ 瓶 가질持字ᄒᆞ고 너 川자邊에 안즐坐字
兒孩也 盞觴 들써 ᄒᆞ니 조흘好字 ㅣ가 ᄒᆞ노라.
[靑六 775, 海一 535, 樂學 999, 時全 2983, 時大 4205]

760
春三更 百花節에 香氣 찻는 져 나뷔야
쏫이 아무리 흔타헌들 여긔 져긔 안지 마라
仁旺山 거뮈 줄 느리고 八門蛇陣 치고 東西風 불기만 기다린다.
[雜誌 103, 時大 4208]

761
春意는 透酥胸이요 春色은 橫眉黛라
賤却那人間玉帛이라 杏臉桃腮乘月色ᄒᆞ니 嬌滴滴越顯紅白이로다 下香階步苔탑ᄒᆞ니 非關宮鞋鳳頭窄이라
鯫生不才로 多嬌錯愛를 感歎이로다.
[源國 542 弄歌, 원규 541, 時全 2990, 時大 4214]

762
春草은 年年綠ᄒᆞ되 王孫은 歸不歸라
玉顔 童子야 任계신듸 길 가르쳐
달 삭여 歌扇 삼고 구름 말어 舞衣 지어 碧海靑天에 그리든 任.
[樂高 692, 時全 2992, 時大 4216]

763
春風杖策上蠶頭ᄒᆞ여 漢陽形址를 歷歷히 둘러보니
仁王三角은 虎踞龍盤으로 北極을 괴얏고 終南漢水ᄂᆞᆫ 金帶相連ᄒᆞ여 久遠ᄒᆞᆯ 氣象이 萬千歲之 無疆이로다
君修德 臣修政ᄒᆞ니 禮儀東方이 堯之日月이오 舜之乾坤 이로다.
[靑珍 544 蔓橫淸類, 樂學 922, 時全 3002, 時大 4228]

764
春風 和柳 繁華寺의 솟적다 우는 솟적ᄯᅡ시야
門下 食客 三千人을 다 못 먹이여 우난야
至今의 信陵 孟嘗 平原 忠信 豪傑風流를 네 아는야.
[調 및 詞 51, 時全 3003, 時大 4229]

765
忠臣은 滿朝廷이요 孝子 烈女 家家在라
경전이식하고 착정이음하니 堯之日月 舜之乾坤 太平聖代 이 아니야 仁義禮智 배을 모 五倫으로 돗을 달고 三綱으로 키을 언고 道德으로 닷을 달어 言忠信行篤 禮義廉恥 노을 즈어 만년강여 씌여 노코
敎化 바람 불거들랑 선남선녀 만이 실코 강구연월 노라 보세.
[雜誌 431, 時大 4239]

766
忠孝도 닉 못ᄒ고 비록이 주글셴둘
暮夜明月의 杜鵑의 넉시 되어 平生의 爲君父 怨恨을 李花一枝예 春帶雨ㅣ되여시니
行人도 닉 뜻을 아라 駐馬愁를 ᄒ느다.
[淸溪歌詞 61 姜復中 水月亭歌, 水月亭歌帖, 時全 3017, 時大 4244]

767
醉時歌此曲을 無人聞 我不要醉花月이요
我不要樹功勳 樹功勳도 也是浮雲 醉花月도 也是浮雲이로다
醉時歌無人知我心ᄒ니 只願長劍奉明君ᄒ노라.
[樂高 691, 時全 3019, 時大 4247]

768
치여다 보면 플은 하날이요 나려다 보면 백초지 짱이
[중장결]
[초구] ○○○게 누을 바라고 살나.
[海一 279, 時大 4270]

769
치어다 보면 플은 하날이요 나려다 보면 白沙地 짱이로다
게 누를 바라고 살나 ᄒ오 무정ᄒ다 漢陽 郎君이 無情ᄒ다 이 존 약혼 인싱을 바리고 어딕를 가오 新情도 보ᄒ시련이와 舊情인들 이 질손가 嚴冬雪寒에 궤발 물어 던지드시 獨守空房 ᄒ리로다
존약혼 몸이 스러질가 ᄒ노라.
[海一 478]

770
七年之旱과 九年水에도 人心이 淳厚터니
國泰民安ᄒᆞ고 時和歲豊ᄒᆞ되 人情은 險陟千層浪이오 世事ᄂᆞᆫ 危登百尺竿이로다
아마도 古今이 다른 줄을 못ᄂᆡ 슬허 ᄒᆞ노라.

[靑六 609, 時全 3030, 時大 4281]

771
七歲孫男을 祖母도 안을쏘냐 七歲 孫女를 祖父도 안을쏘냐
七歲男女 不同席은 兄弟姊妹예도 닛지 말게
아모리 夫婦間 至親至密이나 爲先有別 ᄒᆞ이셰라.

[頤齋亂稿 黃胤錫, 時全 3033, 時大 4284]

772
칠월이라 쵸칠일은 견우 직녀가 그리워 살다가 오작교로 월강ᄒᆞ여 일년에 일ᄎᆞ를 상봉이 되고
흑히 바다 밀물이라도 ᄒᆞ루 두 쎄를 됴수로구나 남기라도 상ᄉᆞ목은 음양을 좃ᄎᆞ서 졔 마조 셧고 돌이라도 망두셕은 자웅을 분ᄒᆞ여 마조를 셧는데 우리 연연ᄒᆞ고 틀틀ᄒᆞᆫ 님은 일셩즁에 ᄀᆞᆺ치 이셔 어히 그리 못보단 말가 쳔리 약슈에 만리쟝셩이 두룬 바가 아니오 삼쳔구버봉에 쵹도지난이 가리웟드냐
일쌍 쳥됴 ᄯᅵ지라도 막리젼이로구나.

[樂高 888, 時全 3036, 時大 4290]

773

칠팔월 쳥명일에 얽고 검고 찡기기ᄂᆞᆫ

바둑판 곤우판 갓고 멍셕 덕셕 방셕 갓고 철등[鐵燈] 고셕ᄆᆡ ᄣᅵ암 쟝이 발ᄡᅩᆼ 갓고 우박마진 ᄌᆡ덤이 쇠ᄡᅩᆼ 갓고 즁화젼 털망 갓고 진ᄉᆞ젼 사기동 신젼마루 연쥭젼 좌판 갓고 한량에 포ᄃᆡ관역 남게 안진뱅이 잔등이 갓고 상하미젼 멍셕 호망 쥰오관이ᄶᅡᆨ 갓고 던보던가 뎐 긔등 불죵갓고 경사도 문경 ᄉᆡᄌᆡ로 너머 오ᄂᆞᆫ 진상 ᄡᆞᆯ항아리 쵸병 갓치 아쥬 무쳑 얼고 검고 풀은 즁놈아 네 무ᄉᆞᆷ 얼골이 어엿부고 ᄯᅩᆨ ᄯᅩᆨᄒᆞ고 ᄆᆡᆸᄌᆞᄒᆞ고 얌젼ᄒᆞᆫ 얼골이라고 시ᄂᆡ가로 ᄂᆡ리지 마라 ᄯᅱᆫ다 ᄯᅱᆫ다 고기가 너를 그믈 베리만 너겨 슈만은 곤쟁이 ᄯᅦ만은 송사리 눈큰 쥰치 키큰 장ᄃᆡ 머리 큰 도미 살찐 방어 누른 죠긔 넙젹 병어 등곱은 ᄉᆡ오 그믈 벼리만 여겨 아됴 펄펄 ᄯᅱ여 넘쳐 다라나는고나

그즁 음옹ᄒᆞ고 슝믈ᄒᆞ고 슝칙시러운 농어는 가라 안ᄌᆞ셔 슐슐.

[樂高 674 굼보타령, 時全 3038, 時大 4295]

774

콩밧틔 드러 콩닙 ᄠᅳ더 먹ᄂᆞᆫ 감은 암쇼 아므리 이라타 ᄧᅩ츤들 제 어ᄃᆡ로 가며

니불 아래 든 님을 발로 툭 박ᄎᆞ 미젹미젹ᄒᆞ며셔 어셔 가라 ᄒᆞᆫ들 날 ᄇᆞ리고 제 어드로 가리

아마도 ᄡᅡ호고 못 마를 ᄉᆞᆫ 님이신가 ᄒᆞ노라.

[靑珍 503 蔓横淸類, 樂學 914, 時全 3041, 時大 4299]

775

ᄐᆡ빅이 슐실나 가더니 어졔진 달이 도라셔겨도루 도라 다지드록 아니 온다

오ᄂᆞᆫ ᄇᆡ그ᄇᆡ만녀 겨쩌니 고기 낙는 어션이라

동ᄌᆞ야 달 밋만 살피여라 ᄒᆞ마울 ᄣᅵ.

[南太 182, 時調 47, 악고 3, 時大 4322]

776

턱빅이 자넬낭은 호아장츌환이쥬ᄒᆞ고 엄자릉 자네는 동강 칠리탄에 은닌 욱쳑 낙마 안쥬 담당 ᄒᆞ소

도연명 자네는 오현금을 둥지러라 둥실타고 장자방 자네는 계명산 츄야월에 옥퉁소만 술니불소

그 남아 굴 짓고 츔추고 노ᄅᆡ 부르길낭 ᄂᆡ가 담당 험셰.

[南太 193, 時全 3056, 時大 4325]

777

他鄉에 임을 두고 晝夜로 그리면서

肝腸 셕은 물은 눈으로 소사 나고 첩첩헌 슈심은 여름 구름 되어 셰라

지금에 ᄂᆡ 마음 졀반을 임게 보ᄂᆡ여 셔로 그려 볼가 허노라.

[詩謠 112, 악고 511, 時全 3045, 時大 4305]

778

탐학 슈령 드러 보소 입시 날 칠ᄉᆞ강을 ᄯᅳᆺ 알고 ᄒᆞ엿ᄯᅳᆫ가

셩 밧글 ᄯᅥ나셔면 어이 그리 실진한고

져런 병의 먹는 약은 신농씨도 모르련이.

[風雅 297 李世輔, 時大 4313]

779
太極이 肇判ᄒᆞ야 萬物이 始分인졔 人物之生이 林林總總ᄒᆞ야
聖人이 首出ᄒᆞ샤 伏羲 神農과 黃帝 堯舜이 繼天立極ᄒᆞ야 人事에 가즘이 大綱에 발가더니 그 後에 禹湯文武와 周公과 召公과 孔子ㅣ 이어나샤 典章法度와 禮樂文物이 郁郁彬彬ᄒᆞ미 이만 젹이 업ᄯᅥ라
이몸이 일즉 못난줄을 못닉 스러 ᄒᆞ노라.
[靑六 731 弄, 청가 606, 동국 367, 時全 3051, 時大 4317]

780
太白山 굽은 길노 중 서너이 나려오는 그 중 末ᄶᅦ 중아 게 좀 섯거라 말 무러보자 人間 離別 萬事中에 獨宿空房 마련하든 붓처임이 어늬 절 法堂안의 坎中蓮허고 안진 모양 너는 分明 보앗느냐
그 중이 對答하되 小僧도 千種 蒼松이 于今十圍로되 아무런 줄.
[時調集 161, 時大 4319]

781
泰山이 놉다 말고 오라기를 ᄉᆡᆼ각ᄒᆞ소
河海를 기다 말고 건너기를 ᄉᆡᆼ각ᄒᆞ소
놉흐나 깁푸나 오라고 건너기ᄂᆞᆫ 진실로 내 마음의 인ᄂᆞᆫ이라.
[城西幽稿 申甲俊 제목:願學曲 3-1, 時大 5489]

782
太白이 豪氣 잇는 者ㅣ레 天子呼來 不上船ᄒᆞ고
高力士 楊國으로 脫靴奉硯ᄒᆞ고 采石에 弄月ᄒᆞ다가 긴 고릐 타고 飛上天ᄒᆞ니
風塵에 位高金多를 草芥갓치 넉이들아.
[海周 542 二數大葉 金壽長, 時全 3058, 時大 4327]

783
泰山에 놉히 올나 中央을 굽어보니 崑崙山 第一峰은 山嶽之 祖宗이오 三枝로 흘러 天下 高低로다
洛陽은 勝地라 吳楚東南 秦始皇 萬里長城과 阿房宮 瀟湘江 洞庭湖며 岳陽樓 姑蘇臺 左右로 버렷ᄂᆞᆫᄃᆡ 衣冠文物은 萬萬歲之金湯이라
아마도 五代 文物 六朝 繁華는 이 뿐인가.
[時調演義 104 林重桓, 時大 4329]

784
泰山이 不讓土壤 故로 大ᄒᆞ고 河海 不擇細流 故로 深ᄒᆞᄂᆞ니
萬古天下 英雄俊傑 建安八字 竹林七賢 李謫仙 蘇東坡 ᄀᆞ튼 詩酒風流와 絶代豪士를 어듸가 어더니로 다시 괴리
鷰雀도 鴻鵠의 무리라 旅遊狂客이 洛陽才子 모드신 곳에 末地에 參與ᄒᆞ여 놀고 간들 엇더리.
[青珍 561 蔓橫淸類, 樂學 930, 時全 3066, 時大 4337]

785

太平十二策을 네 아니 드려는 우리 남씌

做時不如說時란 말은 朱夫子의 訓戒文이라

百里도 쏘흔 小朝廷이니 簡易 蕩平이 入德門인가 흐노라.

[無極集, 右感恩曲 5-4 梁柱翊, 時全 3070, 時大 4344]

786

터럭은 거무나 희나 世事는 갓고 딸코

거문고 한닙 우희 너 노러 긋지 말고 우리의 벗님네와 잡쩌니 勸흐거니 晝夜 長常 노스이다

百年이 숣갓다 흔들 혓마 어이 흐리오.

[海周 530 二數大葉 金壽長, 時全 3072, 時大 4346]

787

텬장욕우에 디션습흐니 하느님씌셔 비를 주실나는지 싸흐로부터 누긔만 돌고

나갓든 님이 오실나는지 잠즈든 거시기 거시기 싱야단 흐누라

촘아루 님의 화용이 간졀흐여 나 못 살갓네.

[樂高 893, 時全 2779, 時大 4352]

788

痛乎라 劉皇叔 漢室之冑로 創業未半에 中途崩殂ᄒᆞ시고 陣后로 隋煬帝 窮奢極侈 어듸 두고 臺城樓 놉흔 집의 後庭花만 流轉ᄒᆞ고 依舊烟濃 十里堤의 버들 입만 푸르럿다

可憐타 唐明皇은 解語花 楊貴妃로 行樂을 崇尙타 馬嵬驛의 落淚ᄒᆞ고 性急타 蓋世氣 어듸 두고 垓營 秋夜月의 虞美人 離別ᄒᆞ고 陰陵 져문 날의 門路田夫ᄒᆞ단 말가

그 남은 人生이야 貴人頭上 不曾饒를 낫낫치 혜아리면 아니 노든.

[時調演義 88 林重桓, 시조집 142, 時大 4362]

789

티미러 도라보니 分明히 上帝로쇠

ᄂᆞ리미러 솔펴 보니 진살로 慈母로다 中間 萬物이 긔 아니 同生이랴

ᄒᆞᆫ 지븨 ᄒᆞᆫ 셰간 되여 同樂ᄒᆞᆯ 엇더료.

[杜谷集 天地一家曲 28-15 高應陟, 時全 3023, 時大 4364]

790

八萬大藏 부쳐님게 비ᄂᆞ이다 나와 님을 다시 나게 ᄒᆞ오소셔

如來菩薩 地藏菩薩 普賢菩薩 文殊菩薩 五百羅漢 八萬伽藍 西方淨土 極樂世界 觀世音菩薩 南無阿彌陀佛

後生에 還道相逢ᄒᆞ여 芳緣을 잇게 되면 菩薩님 恩惠를 捨身普施 ᄒᆞ리라.

[靑六 614, 時全 3079, 時大 4372]

791

八十一歲 雲崖先生 뉘라 늑다 일엇던고

童顔이 未改ᄒᆞ고 白髮이 還黑이라 斗酒을 能飮ᄒᆞ고 長歌을 雄唱ᄒᆞ니 神仙의 밧탕이요 豪傑의 氣像이라 斷崖의 셜인 닙흘 히마당 사랑ᄒᆞ야 長安名琹 名歌들과 名姬賢伶이며 遺逸風騷人을 다 모와 거나리고 羽界面 ᄒᆞᆫ밧탕을 엇겨러 불너 닐제 歌聲은 嘹亮ᄒᆞ야 들ᄯᅳᆫ 틔ᄭᅳᆯ 날녀 닉고 琹韻은 冷冷ᄒᆞ야 鶴의 춤을 일의 현다 盡日을 迭宕ᄒᆞ고 酩酊이 醉ᄒᆞᆫ 後의 蒼壁의 불근 입과 玉階의 누른 ᄭᅩᆺ츨 다 각기 ᄶᅥᆨ거들고 手舞足蹈ᄒᆞ올 젹의 西陵의 히가 지고 東嶺의 달이 나니 蟋蟀은 在堂ᄒᆞ고 萬戶의 燈明이라 다시금 盞을 씻고 一杯 一杯 ᄒᆞ온 후의 션솔이 第一名唱 나는 북 드러 노코 牟宋을 比樣ᄒᆞ야 ᄒᆞᆫ밧탕 赤壁歌을 멋지게 듯고 나니 三十三天 罷漏 솔의 식벽을 報ᄒᆞ거널 携衣相扶ᄒᆞ고 다 各기 허여지니 聖代에 豪華樂事ㅣ 이밧긔 ᄯᅩ 잇는가

다만 的東天을 바라보아 ○○○을 싱각 ᄒᆞ는 懷抱야 어늬 긔지 잇스리.

[金玉 178 言編 安玟英, 時全 3081, 時大 4374]

792

平生詩思掛竿頭하니 世事商諒不知秋를

秋江이 寂寞魚龍冷ᄒᆞ니 人在西風仲宣樓라

아마도 人生斯世 老少豪傑之樂은 座中이신가.

[調 詞 48, 時全 3090, 時大 4388]

793
平生애 景慕홈은 白香山에 四美風流 駿馬佳人은 丈夫의 壯年豪氣로다
老境生計 移伴홀 제 身兼妻子都三口ㅣ오 鶴與琴書로 共一般이니 긔 더욱 節价廉退
唐詩에 三大作 文章이 李杜와 並駕ᄒᆞ여 百代芳名이 서글 줄이 이시랴.
[靑珍 554 蔓橫淸類, 樂學 926, 時全 3091, 時大 4389]

794
平生에 願ᄒᆞ기을 任은 蒼松니 되고
이 ᄂᆡ 몸은 綠竹니 되어 落木寒天 飄風雪에 우리 둘은 풀으어셔
그나마 落葉 진 草木들을 우리을 불어.
[詩調, 晩松文庫本 104, 時大 5491]

795
平壤 女妓년들의 多紅大緞 치마 義州ㅅ 女妓의 月花紗紬 치마에
藍端 寧海 盈德 쥬탕각시 싱믜명 감찰 즁즁즁에 힝즈치마 멜씬도 제 色이로다
우리도 이러셩 구우다가 ᄒᆞᆫ 빗 될가 ᄒᆞ노라.
[靑珍 526 蔓橫淸類, 樂學 919, 時全 3100, 時大 4400]

796
抱向紗窓 弄未休홀 제 半含嬌態 半含羞ㅣ라
低聲闇問 相思否아 手整金釵로 少點頭ㅣ로다
네 父母 너 싱겨닐 제 날만 괴라 싱겻쏘다.
[靑六 545, 時全 3102, 時大 4403]

797
푸른 빗치 쪽에 낫스되 푸루기 쪽의셔 더 푸루고
어름이 물노 되야스되 차기 물에셔 더 차다더니
네 엇지 一般 靑樓人으로 쎄여나미 이 가트뇨.

[금옥 163 안민영, 時全 3103, 時大 4409]

798
푸른 山中 白髮翁이고요 獨坐 向南峰을 바람 부러 松生瑟이오 안개 거드니
壑成虹이라 죽걱 啼 禽은 千古恨인듸 젹다 鼎鳥는 一年豊이로다
누고셔 山寂寞다턴고 나는 樂無窮인가 ᄒᆞ노라.

[靑六 801, 時全 3104, 時大 4410]

799
푸른 山中에 조총듸 두러메고 솔낭솔낭 나려 오는 져 포슈야
네 조총듸로 길김싱 날버려지 날김싱 길버려지 너시 징경이 두름이 황시 촉시 징긔 짜투리 노루 사심 토긔 이리 승냥이 뵘 네 조총듸로 함부루 탕탕 다 놔 자불지라도
싀벽달 서리치고 지싀는 날밤에 東녘 東단희로 홀노 짝을 일코 쩨울 쩨울 울고 가는 저 외긔려긔 항혀나 네 노흘셰라.

[調 詞 31, 시철가 69, 時全 3105, 時大 4405]

800
푸른 풀 長堤上에 소 압 세고 장기 지고 슬렁슬렁 가는 져 農夫야
개고리 解産ᄒᆞ고 밧비둘기 오락가락 쓥북새는 논쒸마다 쓥북쓥북 검은 구름 덥힌 들에 비 청ᄒᆞᄂᆞᆫ 져 一雙白鷺 기룩기룩 울고 가ᄂᆞᆫ구나
두어라 世間榮辱 夢外事요 桑柘村 無限景은 져쁀인가.
[源가 444, 時全 3106, 時大 4411]

801
푹苦草 져리김치 文魚 全鰒 겻드리고 黃燒酒 쑬을 타 香丹이 들녀 압 세우고 淳昌 潭陽 셰대삿갓 눈셥 놀녀 숙여 쓰고 五里亭 나갈젹에
玉佩은 錚錚 雲鞋는 자각자각 五里亭 當到ᄒᆞ야 溪邊巖上에 酒案 노코 戞然歎息 울음 울 제 머리도 아드득 쓰더 싹싹비며 닉 던지고 잔담이도 부드덕 쓰더 뷔여 더지고 버들도 조로록 훌터 淸溪水에 듸 트리고 無情歲月若流波를 날노 두고 ᄒᆞᆫ 말인가
二八靑春 이닉 몸이 오날도 離別ᄒᆞ고 獨宿空房 읏지 살가.
[樂高 673, 時全 3107, 時大 4413]

802
풋고츄 졀의김치 문어 전복 겻드려 황쇼쥬 술타 향다니 드려 오류졍으로 나간다 오류졍으로 나간다
어늬 연 어늬 쯕 어늬 시졀에 다시 만나 그리든 사랑을 품에다 품고 ᄉᆞ랑ᄉᆞ랑 닉 ᄉᆞ랑아 에화둥게 닉가 가마 이졔가면 언졔나 오료 오만 한을 일너듀오 명년 츈식 도라올으면 쏫피거든 만나볼가 놀고 가셰 놀고 가셰 너구 나구 나구 너구 놀고 가셰 곤이 든 잠을 힝혀 나 씨올셰라 등도 되고 빅도 되고 쩔네쩔네 흔들면서 이러나오 이러나오 계오 든 잠을 씨워 닉여 눈 쩌 보니 닉 낭군일셰
그리든 님을 만나 만단정회 치 못ᄒᆞ여 날니 죵츳 발가 오니 글노 민망 ᄒᆞ노미라 놀고 가세 놀고 가셰 너구 나구나.

[시철가 97, 時全 3108, 時大 4416]

803
風動 竹葉은 十萬丈夫之喧嘩요 雨洗 蓮花는 三千宮女之沐浴이라
五更樓下의 夕陽紅이요 九月山中의 春草綠이라
아마도 이글 지은 자는 兩國才士신가.

[時調 111, 조 및 사 22, 時全 3110, 時大 4422]

804
풍악이 즐겁다 ᄒᆞ나 듯기로셔 달ᄋᆞ도다
즐거운 이 드르면 즐기고 슬푸 니 드르면 슬퍼ᄒᆞ닉 아마도 심락이 본이요
낙락은 말인가 ᄒᆞ노라.

[閒說堂遺稿 安昌後 제목:閒說二十五幷詩歌 25-18 ;
心樂爲本樂樂爲末, 時大 5492]

805
피좁발 못 먹인 히에 무리쑤럭도 하도하다
陽德 孟山 酒帑이와 永柔 肅川 환양년들 저 다 타먹은 還上을 이 늘은 내게 다 물립 쏜야
邊利란 네 다 물찌라도 밋츨란 내 다 擔當허옴셰.
[海一 629 蔓數大葉, 악서 485, 時全 3125, 時大 4439]

806
ᄒᆞᆫ 눈 멀고 ᄒᆞᆫ 다리 저는 두터비 셔리 마즈 ᄑᆞ리 물고 두엄 우희 치다라 안자
건넌 山 ᄇᆞ라보니 白松骨이 떠 잇거늘 가슴이 금죽ᄒᆞ여 플썩 뛰다가 그 아릐 도로 잣바지거고나
뭇쳐로 날닌 젤싀만졍 힝혀 鈍者ㅣ런들 어혈질 번 ᄒᆞ괘라.
[樂學 964 蔓橫, 海一 601, 時全 3159, 時大 4488]

807
ᄒᆞᆫ 눈 멀고 ᄒᆞᆫ 다리 절고 痔疾 三年 腸疾 三年 邊頭痛 內丹毒 다 알는 죠고만 삿기 개고리
一百 쉰대자 장남게 게올을 제 쉬이 너겨 수로록 소로소 소로로 수로록 허위허위 소솝 뛰여 올라 안자 ᄂᆞ리실제 란 어이실고 나 몰래라 져 개고리
우리도 새님 거러 두고 나죵 몰라 ᄒᆞ노라.
[靑珍 562 蔓橫淸類, 樂學 931, 時全 3160, 時大 4489]

808

ᄒᆞᆫ 중은 가ᄉᆞ 책복ᄒᆞ고 ᄯᅩ ᄒᆞᆫ중은 百八念珠 목의 걸고

ᄯᅩ ᄒᆞᆫ 중은 바라 광증 치고 大師 중은 木鐸 치면 禮佛ᄒᆞᆫ다

그 아릐 焚香 四拜ᄒᆞ고 發願ᄒᆞ온 임 보려고.

[樂府 321, 時大 4492]

809

ᄒᆞᆫ ᄒᆡ도 열두 달이오 閏朔 들면 열석 달이 ᄒᆞᆫ ᄒᆡ오니

ᄒᆞᆫ 달도 셜흔 날이오 그 달 적으면 스므아흐릐 그ᄋᆞᄂᆞ니

밤 다섯 낫 일곱 ᄣᅵ의 날 볼 할니 업스랴.

[樂學 1015 악희조, 海一 532 樂時調, 時全 3200, 時大 4494]

810

ᄒᆞᆫ 盞 먹새 그려 ᄯᅩ ᄒᆞᆫ 盞 먹새 그려 곳것거 算노코 無盡無盡 먹새그려

이몸이 죽은 後에 지게 우희 거적 더펴 주리혀 ᄆᆡ여가나 流蘇寶帳에 萬人이 우러녜나 어욱새 속새 덥가나무 白楊 수페 가기곳 가면 누른 ᄒᆡ 흰 ᄃᆞᆯ 가ᄂᆞᆫ 비 굴근 눈 쇼쇼리 ᄇᆞ람 불 제 뉘 ᄒᆞᆫ 盞 먹쟈ᄒᆞᆯ고

ᄒᆞ믈며 무덤 우희 ᄌᆞᆫ나비 ᄑᆞ람불제 뉘우ᄎᆞᆫ들 엇디리.

[청진 463 將進酒辭 鄭澈, 松星 80, 松李 52, 時全 3189, 時大 4508]

811

ᄒᆡ 다 저 황혼시의 中門을 나서 大門을 건너 山 바라보니 횟득 검억 서엿구나

올타 저게 임이로다 갓 버서 등에 지고 망건 버서 쏭자 ᄎᆞ고 신버서 손의 들고 노논틀 바밧틀 업드러지며 곡구러지며 수수이 밧비 근너가서 겻눈으로 관손이 허니 임은 정녕 아니로다 그 上年 秋七月 갈가 벅긘 세신 삼ᄃᆡ가 제 정년이 날 소겻구나

만일의 밤일세망정 낫 일느면 남 우세헐 번.

[調 詞 57, 時全 3210, 時大 4554]

812

하놀이 福을 가지고 갑슬 보고 주시ᄂᆞ니

갑시 갑시 아니라 德닥기가 갑시오니 쟈근 德 큰 德의 德대로 福이로세

자ᄂᆡ들 福바드려드거든 德닥기를 힘ᄡᅳ시소.

[蓬萊惡府 19 申獻朝, 時全 3135, 時大 4451]

813

하로밤 가을 서리예 滿山 紅綠이 쏫인지 입인지 알 수가 업네다

東園에 ᄉᆞᆺ는 달은 一年中 第一이요 碧波에 피인 구름 비단의 紋彩인지 고기 비눌인지 알 수가 업네

童子야 菊花酒 만이 걸너라 六角亭 오신 친구 차례로 모시여라 長醉不醒.

[雜誌 412, 時大 4462]

814

夏四月 첫 여드렛날에 觀燈ᄒᆞ려 臨高臺ᄒᆞ니 遠近高低에 夕陽은 빗겻ᄂᆞᆫᄃᆡ

魚龍燈 鳳鶴燈과 두루미 南星이며 鍾磬燈 仙燈북燈이며 수박燈 마늘燈과 蓮 곳 속에 仙童이며 獅子ㅣ 탄체궐이며 虎狼이 탄 오랑킈라 발노툭ᄎᆞ구을 燈에 七星燈 버러잇고 日月燈 밝갓ᄂᆞᆫᄃᆡ 東嶺에 月上ᄒᆞ고 곳곳지불을 현다 於焉忽焉間에 燦爛도 ᄒᆞᆫ져이고

이윽고 月明 燈明 天地明ᄒᆞ니 大明본 듯 ᄒᆞ여라.

[靑六 872, 時全 3145, 時大 4466]

815

학타고 져 불고 호로병 차고 불노쵸 메고

쌍상투 짯고 식등거리 입고 가는 아희 게 잠 셧거라 네 어듸로 가느냐 말무러 보ᄌᆞ 요지연 션관들이 누구누구 모야 계시드냐

그 곳에 니젹션 소동파 두목지 장건이 다 모야 계시드라.

[南太 45, 時調 26, 時全 3152, 時大 4477]

816

漢高祖의 文武之功 이졔와 議論ᄒᆞ니 蕭何의 不絶糧道와 張良의 運籌帷幄 韓信의 戰必勝은 三傑이라 ᄒᆞ려니와 陳平의 六出奇計 아니러면 白登에 운 거술 뉘라셔 푸러니며 項羽의 范亞父를 무엇으로 離間ᄒᆞ리

아마도 金刀創業은 四傑인가 ᄒᆞ노라.

[靑六 635, 時全 3154, 時大 4481]

817
寒燈 客窓의 벗 업시 혼자 안자
님 싱각ᄒᆞ며서 左右를 도라보니 北海ㄴ가 燕獄인가 이 어딕라 홀 쎄이고
淸風과 明月을 벗삼은 몸이 爲國丹心을 못내 슬허 ᄒᆞ노라.
[松潭遺事 白受檜, 時全 3163, 時大 4496]

818
漢武帝의 北斥 西擊 諸葛亮의 七縱七擒
晋나라 謝都督의 八公山 威嚴으로 四夷戎狄을 다 쁘려 ᄇᆞ린 後에
漠南에 王庭을 업시ᄒᆞ고 凱歌歸來ᄒᆞ여 告厥成功 ᄒᆞ리라.
[靑珍 497, 時全 3167, 時大 4500]

819
閑碧堂 죠흔 景을 비갠 後에 올라 보니
百尺 元龍과 一川 花月이라 佳人은 滿座ᄒᆞ고 象樂이 喧空ᄒᆞᆫ듸 浩蕩ᄒᆞᆫ 風煙이오 狼薄 ᄒᆞᆫ 杯盤이로다
아희야 盞 ᄀᆞ득 부어라 遠客愁懷를 시서 볼가 ᄒᆞ노라.
[靑珍 528 蔓橫淸類, 樂學 920, 時全 3170, 時大 4510]

820

漢昭烈의 諸葛孔明 녜 업슨 君臣際遇

風雲이 暗合ᄒᆞ여 곡이 물만난 듯 周文王의 磻溪老叟인들 이에셔 더홀쏜가

암아도 女此 千一之會는 못니 불어 ᄒᆞ노라.

[海周 379 二數大葉 李鼎輔, 時全 3176, 時大 4517]

821

寒松亭 자 긴솔 버혀 죠고만 비 무어 ᄐᆞ고

술이라 안쥬 거른고 伽倻ㅅ고 奚琴 琵琶 笛 觱篥 杖鼓 舞鼓 工人과 安岩山 ᄎᆞ돌 一番 부쇠 나젼대 귀지삼이 江陵 女妓 三陟 쥬탕년다 몰쇽 싯고 돌불근 밤의 鏡浦臺에 가셔

大醉코 扣枻乘流ᄒᆞ여 叢石亭 金蘭窟과 水朗湖 仙遊潭에 任去來를 ᄒᆞ리라.

[靑珍 571 蔓橫淸類, 樂學 1077, 時全 3179, 時大 4519]

822

한숨이 셰한숨아 네 어니 틈으로 드러온다

고모장ᄌᆞ 셰살장ᄌᆞ 가로다지 여다지에 암돌져귀 수돌져귀 빈목걸새 뚝닥 박고 龍거북 ᄌᆞ물쇠로 수기수기 ᄎᆞ엿는듸 屛風이라 덜걱 져븐 簇子ㅣ라 딕딕글 문다 네 어니 틈으로 드러온다

어인지 너 온날 밤이면 좀 못드러 ᄒᆞ노라.

[청진 553 蔓橫淸類, 樂學 1066, 時全 3181, 時大 4521]

823

한 一 두 二 셕 三ᄒᆞ니 넉 四 다사 五 起分이라

여섯 六 일곱 七 이질가 ᄒᆞ여 각고 야닷 八 아홉 九 이여셔 싱각셔라

아마도 山中會客은 을품는 짐작.

[芳草錄 45, 時大 5746, 신자료]

824

한ᄌᆞᆫ 부어라 가득이 부어련

포젼 왜반에 담아 뉴리잔에 가득 부어 아모도 몰ᄂᆡ 뒤 초당 문갑 우희 언졋더니 어느 결울례 유령이 ᄂᆡ려와 반이나 다 ᄲᅡᆯ아 먹고 간나보다 반ᄌᆞᆫ이로고나 벽공에 둥두렷ᄒᆞᆫ 달이 반이나 여줄어지고 반이 나마쓰니 틔빅이 깅싱ᄒᆞ야 나려와셔 집헛ᄯᅳᆫ 쥬령막ᄃᆡ로에 화즉쓴 ᄯᅮ다려겨 반이나여 줄어지고 반이나 남앗나보다 반달이로고나

인졔ᄂᆞᆫ 헐일이 업고 헐일이 업스니 남은 달 남은 슐 가지고 졍든 임 더리고 부지군 ᄯᅩᆨ다 다 ᄯᅡ 바리고 완월장취.

[南太 152, 時調 77, 時全 3191, 時大 4532]

825

한자 부어라 두 잔 부어라 가득이 부어라 소복이 부어라 철철 부어라 넘게 부어라

면포 잔포 유리 왜반에 안쥬를 갓츄워 뒤 쵸당 문갑 우히 언졋더니 어닉 틈에 슐 잘 먹는 유령이가 닉려와서 반니나 너머 싸라 먹고 가셔 존 고란나보다 벽공에 둥두렷헌달 이 반니나 여즈러졋스니 어느 틈에 텨빅이 ᄂᆞ려와 집힛든 쥬령막딕로 에와직쑥쑥 반니 나 너머 씨려 가셔 달 여즈러지고 반달인가 보다

이왕에 흐릴업고 할 일업스니 나문 달 나문 슐 가지고 졍든 임 다리고 부지군 손님 쑥싸버리고 이헌 손님만 역구리 허구리 갈빗씨 쑥 찔너 딕문 닷고 즁문 걸고 부합문 닫고 방문 걸고 손구락에 침 뭇쳐 창구멍 쑥 뚜러 녹코 오 구멍으로 완월장취.

[악고 776, 時大 4530]

826

旱田에 往ᄒᆞ니 가릭치오 水田에 往ᄒᆞ니 피 포 길다

爾根이 深ᄒᆞ엿노라 誰爲何리요

ᄒᆞ건이와 我도 七八月 鋤末에 刃을 加ᄒᆞ면 믹여 볼가 ᄒᆞ노라.

[東川逸稿 朴璥, 鋤莠歌, 時大 4533]

827

한종실 유황숙이 관공 장비 거나리고

와룡선생 뵈이랴고 천리 청녀마로 기축기축 화룡강 넘어 시문에 당도허니 동자 나와 공손이 엿자오대 선생이 후원 초당의 학실침 도도 비고 취침하여 기시나이다

동자야 선생이 긔침커시든 유관장 삼인이 박긔 왓다 엿주어라.

[時調集 169, 時大 4534]

828
한죵실 뉴황슉이 죠밍덕 잡으려고 한즁에 진을 치되
좌쳥룡 관셩뎨군 우빅호 장익덕과 남쥬작 됴즈룡이며 북현무 마밍긔라 그 가온딗 황한승이 황금갑옷 봉투구 쓰고 팔쳑 장검 눈 우에 번뜻 드러 긔치창검은 일광을 희롱ᄒᆞ고 금고함셩은 쳔지에 진동훌 졔 됴됴의 빅만딗병 졔 어히 살아 가리
아마도 숨분쳔하 분분ᄒᆞᆫ 즁에 신긔ᄒᆞᆫ 모ᄉᆞ는 와룡션싱.

[樂高 878, 시요 133, 時全 3192, 時大 4535]

829
咸陽宮 쇠롤 노겨 기다ᄒᆞᆫ 호미 티고
萬里城軍을 내여 面面監考定코 海內陣地롤 다 餘草ᄒᆞ야 두고 天地間 굴믄 사람 다 겻거 보랴터니
秋風吹不盡ᄒᆞ니 일동말동 ᄒᆞ여라.

[杜谷集 平天下曲 28-14 高應陟, 時大 4545]

830
項羽ㅣ 즈컨 天下壯士ㅣ라마는 虞美人 離別 泣數行下ᄒᆞ고
唐明皇이 즈컨 濟世英主ㅣ랴마는 楊貴妃 離別에 우럿ᄂᆞ니
ᄒᆞ믈며 녀나믄 丈夫ㅣ야 닐러 므슴 ᄒᆞ리오.

[靑珍 471 蔓橫淸類, 樂學 1037, 南太 184, 時全 3207, 時大 4552]

831
海雲臺 여흰 날의 對馬島 도라드러
눈물 베셔도 左右를 도라보니 滄波萬里를 이 어ᄃᆡ라 ᄒᆞᆯ게 이고
두어라 天心助順ᄒᆞ면 使返故國 ᄒᆞ리라.
[松潭遺事 白受檜, 時全 3215, 時大 4564]

832
行宮 見月 傷心色에 달 발가도 任의 生覺 夜雨聞鈴 斷腸聲의 빗소릭 드러도 任의 生覺
元央瓦冷 霜華重에 翡翠衾寒 誰與共고 耿耿星火 欲曙天에 孤燈을 挑盡허고 未成眠이로구나
아마도 天長地久有時盡허되 此恨은 綿綿不絶期런가.
[樂高 881, 時全 3220, 時大 4569]

833
虛靈ᄒᆞ온 이 내 本心 純善ᄒᆞ온 이 내 本性
本心은 聖凡이 한가지오 本性은 人物이 한가지니
엇디타 本心性 汨失하여 至愚 極賤 되올소냐.
[頤齋亂稿 黃胤錫, 時全 3230, 時大 4587]

834
허허 세상 사람더라 周德頌 劉伶이도 사라실ᄃᆡ 醉興이오 謫仙 李靑蓮도 죽은 뒤에 孤魂이오 石崇 갓튼 富貴로도 하늘 밧게 浮雲이라
倚頓의 黃金도 路上의 塵埃로다 安期生 赤松子을 어ᄃᆡ가 물어보면 어ᄃᆡ가 아라 보리 牛山에 지는 ᄒᆡ는 齊景公의 눈물이라 玉門琴 한 曲調의 孟嘗君이 울어

잇다

萬古 英雄 秦始皇 漢武帝도 죽엄을 못 면ᄒᆞ고 礪山과 武陵에 皇帝陵墓 돼서시니 아니 노든 못ᄒᆞ리라.

[時調 15, 時大 4589]

835
허허 소년들아 백발 보고 웃들 마소
公公한 一天下에 넌들 일생 천춘이랴
나도야 黃昏 佳約 紅顔 美人 다리고 밤들도록 노든 제가 어제인 듯.

[時調 78, 時大 4588]

836
湖南 第一寒門에 過分ᄒᆞᆫ 恩澤이 ᄭᅵᄂᆞᆫ 듯ᄒᆞ니
夙夜 洞屬ᄒᆞ야 이 내 ᄆᆞ옴이 淵氷이로다
終古로 宇宙間 大英雄이 다 戰戰兢兢으로 와ᄂᆞ니.

[無極集 梁柱翊, 又感恩曲 5-2 時全 3248, 時大 4610]

837

紅塵을 이믜 下直ᄒᆞ고 桃源을 차자 누엇스니 六十年 世外 風浪 꿈이런 듯 可笑롭다

이 몸이 閑暇ᄒᆞ야 山水의 遨遊헐제 一小舟의 不施篙艫ᄒᆞ고 風帆浪楫으로 任其所之ᄒᆞ 올 져긔 水涯에 視魚ᄒᆞ며 沙際에 鷗盟ᄒᆞ야 飛者走者와 浮子 躍者로 形容이 익어스니 疑懼ᄒᆞ빅 잇슬 것가 杏亶의 빅를 믹고 釣坮에 긔여 올나 고든 낙시 드리우고 石頭에 조으다가 漁夫의 낙는 고기 柳枝예 쎄여들고 興치며 도라올졔 園翁 野叟와 樵童 牧豎을 溪邊의 邂逅ᄒᆞ야 問桑麻說杭稻할졔 杏花村 바라보니 小橋邊 쓴 술집이 靑帘酒 날니거날 緩步로 드러가셔 꼿ᄎᆞ로 籌노으며 酩酊이 醉한 후의 東皐의 긔여 올나 슈파람 ᄒᆞᆫ마듸을 마음딕로 길게 불고 다시금 뫼여 닉려 임쳥류이부시고 ᄒᆞ고 무고송이반환 타가 黃精을 싸여 들고 집으로 도라들 졔 芳逕의 나ᄂᆞᆫ 꼿ᄎᆞᆫ 衣巾을 침노ᄒᆞ고 碧樹의 우ᄂᆞᆫ 시ᄂᆞᆫ 流水聲을 화답ᄒᆞᆫ다 문압페 다다라ᄂᆞᆫ 막딕을 의지ᄒᆞ야 四面을 살펴보니 夕陽은 在山ᄒᆞ고 人影이 散亂이라 紫綠이 萬狀인데 變幻이 頃刻이라 松影이 參差여늘 禽聲은 上下로다 山腰의 兩兩 笛聲 쇠등의 아희로다 俄已오 日落西山ᄒᆞ고 月印前溪ᄒᆞ니 羅大經의 山中이며 王摩詰의 網川인들 여긔와 지날 것가 뜰 가온딕 드러셔니 셤 뜰 밋데 어린 蘭草 玉露의 눌녀 잇고 울가의 셩긘 꼿ᄎᆞᆫ 淸風의 나붓긴다 房안의 드러가니 期約둔 黃昏月이 淸風과 함긔 와셔 불거니 비츄거니 胸襟이 灑落ᄒᆞ다 瓦盆의 듯넌 술을 匏樽으로 바다닉야 任과 ᄒᆞᆷ긔 마조 안져 드러 셔로 勸할 져게 黃精菜 鱸魚膾는 山水늘 가츄미라 嗚嗚咽咽 洞簫聲을 닉 能히 부러스니 淸風七月 赤壁勝遊ㅣ여긔와 彷佛ᄒᆞ다 거문고 잇그러셔 膝上의 빗걱 놋코 鳳凰曲 ᄒᆞᆫ바탕을 任 시켜 불니면셔 興딕로 집허스니 司馬相 鳳求凰이 여긔와 밋츨것가 竹窓을 밀고 보니 달이 거이 나지여널 밤은 ᄒᆞ마 五更이라 솔그림ᄌᆞ 어린 곳의 鶴의 쑴이 깁허거날 딕슈풀 우거진데 이슬바람 션을 ᄒᆞ다 玉手을 잇쓸고셔 枕上의 나아가니 琴瑟友之 깁흔 情이 뫼갓고 물갓타야 連理에 翡翠여늘 綠水의 鴛鴦이라 巫山의 雲雨夢이 여긔와 엇덧턴고 문노라 벗님네야 安周翁의 悅心樂志 이만ᄒᆞ면 넉넉ᄒᆞ야

이 後란 離別을 아조 離別ᄒᆞ고 桃源의 길이 숩이 任과 함긔 즐기다가 元命이 다 ᄒᆞ거든 同年同月同日時에 白日昇天 ᄒᆞ오리라.

[金玉 177 言編 安玟英, 時全 3268, 時大 4640]

838
花果山 水簾洞中에 千年 묵은 진납이 나셔
神通이 거룩ᄒᆞ여 龍宮에 作亂ᄒᆞ고 神鎭鐵 어든 後에 大鬧 天宮ᄐᆞ가 玉帝게 得罪ᄒᆞ여 五行山에 지즐엿다가 부텨님 警戒로 發願濟衆ᄒᆞᄂᆞᆫ 金線子의 弟子 되여 八戒沙僧 거느리고 西域에 드러갈 졔 萬水千山이 十萬 八千里라 妖孼을 掃淸ᄒᆞ고 大雷音寺 드러가셔 八萬大藏經을 다 닌여 오단 말가
아마도 非人非鬼 亦非仙은 孫悟空인가 ᄒᆞ노라.

[靑六 874, 金壽長, 時全 3272, 時大 4644]

839
和氣ᄂᆞᆫ 滿乾坤이요 文名은 極一代라
도모지 혜아리면 우리 聖主 敎化ㅣ로다
아마도 聖壽無疆 ᄒᆞ오시미 我東方 福이신가 ᄒᆞ노이다.

[靑六 28 羽調 二數大葉 翼宗[李旲], 時全 3273, 時大 4645]

840
화살 갓치 빨은 세월 무근 해을 전송하고
新年을 마지하니 天增歲月人增壽요 春滿乾坤福滿家라 後園草室 花階上에 왜철죽 牧丹花 만발한데 庭前에 무근 梧桐 新葉이 更生하니 和氣自生 君子宅이요 春光先到吉人家라 月態花容
美人들아 너의 몸도 곱다마는 새 봄마는 못하리라 잔 들고 술 부어라 놀고 갈가

[雜誌 423, 時大 4657]

841

火食을 못홀 적는 木實을 먹쏘던가

千百 ᄀᆞ지 나모 열ᄆᆡ 性味가 다 다르니 天皇氏 地皇氏 萬八千歲 술직 이 實果를 먹쏘던가

아마도 瑤池蟠桃와 萬壽山 五莊觀에 人蔘果를 먹엇쏘다.

[樂學 877 蔓横, 時全 3280, 時大 4659]

842

花灼灼 범납의 雙雙 柳靑靑 쬣꼬리 雙雙

바회 巖上에 쥐도 雙雙 신내 溪邊에 가재 게도 雙雙 ᄂᆞ는 새 긜벌어지 오로다 雙雙이로되

엇더타 獨守空房에는 鰥寡 孤獨을로 외 짝이 되여 잇는고.

[海一 590, 時全 3282, 時大 4664]

843

華燭 東方 紗窓 박게 梧桐 나무 성귄 비 소릐 잠 놀ᄂᆞ 씌 다ᄅᆞ니

萬籟는 俱寂ᄒᆞᆫ데 蟋蟀聲은 喧喧ᄒᆞ고 關山 蜀鳥난 스로라 슬피 울고 식벽달 게식는 날 밤의 두 나리 치며 울고 가난 외 기럭아 나도 너와 갓치 想思로 든 病이 누어 이지 못 헌다고 傳허여 쥬렴

우리도 碧天 하날 夜의 牒書를 발의 ᄆᆡ고 밧쎄 가난 길인고로 傳헐지 말지.

[調 詞 64, 時全 3283, 時大 4668]

844
花燭東方 紗窓 밧게 梧桐나무 성권 비소릐 잠 놀나 씨다르니
萬籟俱寂ᄒᆞᆫ듸 四壁虫聲 喞喞ᄒᆞ고 도든 달이 지실 적에 關山淸秋스러ᄒᆞ야 두나릐 쌍쌍 치며 슬픠 울고 가는 저 외기러가
밤 中만 네 소릐 드를 졔면 不覺墮淚 ᄒᆞ노라.
[靑六 841 言樂, 南太 147, 時大 4667]

845
還上에 볼기 셜흔 맛고 당니 갑세 동 솟 츨쑥 여닌다
ᄉᆞ랑 ᄒᆞ던 女妓妾은 月利ㅣ가등 미러 간다
아희야 粥탕관에 개 보아라 豪興를 계워 ᄒᆞ노라.
[靑六 771 계악시조, 詩歌 598 樂時調, 時全 3287, 時大 4671]

846
황장경 일자을 오독한 죄로 젹ᄒᆞ 인간ᄒᆞ야
쥬사장명 삼십천ᄒᆞ고 농월치셕강타가 고릐 타고 비상천ᄒᆞ니
아마도 강남 풍월니 한다연인가.
[歌詞 羅孫文庫本 125, 時大 5758, 신자료]

847
淮水出桐栢山ᄒᆞ니 東馳遙遙ᄒᆞ야 千里不能休어늘
淝水ㅣ出其側ᄒᆞ야 百里八淮流ㅣ라 壽州屬縣에 有安豊ᄒᆞ니 唐貞元年이라 縣人董生邵南이 隱居行義於其中이로다 刺史不能薦ᄒᆞ야 天子ㅣ不聞名聲이오
爵祿不及門을 門外唯有吏日來 徵租更索錢 ᄒᆞ더라.
[樂學 873 蔓橫, 海一 510, 時全 3309, 時大 4698]

848

曉星 初落ᄒᆞ고 從地理氣은 高浮啼로다
携童 荷鋤 出柴門ᄒᆞ니 長林 寒露 濕短褐이로다
兒孩야 好是時節이면 不關濕短褐이로다.

[樂高 978, 時大 4700]

849

煇煌月 夜三更의 輾轉反側 ᄭᅮᆷ을 닐러 太古便의 오난 님 만나 積年懷抱를 半이나 남어 니ᄅᆞᆯ 너니만은
枕頭의 저 蟋蟀 不勝佚呂之嘆ᄒᆞ야 귀ᄯᅩᆯ 귀ᄯᅩᆯ 우는 소릐 놀닉 ᄭᆡ니 겻틔 님 간 곳 업고 님 잡엇든 손이 귀ᄯᅩᆯ이만 ᄲᅧ일닷이 쥐엿고나
야속타 져 귀ᄯᅩᆯ 너도 ᄶᅡᆨ을 일고 울량이면 남의 寃痛ᄒᆞᆫ 私情 이ᄃᆡ지 모로너냐.

[時調演義 81 林重桓, 時大 4712]

850

胸藏萬甲 一等 精兵을 萬古 名將 諸葛孔明을 맛겨
八陣圖 風雲으로 大破코져 欲寇 長城
진실로 破키곳 破ᄒᆞ면 天下 歸仁ᄒᆞ야 廓淸ᄒᆞ리라.

[無極集 梁周翊, 時全 3318, 時大 4714]